Fabian Heubel · Gewundene Wege nach China

Fabian Heubel

Gewundene Wege nach China

Heidegger – Daoismus – Adorno

KlostermannRoteReihe

Bibliographische Information der Deutschen Nationalbibliothek
Die Deutsche Nationalbibliothek verzeichnet diese Publikation in der Deutschen Nationalbibliographie; detaillierte bibliographische Daten sind im Internet über *http://dnb.dnb.de* abrufbar.

Originalausgabe

Gedruckt auf Eos Werkdruck von Salzer.
Alterungsbeständig ∞ und PEFC-zertifiziert
Druck und Bindung: docupoint GmbH, Barleben
Printed in Germany
ISSN 1865-7095
ISBN 978-3-465-04417-8

Für 夏可君 (Xìa Kějūn),
durch den ich Heidegger zu lesen gelernt habe,
und für Δήμητρα Αμαραντίδου (Dimitra Amarantidou),
die mir einen unerwarteten Weg ins Griechische eröffnet hat.

Das besinnliche Denken verlangt von uns,
daß wir uns auf solches einlassen,
was in sich dem ersten Anschein nach gar nicht zusammengeht.

Martin Heidegger

知無用而始可與言用矣。
Wissen um Ungebrauch ist Voraussetzung dafür,
um anfangen zu können, über Gebrauch zu reden.

Zhuāngzǐ

Erheischt negative Dialektik die Selbstreflexion des Denkens,
so impliziert das handgreiflich,
Denken müsse,
um wahr zu sein,
heute jedenfalls,
auch gegen sich selbst denken.

Theodor W. Adorno

Inhalt

IV. Vom Heimischwerden im Paradoxen

V. Nach Auschwitz: Gelassenheit?

Einleitung

Lange war ich ganz selbstverständlich davon überzeugt, dass an Adornos polemischer Heidegger-Kritik nicht zu rütteln ist. Die wachsende Vertrautheit mit der Rezeption von Heideggers Denken in China und die anhaltende Auseinandersetzung mit dessen Verhältnis zum philosophischen Daoismus hat mir schließlich einen unerwarteten Zugang zu einer seiner kaum beachteten Schriften eröffnet. Dadurch hat sich meine Auffassung verändert. Es handelt sich um einen Text, in dem Heidegger eine kurze Stelle aus dem klassischen Buch *Zhuāngzǐ* 莊子[1] in der Übersetzung von Richard Wilhelm zitiert: das *Abendgespräch in einem russischen Kriegsgefangenenlager zwischen einem Jüngeren und einem Älteren*, datiert auf den 8. Mai 1945. Auf denkwürdige Weise wird darin scheinbar Unverbindbares verbunden: die deutsche Kriegsniederlage und die klassische chinesische Philosophie.

Das Hinzutreten Zhuāngzǐs hat mich dazu gebracht, ja genötigt, die „philosophische Kommunikationsverweigerung" (Hermann Mörchen) zwischen Heidegger und Adorno neuerlich zu durchdenken und Möglichkeiten der paradoxen Kommunikation zweier Philosophen zu erkunden, deren Denken von geteilten Erfahrungen und Problemen bewegt wird, aber zugleich politisch einander schroff entgegengesetzte Standpunkte bezeichnet. Die Konstella-

[1] Für die Romanisierung chinesischer Schriftzeichen wird in diesem Buch durchgängig Hànyǔ Pīnyīn verwendet. Das moderne Standardchinesisch ist eine Tonsprache, in der die vier Töne phonemisch (wortunterscheidend) sind und jede Silbe mit einem bestimmten Tonhöhenverlauf ausgesprochen wird. Ohne Kenntnis der Töne ist die korrekte Aussprache der Umschrift nicht möglich. Deswegen werden diese im Folgenden konsequent hinzugefügt. In der Pīnyīn-Umschrift werden die vier Töne durch diakritische Zeichen kenntlich gemacht. Das sind Markierungen über den Vokalen (ā á ǎ à). Der 1. Ton wird durch ein Makron (ā), der 2. Ton durch einen Akut (á), der 3. Ton durch ein Hatschek (ǎ) und der 4. Ton durch einen Gravis (à) dargestellt. Sofern in Zitaten und Buchtiteln andere Umschriften vorkommen, werden diese beibehalten, dann steht etwa Laotse (oder Lao-tse) für Lǎozǐ und Dschuang Dsi für Zhuāngzǐ.

tion Heidegger – Daoismus – Adorno verweist somit auf eine eigenartige Kommunikation zwischen Heidegger und Adorno, die vor allem das Buch *Zhuāngzǐ* und mit ihm verbundene zeitgenössische Diskussionen mir eröffnet haben.

Die Schwierigkeit der philosophischen Kommunikation zwischen Heidegger und Adorno rührt an jenes Trauma der deutschen Geschichte des 20. Jahrhunderts, das Adorno mit den Namen Hitler und Auschwitz markiert hat. Die Affinität von Heideggers Denken zu den daoistischen Philosophen Zhuāngzǐ und Lǎozǐ 老子 reißt diese in einen geschichtlichen Strudel hinein, mit dem sie auf den ersten Blick wenig oder nichts zu tun haben: die Not des „deutschen Volkes" und die Diagnose einer Verwüstung des Abendlandes insgesamt. Warum bezieht sich der mit seinem Verhältnis zum Nationalsozialismus und zur deutschen Kriegsniederlage hadernde Heidegger ausgerechnet auf einen alten daoistischen Text? Mit der im *Abendgespräch* erkennbaren völkischen und geschichtsphilosophischen Perspektive auf das Ende des Zweiten Weltkrieges legt sich sogleich der Verdacht eines gewaltsamen Missbrauchs oder einer irren Fehldeutung des Daoismus über die Lektüre dieses Textes.

Heideggers Denkweg hat darin bestanden, einen Weg zu bilden, unterwegs zu sein, in Be-wegung (GA 12, 249). Solches Denken will nicht dauerhaft stehen bleiben, um einen festen Standpunkt einzunehmen. Deshalb scheint es sinnvoll, einem Denken, das „unterwegs"[2] ist, mit einem Denken zu begegnen, das ebenfalls unterwegs ist. Ich versuche nicht, den Charakter der „Vorläufigkeit"[3] zu leugnen, der einer solchen Begegnung unvermeidlich zukommt. Was Heideggers Verhältnis zum Daoismus angeht, wird in den folgenden Kapiteln allerdings der Verdacht des entstellenden Missbrauchs entschieden zurückgewiesen. Das *Abendgespräch* scheint mir nämlich

[2] „*Wege* – Vielleicht ist die Blindheit für dergleichen wie *Wege* des Denkens *für* das Denken, das *als* Denken *unterwegs* – und wegbauend ist – das ärgste Hindernis für ein fruchtbares Gespräch mit meinen Denkversuchen. Man bringt es nicht über sich, sich auf den *Weg* zu begeben." (GA 100, 190)

[3] „An meinem Weg verkennt man bisher immer wieder – wissentlich oder unwissentlich – zwei wesentliche Bestimmungen: 1. daß dieses Denken überall und stets sich als *vor-läufiges* versucht; 2. daß in dieser innegehaltenen Vorläufigkeit die ständig ursprüngliche Selbstkritik verankert ist." (GA 100, 55)

eine einzigartige Gelegenheit zu eröffnen, in der Erörterung der Affinität zwischen Heidegger und Daoismus – die vor allem in Ostasien längst zum Gemeinplatz des philosophischen Diskurses geworden ist – nicht den Fehler zu wiederholen, der mancherlei Auslassungen etwa über Heidegger und Zen prägt: den Fehler der Entpolitisierung, Beschönigung und Beschwichtigung.

Heidegger sinniert am 8. Mai 1945 über den Untergang des nationalsozialistischen Regimes. Dass er dafür auf einen daoistischen Text zurückgreift, fügt sich in das vorgefertigte Verständnis vom unkritischen, unpolitischen, weltflüchtigen, mystischen, subjektlosen, unmoralischen Daoismus. Deshalb ist bisher wohl auch kaum die Idee aufgekommen, das *Abendgespräch* als ernsthaften Versuch der kritischen Selbstbesinnung zu lesen. Sicherlich erschweren die völkischen Untertöne im Text eine solche Lesart erheblich. Andererseits ist gerade diese Seite des *Abendgesprächs* geeignet, an jenen wunden Punkt in der Kommunikation zwischen Heidegger und Adorno zu rühren, in dem sich der Streit zwischen geschichtsphilosophischen Großperspektiven zusammenballt. Gemäß meiner Deutung des *Abendgesprächs* rührt dies an die geophilosophische oder gar geopolitische Blockade, die es verhindert, dass *chinesische Philosophie* in Deutschland ernst genommen werden kann.

Das Hinzutreten daoistischer Texte eröffnet ein Nachdenken über Verbindungswege zwischen chinesischer und deutscher Philosophie, die nicht geradlinig und direkt sind, sondern indirekt und gewunden. Die Korrespondenz zwischen Heideggers Denken und dem philosophischen Daoismus führt zum Nachdenken über die geschichtlichen Bedingungen der Möglichkeit einer Auseinandersetzung mit bestimmten Quellen chinesischer Philosophie, die nicht von komparativer Beliebigkeit, sondern durch ein *Bewusstsein von Nöten* geprägt ist. Ein solches Vorgehen rückt das zeitlich und räumlich Ferne in eine überraschende Nähe, eine Nähe, durch die dieses Ferne plötzlich näher kommen kann „als das, was wir sonst für das Nächste zu halten pflegen“ (GA 54, 9).

Das Nachdenken über das *Abendgespräch* hat mich zu der Vermutung geführt, dass die philosophische Öffnung für östliche, insbesondere chinesische Philosophie, im deutschsprachigen Kontext ohne geopolitische Neu-orientierung nicht denkbar ist. Europa ist die westliche Spitze der eurasischen Landmasse, ein „vorgeschobenes Halbinselchen“ Asiens, das aber „durchaus gegen Asien den

‚Fortschritt des Menschen' bedeuten möchte" (Friedrich Nietzsche); es ist ein „kleines Kap" (Paul Valéry), von dem aus vor allem in den vergangenen etwa zweihundert Jahren die Weltgeschichte – im Guten wie im Schlechten – maßgeblich bestimmt worden ist. Kommt diese Epoche nun an ihr Ende? Die weltgeschichtliche Verschiebung hin zum asiatischen Teil Eurasiens kann die Philosophie jedenfalls nicht unberührt lassen. Geopolitische Veränderungen im Verhältnis von Asien, Europa, Amerika und Afrika nötigen dazu, die transkulturelle Dynamik von Alt und Neu, von Ost, West, Nord und Süd zu überdenken und auch philosophisch auf tiefgreifende und langfristige Umwälzungen zu antworten, die die nach dem Zweiten Weltkrieg entstandene Weltordnung erschüttern.

„Der gegenwärtige planetarisch-interstellare Weltzustand ist in seinem unverlierbaren Wesensanfang durch und durch europäisch-abendländisch-griechisch." (GA 4, 177) Heidegger hat in der massiven Verwestlichung Ostasiens eine Bestätigung für diese Annahme gesehen. Diese eurozentrische Perspektive ist zweifellos bedenkenswert. Sie ist jedoch auch Zeichen einer Selbstbezogenheit, die zu schwerwiegenden Missverständnissen und Fehleinschätzungen geführt hat. Diese sind ein wichtiger Grund dafür, dass der sogenannte Westen insgesamt auf die neuen kommunikativen Herausforderungen zwischen Ost und West, Süd und Nord schlecht vorbereitet ist. In Deutschland kommen spezifische Kommunikationsbarrieren hinzu, die mit geschichtlichen Erfahrungen und Weichenstellungen zusammenhängen, die tief in das normative Selbstverständnis der Bundesrepublik Deutschland eingelassen sind und an denen zu rütteln nicht möglich ist, ohne die diskursiven Grundlagen der deutschen Nachkriegsordnung zu problematisieren. In der deutschen Öffentlichkeit gibt es auch deshalb offenbar große Schwierigkeiten, diese Veränderungen zu verstehen, ja sich auch nur für sie zu interessieren. In diesen Schwierigkeiten treffen sich mangelnde Kenntnis asiatischer Sprachen und der mit ihnen verbundenen geistigen Quellen und Überlieferungen mit dem ungläubigen Staunen darüber, dass sich das Verhältnis von Ost und West in einer Weise verschiebt, die zu radikalen Veränderungen des Denkens nötigt. Aufgrund der herausragenden Bedeutung, die der Frankfurter Schule für die diskursive Herausbildung der normativen Ordnung der Bundesrepublik Deutschland und für deren intellektuelle Westbindung zukommt, zeigen sich in ihrem Kontext jene geistigen Blockaden mit besonderer Deutlichkeit, die einer diskursiven Öffnung nach Osten im Allgemeinen und nach China im Besonderen entgegenstehen.

Ist denn eine geophilosophische Öffnung nach Osten möglich, ohne den autoritären, nationalistischen, völkischen und identitätsfixierten Verlockungen auf den Leim zu gehen, die mit Heideggers Philosophie unvermeidlich auch verknüpft sind? Das ist eine politische Frage, die durch die Korrespondenz zwischen Heidegger und Daoismus aufgeworfen wird. Schon ein flüchtiger Blick auf Heideggers Rezeption chinesischer Philosophie vermag die Befürchtungen zu bestätigen, die jede Lockerung des Adornoschen Blocks gegen Heidegger mit sich zu bringen droht: der Rückgang in nationalistisches, vielleicht gar völkisches Denken scheint überall zu lauern. Dem teilweise durchaus berechtigten und begründeten Widerstand gegen die Lockerung der diskursiven Westbindung steht nun allerdings die zunehmend aufdringlicher werdende Nötigung gegenüber, auf einen nicht nur ökonomischen und politischen, sondern auch kulturellen Wiederaufstieg Chinas zu antworten. Eine mögliche Antwort heißt Konfrontation. Eine versöhnlichere Antwort könnte darin bestehen, eine neue Ostorientierung zu eröffnen, ohne die Westorientierung zu verwerfen, beide Seiten also *nicht* einander entgegenzusetzen, sie *nicht* gegeneinander auszuspielen, sondern Möglichkeiten der Kommunikation und Transformation zu erkunden. Das ist alles andere als naheliegend, weil damit eine Öffnung für – vielfach schmerzliche und erschütternde – Erfahrungen hybrider Modernisierung verbunden ist, die nicht nur für China seit dem 19. Jahrhundert prägend gewesen sind.[4]

Solche Erfahrungen bilden den Hintergrund für meinen Versuch, das Verhältnis von Heidegger und Adorno als paradoxe Kommunikation zu denken. Deren normativer Gehalt ist mir aus der Beschäftigung mit dem Daoismus, insbesondere mit der „transkulturellen *Zhuāngzǐ*-Forschung", erwachsen. Das bedeutet, dass meine Erörterung des Verhältnisses von Heidegger und Adorno

4 Zum Begriff der hybriden Modernisierung siehe Fabian Heubel, *Chinesische Gegenwartsphilosophie zur Einführung*, Hamburg: Junius 2016, Kapitel I und ausführlicher Fabian Heubel, „Hybride Modernisierung in der chinesischen Philosophie", in: *Acta Historica Leopoldina*, Nr. 69 (2018), 85–109.

sich den zwischen beiden verlaufenden philosophischen und politischen Konflikt als Fallbeispiel vornimmt. Dessen immer wieder ans Unerträgliche und Unheimliche, aber auch ans Peinliche und Lächerliche grenzende Abgründigkeit erlaubt es, den theoretischen und normativen Gehalt des Begriffs paradoxer Kommunikation in einem Gedankenexperiment zu erproben.[5]

Die daoistischen Bücher *Zhuāngzǐ* und *Lǎozǐ* (oder das *Buch des Weges und der Tugend*, *Dàodéjīng* 道德經) sind eine unverzichtbare Quelle *paradoxen Denkens*. Im Umkreis der Frankfurter Schule spricht, soweit ich sehe, nur Erich Fromm von „paradoxer Logik" (im Unterschied zur „Aristotelischen Logik") und „paradoxem Denken", ja explizit von „daoistischem paradoxem Denken" (Taoist paradoxical thinking).[6] Nun wird allerdings im Folgenden der Frage nachgegangen, ob nicht das, was Adorno „negative Dialektik" nennt, dem sehr nahe gekommen ist, was in diesem Buch paradoxes Denken heißt. Heideggers zweideutiges Verdienst besteht darin, eine einzigartige und letztlich unverzichtbare Möglichkeit eröffnet zu haben, dieses Denken mit den schmerzhaftesten Problemen deutschsprachigen Philosophierens im 20. Jahrhundert zu verknüpfen. Der Weg nach China, den er eingeschlagen hat, führt deshalb immer wieder an wunde Punkte, die zum Innehalten und zum Nachdenken nötigen – auch dazu, gegen sich selbst zu denken. Dadurch kann sich die gegenwärtige Bedeutung chinesischer Philosophie erweisen, kann das „unausweichliche Gespräch mit der ostasiatischen Welt" (GA 7, 41) seinen Gang gehen: nämlich als paradoxe Kommunikation. Diese vollzieht sich nicht „außerhalb der Alternative von Kommunikation und Nichtkommunikation"[7], sondern durch die unauflösliche Verstrickung von Kommunikation und Nichtkommunikation hindurch.

Ein Brief von Martin Heidegger an Karl Jaspers vom 12. August 1949, in dem diese Wendung steht, enthält einige für dieses Buch wichtige Anhaltspunkte. Im Brief heißt es:

[5] Damit führe ich Überlegungen zum „paradoxen Denken" fort, die in dem Buch *Chinesische Gegenwartsphilosophie zur Einführung* bereits angesprochen worden sind (siehe insbesondere die Kapitel III und VIII).

[6] Erich Fromm, *The Art of Loving*, New York: Harper & Row 1956, 74.

[7] Martin Heidegger/Karl Jaspers, *Briefwechsel 1920–1963*, herausgegeben von Walter Biemel und Hans Saner, Frankfurt am Main: Klostermann; München/Zürich: Piper 1990, 181.

Was Sie über das Asiatische sagen, ist aufregend; ein Chinese, der in den Jahren 1943–44 meine Vorlesungen über Heraklit und Parmenides hörte [...], fand ebenfalls Anklänge an östliches Denken. Wo ich in der Sprache nicht einheimisch bin, bleibe ich skeptisch; ich wurde es noch mehr, als der Chinese, der selbst christlicher Theologe und Philosoph ist, mit mir einige Worte von Laotse übersetzte; durch Fragen erfuhr ich erst, wie fremd uns schon das ganze Sprachwesen ist; wir haben den Versuch dann aufgegeben. Trotzdem liegt hier etwas Erregendes und, wie ich glaube, für die Zukunft, wenn nach Jahrhunderten die Verwüstung überstanden ist, Wesentliches. Die Anklänge haben vermutlich eine ganz andere Wurzel; seit 1910 begleitet mich der Lese-und Lebemeister Eckehardt; dieser und das immer neu versuchte Durchdenken des Parmenides <u>τὸ</u> γὰρ <u>αὐτὸ</u> νοεῖν ἐστίν τε καὶ εἶναι [to gar auto noein estin te kai einai]; die ständige Frage nach dem αὐτὸ, was weder νοεῖν ist noch εἶναι; das Fehlen des Subjekt-Objekt-Verhältnisses im Griechentum brachten mich neben dem eigenen Denken auf das, was wie eine Umkehrung aussieht, aber etwas anderes noch und vordem ist.

Folgende Punkte scheinen mir an diesem Brief besonders bedenkenswert zu sein:

1. Heidegger erwähnt, dass Xiāo Shīyì 蕭師毅 (Paul Shih-Yi Hsiao), als er 1943–44 seine Vorlesungen über Heraklit und Parmenides hörte, „Anklänge an östliches Denken“ fand. Einer der wenigen Texte, in denen Heidegger direkt das Buch *Lǎozǐ* zitiert, ein Text zu Hölderlin mit dem Titel „Die Einzigkeit des Dichters“ (GA 75), ist ebenfalls auf das Jahr 1943 datiert. Zunächst einmal ist wiederum der Zeitpunkt bemerkenswert, zu dem jene „Anklänge“ auftauchen, nämlich eine Zeit, in der sich die deutsche Kriegsniederlage bereits deutlich abzuzeichnen beginnt. Es ist eine Zeit voller Gefahren und Umwälzungen, in die Heideggers Denken verstrickt ist, auch und gerade dort, wo er sich in die Ferne des griechischen oder des chinesischen Altertums zurückzuziehen scheint. Was bedeutet es, dass die Korrespondenz zwischen dem vorsokratischen und dem daoistischen Denken für Heidegger ausgerechnet in dieser Zeit hervortritt, um ihn sodann in den folgenden Jahren zu begleiten? Muss das in dieser Zeit nicht eine Rückwendung zum Altertum gewesen sein, in der Zweifel und Schmerzen tiefe Spuren hinterlassen haben? Oder zeigt sich in der Weise von Heideggers Wendung zu den Vorsokratikern bereits ein verzweifeltes Gespür für ihre historische Unmöglichkeit? Zeugt nicht seine von Philologen vielfach verworfene „destruktive“ Erschließung dieser Quellen

– auch Jaspers spricht von „grammatischer Gewaltsamkeit“[8] – bereits von einer Blockiertheit des Zugangs zum „Griechentum“, die revolutionär aufzubrechen er sich genötigt sah? Keineswegs zufällig sind für Heideggers wiederholte Versuche, sich den Vorsokratikern zu nähern, Nietzsche und vor allem Hölderlin wichtig – letzterer wird, wenn auch nur im Vorübergehen, mit Lǎozǐ in Verbindung gebracht (GA 75, 43). Hier findet offenbar eine Verschiebung in Heideggers Verhältnis zu einer Deutung des alten griechischen Denkens statt, die durch die Resonanz mit dem Daoismus zumindest unterstützt und vertieft wird. Dafür, dass diese Verschiebung durch den Daoismus nicht nur gefördert, sondern aus diesem entsprungen ist, wie zuweilen behauptet wird, gibt es allerdings zumindest an dieser Stelle keinen Hinweis.[9] Wahrscheinlicher ist denn auch, dass Heidegger, von Hölderlin und Nietzsche herkommend, sich den Vorsokratikern erneut zuwendet und dabei von den „Anklängen“ an östliches Denken freudig überrascht und belebt wird. Das Verhältnis der Vorsokratiker zu Heideggers Lektüre von Hölderlin und Nietzsche ist vielschichtig und nicht leicht zu verstehen. An dieser Stelle sei zumindest gesagt, dass Hölderlin für ihn eine besondere „Nähe zu Heraklit“ (GA 55, 31) aufweist, weil er auf das metaphysische Denken, das mit Platon einsetzt, „in der Weise einer Überwindung und Abkehr bezogen bleibt“ (GA 53, 158), während Nietzsches, aber auch Hegels Nähe zu Heraklit für Heidegger noch in einer Weise metaphysisch bleibt, die er als ungenügend zurückweist (GA 55, 28–43). Die Korrespondenz zwischen Heraklit und Lǎozǐ ist vor allem durch Hölderlin vermittelt, mit dem sich Heidegger in dieser Zeit besonders ausgiebig beschäftigt hat. Es ist diese Dreierkonstellation von Hölderlins nachmetaphysischer Annäherung an das antike Griechenland, der Neuinterpretation der Vorsokratiker und des Hinzutretens des Daoismus, die Heideggers Denken der 1940er Jahre in eine transkulturelle Dynamik eintreten lässt, der paradigmatischer Charakter zukommt:

[8] Heidegger/Jaspers, *Briefwechsel*, 184.

[9] Siehe vor allem Reinhard May, *Heideggers verborgene Quellen. Sein Werk unter chinesischem und japanischem Einfluss*, Wiesbaden: Harrassowitz 2014. Mit Verweis auf die von Jaspers vorgebrachte Charakterisierung Heideggers als „ungemein begabtem Hochstapler“ und auf Nietzsches Wort vom „Raub-Genie“ (XIII) versucht May nachzuweisen, dass Heidegger seine ostasiatischen Quellen vorsätzlich verschleiert hat.

Deutsches, griechisches und chinesisches Denken beginnen eine paradoxe Konstellation zu bilden, die weitreichende Bedeutung hat. Vor dem Hintergrund gewisser Kenntnisse konfuzianischer, daoistischer und buddhistischer Texte drängt sich leicht die Erfahrung auf, bei der Lektüre Heideggers allenthalben Anklänge wahrzunehmen. Es ist deshalb nicht leicht, sich der Versuchung zu erwehren, diese Nähe auf versteckte asiatische Einflüsse zurückzuführen. Im Unterschied zu früheren Untersuchungen zur Affinität zwischen Heidegger und dem Daoismus scheint es mir notwendig, immer die historische Ausnahmesituation im Auge zu behalten, in der diese Konstellation hinzutritt.[10]

2. Der Grund, aus dem Heidegger der Resonanz zwischen Vorsokratikern und Daoisten nicht weiter nachgegangen ist, liegt in der Sprache. Ohne Kenntnisse der chinesischen Sprache war Heidegger jene Art des kritischen oder „destruktiven" Studiums alter Texte unmöglich, das er im Falle der Vorsokratiker eingehend betrieben hat – seine eigenen, sehr eigenwilligen Übersetzungsvorschläge werden vielfach begleitet von genauen Diskussionen und der Kritik anderer Übersetzungen. Für den Philosophen Heidegger, der gleichzeitig ein anspruchsvoller und eigenwilliger Philologe war, ist deshalb ein Einfluss der daoistischen Texte wenig wahrscheinlich, der über mehr oder weniger kurzzeitige Betroffenheit durch und Begeisterung für diese hinausgeht. Heideggers Skepsis ist offenbar nicht einfach nur höflich geäußerte Vorsicht, sondern in seinem Verständnis von Sprache verwurzelt. Es fiel ihm schwer, die klassische chinesische Schriftsprache als eine dem Altgriechischen gleichgestellte Sprache des Denkens anzuerkennen – einer solchen Anerkennung stand Heideggers Eurozentrismus und seine Graecophilie entgegen. Damit soll selbstverständlich nicht ausgeschlossen werden, dass die empfangenen Anregungen zuweilen deutlich über den skeptisch durch das Eingeständnis von Sprachbarrieren abgesteck-

10 In der Einleitung zum einflussreichen Sammelband *Heidegger and Asian Thought* spricht Graham Parkes von einer „prästabilierten Harmonie" zwischen Heideggers Denken und dem Daoismus, weil bei Heidegger „quasidaoistische Themen" bereits vor dem Kontakt mit chinesischer Philosophie auftauchen. (Graham Parkes, „Introduction", in: *Heidegger and Asian Thought*, edited by Graham Parkes, Honolulu: University of Hawaii Press 1987, 9)

ten Umkreis hinausgegangen sind. Interessant ist dabei auch die Bemerkung, jener „Chinese“ sei selbst „christlicher Theologe und Philosoph“ gewesen, denn es kann davon ausgegangen werden, dass Heidegger eine „theologische“ (christliche) und „philosophische“ (metaphysische) Lektüre und Übersetzung des *Lǎozǐ* ebenso vermeiden wollte, wie er dies im Falle der Vorsokratiker in erheblich umfangreicherem und tiefergehendem Maße getan hat. Die „anfänglichen Denker“ Anaximander, Parmenides und Heraklit stehen zur „Philosophie“ in einem ähnlich indirekten Verhältnis wie Meister Eckhart zur „christlichen Theologie“. Heidegger wird auch nicht entgangen sein, dass die maßgeblichen Übersetzer des *Lǎozǐ* ins Deutsche, vor allem Victor von Strauss und Richard Wilhelm, den daoistischen Klassiker „theologisch“ und „philosophisch“ übersetzt haben. Heideggers Skepsis wird deshalb auch mit der dunklen Ahnung zu tun gehabt haben, dass die „ambivalente Beziehung zu Bibel und Christentum“[11] bei unzureichender Kenntnis der chinesischen Sprache kaum zu vermeiden sein würde. Mein Zugang zu dieser Problematik ist nun sehr verschieden von demjenigen Heideggers, da ich mit dem Chinesischen viel vertrauter bin als mit dem Griechischen. In der Bemühung, die Resonanz zwischen vorsokratischem und daoistischem Denken zu verstehen, sehe ich umgekehrt die Nötigung, mich erneut dem Griechischen zuzuwenden, um genauer nachzeichnen zu können, inwiefern die radikale Kritik an Philosophie und Metaphysik Heideggers Öffnung nach China vorbereitet hat.

3. Die durchaus hervorgehobene Bedeutung der Resonanz zwischen Vorsokratikern und östlichem Denken wird auch durch seinen Hinweis auf deren zukünftiges Potential nahegelegt. Heidegger hat diese Resonanz offenbar als so stark wahrgenommen, dass er bereit war, in ihr etwas „Wesentliches“ zu sehen, das heißt nicht etwas Nebensächliches, Beiläufiges, Zusätzliches, sondern etwas für das Denken Unverzichtbares – wobei allerdings der Hinweis „wenn nach Jahrhunderten die Verwüstung überstanden ist“ das Gespräch mit Asien wieder in eine ferne Zukunft zu vertagen scheint, als könne das östliche Denken nichts dazu beitragen, die „Verwüstung“ zu verstehen und zu überstehen.

[11] Heinrich Detering, *Bertolt Brecht und Laotse*, Göttingen: Wallstein 2008, 22.

4. Worin besteht dieses Potential, das Heidegger im „Asiatischen" zwar gespürt hat, aber selber nur andeutungsweise verwirklichen konnte? Er denkt offenbar an eine Ersetzung des „Subjekt-Objekt-Verhältnisses" durch etwas anderes. An dessen Stelle, so scheint er zu vermuten, hat bei den Vorsokratikern wie bei den Daoisten eine andere Möglichkeit des Denkens, eine „ganz andere Denkweise" (GA 7, 244) bestanden. Was für eine Denkweise ist das? Ist es ein Denken, das *weder dualistisch noch monistisch* ist, das weder in Zweiheit noch in Einheit allein nach Lösungen sucht und in diesem Sinne das Subjekt-Objekt-Verhältnis zugleich durchwandert und unterwandert? Diese Frage wird zumindest meinen Versuch anleiten, Heideggers Bemerkung zum Fehlen des „Subjekt-Objekt-Verhältnisses im Griechentum" – und im „Asiatischen" – weiterzudenken. Ich möchte die andere Denkweise, die hier auftaucht, *paradoxes Denken* nennen. Vor allem in den Texten von Anaximander, Heraklit und Parmenides hat Heidegger die in Europa verschütteten, durch Sokrates und den Platonismus in Vergessenheit geratenen, Quellen dafür gesehen. Er scheint intuitiv den Eindruck gewonnen zu haben, dass paradoxes Denken im Osten, anders als im Westen, nicht vergessen und verschüttet worden ist, sondern sich lange und reich entwickeln konnte. Entsprechend rührt die Korrespondenz zwischen vorsokratischem und daoistischem Denken an das Verständnis von Seinsvergessenheit als *Paradoxievergessenheit.*

Eine Ahnung davon spricht aus Jaspers' Brief vom 6. August 1949, in dem dieser darauf hinweist, „all die Jahre" gerne zu Asiatischem gegangen zu sein, „wohl wissend nicht eigentlich einzudringen, aber auf eine wundersame Weise von dorther erweckt": „Ihr ‚Sein', die ‚Lichtung des Seins', Ihre Umkehrung unseres Bezuges zum Sein in den Bezug des Seins zu uns, das Übrigbleiben des Seins selbst – in Asien glaube ich davon etwas wahrgenommen zu haben."[12] Jaspers gesteht zu, dass durch Heideggers „Gewaltsamkeit" gegenüber dem griechischen Text ein überraschender und neuer Sinn aufgeht, von dem er „mehr hören" möchte, zweifelt jedoch, ob sich mit einem solchen Vorgehen wirklich fortkommen lässt. Dabei scheint er zu unterschätzen, in welchem Maße es gerade Heideggers gewaltsamer Umgang mit den griechischen Fragmenten war, durch den Vorsokratiker und Daoisten auf unvorhergesehene

12 Heidegger/Jaspers, *Briefwechsel*, 178.

Weise zu kommunizieren beginnen, inwiefern Heidegger also gerade durch seine „destruktive" Übersetzungspraxis – indem er etwa „in den Parmenidesstellen das τὸ αὐτὸ durch eine grammatische Gewaltsamkeit zum Subjekt des Satzes" macht[13] – eine Möglichkeit eröffnet, die Jaspers versagt geblieben ist: nämlich ins Asiatische „eigentlich einzudringen", wie er es etwas unglücklich formuliert. Die starke Resonanz, die Heideggers Schriften in Ostasien gefunden haben und weiterhin finden, zeugt für diese Vermutung.

Aus dem Bericht, den Xiāo Shīyì von der gemeinsamen Arbeit an einer Übersetzung des *Lǎozǐ* gegeben hat, lässt sich ein Grund für diese Anziehungskraft erahnen: „Dies werde ich nie vergessen, diesen ungeheuren Ernst seines Fragens. Oft nur mit einem Blick – fragte er wortlos weiter. Fragend immer tiefer verstehend. Möchten doch abendländische Menschen dies von Martin Heidegger lernen: So aufrichtig, so offen und so rückhaltlos nach der Wahrheit zu fragen, die uns, den Menschen Asiens, überliefert worden ist."[14] Zu dieser Offenheit gehört die bohrende Deutung der Vorsokratiker, die Heidegger ganz bewusst aus dem Hauptstrom des „abendländischen Denkens" herausgerissen hat – um damit das griechische Denken für die Korrespondenz mit asiatischem, insbesondere chinesischem Denken vorzubereiten. Sicher mehr unbewusst als bewusst hat er die für ihn maßgeblichen Vorsokratiker sozusagen asiatisiert oder sinisiert. Damit lässt sich auch erklären, warum seine Deutungen immer wieder auf starke Ablehnung stoßen und was es bedeuten mag, dass seine Auslegung des Parmenidesspruches (τὸ γὰρ αὐτὸ νοεῖν ἐστίν τε καὶ εἶναι) „aus einer ganz anderen Denkweise kommt wie diejenige Hegels" (GA 7, 242). Mit Paul Celan, der Heideggers ausführliche Analysen zum „*tò autó* des Parmenides [...] aufmerksam studiert" hat, lässt sich das Leitmotiv dieser

[13] Ebd., 184. Einen ähnlichen Einwand äußert Hans-Georg Gadamer (siehe ders., „Die Griechen", in: *Heideggers Wege*, Tübingen: Mohr 1983, 121). Heidegger hat seine Lesart mehrfach erläutert und verteidigt (siehe GA 8, 263; GA 7, 254).

[14] Paul Shih-Yi Hsiao (Xiāo Shīyì), „Wir trafen uns am Holzmarktplatz", in: Günther Neske (Hg.), *Erinnerung an Martin Heidegger*, Pfullingen: Neske 1977, 128f.

Denkweise als „wandernde leere / gastliche Mitte" bezeichnen.[15] Dieses Motiv führt nicht nur in die griechische Philosophie und ihre deutschsprachigen Deutungen, sondern auch mitten hinein in die Paradoxikalität des daoistischen Verständnisses des *Nichts*, der *Leere* oder des *Ohne* (wú 無), wie ich im Folgenden bevorzugt sagen werde.

> Die Geschichte des Griechentums erreicht eben dort die Höhe seines Wesens, wo es die Gegenwendigkeit des Seins selbst bewahrt und zur Erscheinung bringt; denn da allein ist die Notwendigkeit, in dem Grund des Gegenwendigen zu verbleiben, statt sich auf die eine oder andere Seite zu flüchten. (GA 53, 95)

Ich möchte paradoxes Denken als ein Denken verstehen, das die „Gegenwendigkeit des Seins selbst bewahrt und zur Erscheinung bringt" und im „Gegenwendigen zu verbleiben" vermag. Die mit Platon beginnende Metaphysik bedeutet für Heidegger demnach die Flucht vor der „Gegenwendigkeit des Seins". So verstandene Metaphysik ist Flucht vor paradoxem Denken. Aufgrund ihrer Flucht vor dem „gegenwendigen" oder „kehrigen"[16] Denken erweist sie sich denn auch als „dem Wesen des ‚Negativen' nicht gewachsen" (GA 53, 95). Auf vergleichbare Weise wendet sich Adorno gegen die „traditionelle Metaphysik" und behauptet, dass die „Fähigkeit zur Metaphysik" nach Auschwitz „gelähmt" ist, weil sie sich der überwältigenden „Negativität" dieser Katastrophe nicht gewachsen zeigt (GS 6, 354f.). Mit „negativer Dialektik" empfiehlt Adorno ein Denken als Ausweg, das „auch gegen sich selbst denken" kann (GS 6, 358). Obwohl oder gerade weil Heidegger das „dialektische Denken" (GA 55, 33) von der Besinnung auf das „anscheinend ganz Unvereinbare und in sich Gegenwendige" fernhal-

15 Werner Hamacher, „Tò autó, das Selbe, – –", in: *Keinmaleins. Texte zu Celan*, Frankfurt am Main: Klostermann 2019, 188–194. Hamacher charakterisiert diese „Mitte" auch als „wandernde Vakanz" (193). Celans Gedicht „Zu beiden Händen", in dem diese Wendungen stehen, findet sich in Paul Celan, *Gesammelte Werke in fünf Bänden*, Frankfurt am Main: Suhrkamp 1986, Band I, 219.

16 Peter Trawny, *Martin Heidegger. Eine kritische Einführung*, Frankfurt am Main: Klostermann 2016, 111.

ten will, gehe ich davon aus, dass gegenwendiges Denken bei Heidegger und negativ-dialektisches Denken bei Adorno auf unerwartete, untergründige und un-geheuerliche Weise miteinander kommunizieren. Um das zu verdeutlichen, muss ein Drittes hinzutreten. Leitmotiv dieses Buches ist es somit zu erläutern, inwiefern „daoistischem paradoxen Denken" die Bedeutung eines hinzutretenden Vermittlers zukommt, der auf unvermuteten Wegen dabei hilft, alte Kommunikationsbarrieren durchlässig zu machen.

Wenn Heidegger das Verhältnis von Dunklem und Lichtem oder von Verbergung und Unverborgenheit nicht als etwas dialektisch Entgegengesetztes, sondern als etwas wesenhaft „in sich Gegenwendige[s]" versteht, dann lassen sich die „Anklänge" an Traditionen paradoxen Denkens in Asien besser verstehen, auf die er vielfach gestoßen ist. Diese sprengen den Rahmen komparativen Philosophierens, weil sich dabei neue Möglichkeiten des Denkens zeigen, die über die Beschäftigung mit Ähnlichkeiten und Unterschieden zwischen Ost und West entschieden hinausgehen. Damit wird eine transkulturelle Bewegung durch Altes und Neues, Östliches und Westliches hindurch eröffnet, der zu folgen den Mut zum Unterwegssein erfordert, zum Wandern auf gewundenen Wegen ohne vorgegebene Ziele und Zwecke.

Jedoch schon durch die Umstände ihres Hervortretens in Heideggers Denken ist diese Bewegung mit der Mahnung zur Vorsicht untrennbar verbunden. Mehr noch ist diese krisengeborene und katastrophenbehaftete, von Anfang an beschädigte und pathologisch verzerrte Kommunikation zwischen vorsokratischem und daoistischem Denken ein Sinnbild, in dem die Unmöglichkeit zum Ausdruck kommt, den von Heidegger hinterlassenen Spuren zu folgen. Aber vielleicht ist gerade dies das Problem: Einerseits ist es unmöglich, Heideggers Denkweg weiterzugehen, andererseits gibt es keinen philosophischen Weg nach China, der an ihm vorbeiführt.

I. Heideggers Weg nach Osten

„Dein Fuss selber löschte hinter dir den Weg aus,
und über ihm steht geschrieben: Unmöglichkeit.“[17]

Friedrich Nietzsche

1. Die Notwendigkeit des Unnötigen

„Am Tag, da die Welt ihren Sieg feierte und noch nicht erkannte, daß sie seit Jahrhunderten schon die Besiegte ihres eigenen Aufstands ist.“ Mit diesem Satz endet ein Text von Martin Heidegger mit dem umständlichen Titel *Abendgespräch in einem Kriegsgefangenenlager in Rußland zwischen einem Jüngeren und einem Älteren* – datiert auf den 8. Mai 1945 (GA 77, 203–240). Das posthum veröffentlichte *Abendgespräch* gehört zu den bisher wenig beachteten Texten in Heideggers umfangreichem Gesamtwerk. Der Bezug zur chinesischen Philosophie, der den Text durchzieht, ist selbst von denen ignoriert worden, die sich mit dem *Abendgespräch* beschäftigt haben.[18] Auch die Herausgeberin der *Feldweg-Gespräche* hat sich nicht die Mühe gemacht herauszufinden, woher der zitierte Text stammt und wer denn die beiden chinesischen Denker sind, die „der Ältere“ zitiert: Es handelt sich um ein Zitat aus dem Buch *Zhuāngzǐ* in der Übersetzung von Richard Wilhelm. Diese ist erstmals 1912 unter dem Titel *Dschuang Dsi. Das wahre Buch vom südlichen Blütenland* erschienen.

17 Friedrich Nietzsche, *Also sprach Zarathustra*, in: ders., *Kritische Studienausgabe*, Band 4, München und Berlin/New York: DTV und de Gruyter 1988, 194.

18 Siehe etwa Peter Trawny, *Heidegger und Hölderlin oder Der europäische Morgen*, Würzburg: Königshausen & Neumann 2010, 191–201.

Die von Heidegger zitierte Textstelle hat Wilhelm mit der Überschrift „Die Notwendigkeit des Unnötigen“ versehen.[19] Wären da nicht das symbolträchtige Datum und die bedeutungsschweren Nachsätze, der Text würde wohl noch weniger Beachtung finden.

Ich möchte der Vermutung nachgehen, dass das transkulturelle Potential von Heideggers Denken im *Abendgespräch* auf tiefgründige und erstaunlich radikale Weise zum Ausdruck kommt, obwohl oder gerade weil nach der Veröffentlichung der *Schwarzen Hefte* an der weitgehenden Verstrickung von Heideggers Philosophie in die nationalsozialistische Bewegung kaum mehr gezweifelt werden kann. Das sind geeignete Bedingungen, um über die Schwierigkeiten nachzudenken, denen die Entwicklung interkulturellen Philosophierens insbesondere im deutschsprachigen Raum gegenübersteht.

Seitdem mich mein Freund Xià Kějūn eindringlich auf die weitreichende Bedeutung des *Abendgesprächs* hingewiesen hat, wuchs mit dem Eindruck einer unheimlichen Aktualität dieses Textes auch das verwirrende Gefühl gleichzeitiger Abstoßung und Anziehung. Es war diese paradoxe Erfahrung, aus der die Motivation entsprang, darüber zu schreiben. Auf unheimliche Weise zeitgemäß wirkt der Text, weil die Vision einer neuen historischen Aufgabe des deutschen Volkes, die aus ihm spricht, eine denkwürdige Perspektive auf die anhaltende Bedeutung von nationalistischem, wenn nicht gar völkischem Konservatismus in Deutschland und darüber hinaus eröffnet. Zudem erörtert Heidegger im *Abendgespräch* eine kurze Passage aus einem klassischen Text chinesischer Philosophie in einer Weise, die auch an Gefahren und Chancen der Modernisierung in China denken lässt.

Das *Abendgespräch* hat mich dazu angeregt, einer dunklen Vermutung philosophisch nachzugehen, nämlich dass es historische Korrespondenzen zwischen dem Deutschland des frühen 20. und dem China des frühen 21. Jahrhunderts gibt. Diese legen es nahe, die

[19] Richard Wilhelm (Übers.), *Dschuang Dsi. Das wahre Buch vom südlichen Blütenland*, aus dem Chinesischen verdeutscht und erläutert von Richard Wilhelm, Jena: Diederichs 1912, 203f. Für eine Einführung in die Philosophie des *Zhuāngzǐ* siehe Hubert Schleichert und Heiner Roetz, *Klassische chinesische Philosophie. Eine Einführung*, Frankfurt am Main: Klostermann 2009 (dritte, neu bearbeitete Auflage), 141–178.

philosophische Auseinandersetzung mit Aufstieg und Fall des nationalsozialistischen Deutschlands dafür fruchtbar zu machen, den Aufstieg der Volksrepublik China zur Weltmacht kritisch zu reflektieren. Ich möchte versuchen, mich dieser Korrespondenz auf einem Weg anzunähern, der zunächst als Abweg erscheinen mag, nämlich über Heideggers deutschen Traum von einer Verkehrung des „geschlagenen deutschen Volkes" in ein „unbrauchbares Volk". In diesem Traum spielt die im *Abendgespräch* erörterte „Notwendigkeit des Unnötigen" eine herausragende Rolle.

Es sei also im Folgenden von der Annahme ausgegangen, dass Heideggers außergewöhnliche Beschäftigung mit dem Buch *Zhuāngzǐ* im *Abendgespräch* mit Identitätsproblemen und Selbstbesinnungsversuchen verflochten ist, die sowohl das gegenwärtige Deutschland wie auch das gegenwärtige China prägen. Die Art der Verflochtenheit ist zwar für beide Seiten nicht gerade erfreulich, vermag jedoch zu erklären, warum es *chinesische Philosophie* im deutschsprachigen Raum nach wie vor so schwer hat, Beachtung zu finden. Zudem taucht darin eine Möglichkeit auf, jene Kommunikationsbarriere durchlässiger zu machen, die eine nicht bloß sinologische und geistesgeschichtliche Beschäftigung mit chinesischer Philosophie verhindert: Diese Möglichkeit besteht darin, die transkulturelle Dynamik zwischen chinesischer und deutscher Philosophie als eine Bewegung wahrzunehmen, die nicht versucht, schmerzliche Punkte zu umgehen, sondern diese als Durchgangs- oder auch Aufenthaltsorte auf einem philosophischen Weg anzuerkennen, zu dem die Aufarbeitung kollektiver und individueller Abgründe notwendigerweise gehört.

Jenes kurze Gespräch zweier chinesischer Denker, auf das sich Heidegger im *Abendgespräch* bezieht, ist in Wilhelms Übersetzung mit „Die Notwendigkeit des Unnötigen" überschrieben. Auf die Übersetzung Wilhelms und die Erörterung anderer Übersetzungs- und Interpretationsmöglichkeiten werde ich im dritten Kapitel zurückkommen. Hier sei bereits angedeutet, dass ich es bevorzugen werde, vom *Gebrauch des Unbrauchbaren* oder vom *Gebrauch des Ungebrauchs* zu sprechen, ohne zu verkennen, dass es Wilhelms problematische Übersetzung gewesen sein dürfte, die Heideggers starkes Interesse an dem Gespräch zuallererst geweckt hat. Im *Abendgespräch* deutet sich eine zunächst abwegig, ja geradezu verrückt erscheinende Möglichkeit an: nämlich „das geschlagene Volk der

Deutschen“ mit Hilfe chinesischer Philosophie in sein „immer noch vorenthaltenes Wesen“ (GA 77, 234) einkehren zu lassen. Für einen Augenblick wenigstens scheint Heidegger die Quelle der Besinnung und des anderen Anfangs nicht, wie sonst bei ihm üblich, ins alte Griechenland zu verlegen, sondern ins alte China.[20]

Diese Verschiebung interessiert mich nun allerdings nicht im Sinne der Frage, ob dadurch eine kulturelle Identität – eine abendländische, westliche oder deutsche – durch eine andere kulturelle Identität oder Identifizierung – eine östliche oder chinesische – ersetzt wird und sich damit das alte China anschickt, das alte Griechenland als geistige Quelle zu verdrängen. Vielmehr interessiert mich, ob hier die Möglichkeit einer doppelten, vielleicht gar multiplen kulturellen Identität auftaucht. Eine solche Perspektive ist naheliegend, insofern die Sprache, die Heidegger im *Abendgespräch* gebraucht, einerseits Eigentümlichkeiten zeigt, die auf den Einfluss des *Zhuāngzǐ* zurückgehen – das Wort von der „Notwendigkeit des Unnötigen“ etwa oder die Rede von einem „unbrauchbaren Volk“–, andererseits jedoch ebenso vielfältige Bezüge zu Heideggers Interpretation der Vorsokratiker, zur Dichtung Friedrich Hölderlins oder auch zu den Schriften Meister Eckharts. Rückt

20 Bret W. Davis, der das *Abendgespräch* ins Englische übersetzt hat, stellt es ebenfalls in den größeren Kontext des Verhältnisses von Heidegger und Daoismus, lässt jedoch die damit verbundenen historisch-politischen Fragen beiseite. Siehe Davis, „Heidegger and Daoism: A Dialogue on the Useless Way of Unnecessary Being”, in: David Chai (Hg.), *Daoist Encounters with Phenomenology. Thinking Interculturally about Human Existence*, London: Bloomsbury 2020, 161–195. Eric S. Nelsons Studie zum *Abendgespräch* diskutiert dieses mit besonderem Augenmerk für die deutschsprachige Daoismus-Rezeption. Siehe Nelson, „Heidegger’s Daoist Turn“, in: *Research in Phenomenology* 49 (2019), 362–384. Eine umfassendere Erörterung der deutschsprachigen Rezeption chinesischer Philosophie gibt Nelson in seinem Buch *Chinese and Buddhist Philosophy in Early Twentieth-Century German Thought*, New York: Bloomsbury Academic 2017. Jaap Van Brakel stellt das *Zhuāngzǐ*-Zitat im *Abendgespräch* in den Kontext anderer Textstellen, auf die Heidegger sich bezieht. Siehe Jaap Van Brakel, „Heidegger on Zhuangzi and Uselessness: Illustrating Preconditions of Comparative Philosophy“, in: *Journal of Chinese Philosophy*, Volume 41, Issue 3–4 (2014), 387–406. Die politische Problematik des *Abendgesprächs* wird auch in dieser Studie nicht thematisiert.

Zhuāngzǐ damit, zumindest der Möglichkeit nach, neben Heraklit und Anaximander, in den Rang einer alten Quelle, welche die neuzeitliche Welt nötig hat, um sich auf sich selbst besinnen zu können, aber ohne es zu wissen, weil ihr die Besinnung auf jene Notwendigkeit des Unnötigen, jenen Gebrauch des Unbrauchbaren so schwer fällt, die sich mit Hilfe chinesischer Philosophie lernen lässt?

Was bedeutete es, das transkulturelle Potential von Heideggers Denken zu erkunden? Zunächst stellt sich die Frage, ob nicht der transkulturelle Charakter des von Heidegger gepflegten Verhältnisses von Altem und Neuem, von Südlichem und Nördlichem, von griechischsprachigem und deutschsprachigem Denken um die räumliche Dimension von Ost und West erweitert werden kann – erweitert allerdings auf eine Weise, die auch die irritierenden, unheimlichen, ja abstoßenden Aspekte von Heideggers Verhältnis zur alten griechischsprachigen Philosophie umfasst. Im Zusammenhang seiner Heraklit-Deutung in der Vorlesung *Der Anfang des abendländischen Denkens* von 1943 schreibt Heidegger:

Der Planet steht in Flammen. Das Wesen der Menschen ist aus den Fugen. Nur von den Deutschen kann, gesetzt, daß sie ‚das Deutsche' finden und erfahren, die weltgeschichtliche Besinnung kommen. Das ist nicht Anmaßung, wohl aber ist es das Wissen von der Notwendigkeit des Austrages einer anfänglichen Not. (GA 55, 123)

Im *Abendgespräch* reformuliert er die Auffassung von einer aus der Not geborenen, die Not austragenden „weltgeschichtlichen Besinnung", die von den Deutschen kommen könnte, wenn diese nur „in das immer noch vorenthaltene Wesen unseres geschlagenen Volkes einzukehren" (GA 77, 234) vermöchten.[21]

21 „Heidegger hat wie kein europäischer Philosoph sonst das Gespräch zwischen dem Westen und dem fernen Osten in Gang gebracht; doch nimmt er auf seinem Weg Motive der großen Traditionen nur so auf, daß er sie ganz in seinen jeweiligen Ansatz – in die Not, in die sein Denken gerät – hineinnimmt." Otto Pöggeler, „West-östliches Gespräch: Heidegger und Lao Tse", in: ders., *Neue Wege mit Heidegger*, Freiburg/München: Alber 1992, 387–425. Dieser von der „Not" des eigenen Denkens ausgehende Ansatz weist sicherlich deutliche Schwächen auf, wenn es darum geht, jenen „großen Traditionen" geistesgeschichtlich gerecht zu werden.

Heidegger hält auch nach 1945 an Spekulationen zu den Deutschen und zum deutschen Wesen fest. In ihnen mischt sich Verzweiflung über das fürchterliche „Schicksal der Deutschen“, deren „Ahnungslosigkeit“[22] und „gegen sich selbst betriebene Verräterei am eigenen Wesen“, die für ihn „blindwütiger und zerstörerischer ist als die weithin sichtbare Verwüstung“[23] mit wahnhaften Vorstellungen zur Weltrettung, die von den Deutschen, ja aus Heideggers südwestdeutscher Heimat kommen soll. Am 9. August 1945 schreibt Heidegger an seinen Bruder:

Immer deutlicher wird mir die Ahnung, daß unsere Heimat, der Kern des südwestdeutschen Landes, der geschichtliche Geburtsort des abendländischen Geistes sein wird. Das mag seltsam klingen, aber es kann nicht anders seyn. Denn es ist ein geist-erfülltes und zugleich erdenhaft schönes Land: es birgt unsichtbaren Reichtum, bewahrt tiefste Besinnung und höchste Form der Gestaltung. Aber wir müssen diesen Geburtsort erst entdecken und erwecken, ohne auf die meisten der jetzt dort wimmelnden Menschen zu sehen.[24]

Die geistigen Verirrungen eines heimatverbundenen Denkers, der letztlich sich selbst mit der geschichtlichen Aufgabe beschwert, dem Geist des Abendlandes zur Geburt zu verhelfen, würde ich gerne auf sich beruhen lassen, wenn Heidegger nicht auch noch Zhuāngzǐ und die chinesische Philosophie in den Umkreis jener weltgeschichtlichen Besinnung hineingezogen hätte, die er im deutschen Wesen angelegt wähnt. Hinzu kommt, dass das Buch meines Pekinger Freundes einen Titel trägt, der sich auf diesen Anspruch bezieht: *Ein wartendes und unbrauchbares Volk. Zhuāngzǐ und Heideggers zweite Kehre.*[25] Dieser Titel verweist zunächst auf eine Verbindung

Mir geht es demgegenüber um die philosophischen Stärken dieses Ansatzes, die meiner Auffassung nach seine Schwächen bei weitem überwiegen.

22 Walter Homolka und Arnulf Heidegger (Hg.), *Heidegger und der Antisemitismus. Positionen im Widerstreit*, Freiburg: Herder 2016, 131.

23 Ebd., 133.

24 Ebd., 129f.

25 Xià Kějūn 夏可君, *Yīgè děngdài yǔ wúyòng de mínzú – Zhuāngzǐ yǔ Hǎidégéěr de dì èr cì zhuǎnxiàng* 一個等待與無用的民族——莊子與海德格爾的第二次轉向 (*Ein wartendes und unbrauchbares Volk. Zhuāngzǐ und Heideggers zweite Kehre*), Peking [Běijīng]: Peking University Press 2017. Meine Überlegungen

zwischen Heideggers Vorstellung, das deutsche Volk möge ein wartendes und unbrauchbares werden, und seinem Gebrauch des *Zhuāngzǐ*; im Verhältnis dieser beiden Momente taucht die Möglichkeit einer „zweiten Kehre" auf: die transkulturelle Kehre von Heideggers Denken, diesmal nicht in die Richtung des griechischen Südens, sondern in die Richtung des chinesischen Ostens.[26]

2. Bewusstsein von Nöten

In den *Anmerkungen V* (Schwarze Hefte 1942–1948) von 1948 schreibt Heidegger:

> Das deutsche Volk ist politisch, militärisch, wirtschaftlich und in der besten Volkskraft ruiniert, sowohl durch den verbrecherischen Wahnsinn Hitlers als auch durch den endlich zum Zuge gekommenen Vernichtungswillen des Auslands. Man mache sich nichts vor. [...] Noch bleibt die Aufgabe: *die Deutschen geistig und geschichtlich auszulöschen.* (GA 97, 444)

Das ist ein Zeugnis des völkischen Denkens, von dem sich Heidegger auch nach dem Krieg nicht verabschiedet hat. Es ist nicht schwer, in der chinesischen Gegenwartsphilosophie Äußerungen

sind in vieler Hinsicht eine kritische Antwort auf Xià Kějūns Versuch, den Streit über Heidegger aus der Perspektive einer chinesischen Gegenwartsphilosophie zu reflektieren, auf die Heideggers Denken bereits eine tiefgreifende Wirkung ausgeübt hat und weiterhin ausübt.

26 Im Folgenden werde ich die Rede von einer „zweiten Kehre" vermeiden, weil sie allzu leicht in Streitigkeiten innerhalb der Heidegger-Philologie führt, die von dem ablenken, worum es mir geht: die philosophische Bedeutung von Heideggers Öffnung für östliches Denken. Peter Trawny scheint mir zum Begriff der „Kehre" etwas gesagt zu haben, was den Charakter dieser Öffnung verständlicher macht: „Heideggers Philosophie ist kein Denken ‚vor' und ‚nach', sondern ‚in' der ‚Kehre'. Stets ist sie an dem Punkt interessiert, an dem etwas – die ‚Existenz', die ‚Geschichte', die ‚Wahrheit', die ‚Welt' etc. – sich wendet. In diesen Umkehrungen und Umwälzungen kommt es auch zu abrupten Brüchen, die Heidegger allerdings eher – wie im Fall seines politischen Abwegs – zu verbergen versucht hat." (Trawny, *Martin Heidegger. Eine kritische Einführung*, 111) Die transkulturelle Kehre nach Osten gehört zu den Umwälzungen in Heideggers Denken, die er zu verbergen versucht hat.

zu finden, deren Ton an diese Sprache erinnert. Die Idee der „Selbstbehauptung", die Heidegger in seiner Rektoratsrede von 1933 hervorgehoben hat, korrespondiert in China mit der „Selbststärkung" (zìqiáng 自強), die seit dem 19. Jahrhundert als Notwendigkeit beschworen wird. Im Kontext der kulturellen und politischen Modernisierung ist ein Bewusstsein von Not und Verzweiflung über die Möglichkeit, das „chinesische Volk" könnte „geistig und geschichtlich" ausgelöscht werden, weit verbreitet, und zwar über die Grenzen einander bekämpfender politischer Positionen hinweg.

Im 20. Jahrhundert war das chinesische Selbstverständnis vom kollektiven Willen zum Überleben und zur Selbststärkung geprägt. Nun stellt sich die Frage, inwiefern der chinesische Weg der Modernisierung normativ bedeutungsvoll ist und werden kann. Wendet er sich gegen jene Tendenz zur Selbstzerstörung, die europäischen und nord-amerikanischen Wegen der Modernisierung bisher innewohnt? Oder führt er nur dazu, deren unheilvolle Tendenz zu Verwüstung und Vernichtung zu verlängern und zu verstärken? Der deutsche Weg der Modernisierung ist dabei von besonderer Bedeutung, weil er als mahnendes Beispiel dafür zu dienen vermag, bis zu welchem Grad die Dialektik des Fortschritts ein ganzes Volk in den Abgrund katastrophalen Scheiterns führen kann.

Diese historische Situation erlaubt einen tieferen Einblick in das starke Interesse, das Heideggers Rede von einem anderen Anfang, seine Beschwörung des im Dichten und Denken aufgespeicherten deutschen Wesens im chinesischen Kontext weckt. Sie erlaubt es auch zu erahnen, warum Xià Kějūn zwar von Heidegger und seiner, im Falle des *Abendgesprächs* von Zhuāngzǐ inspirierten, Absage an den nationalsozialistischen Kult von Willen und Führer spricht, darin aber auch China meint. Indirekt und in Andeutungen geht es um die Gefahr, dass ein sozialistisches China, in dem die Beschwörung des Nationalismus und der völkischen Erneuerung um sich greift, die selbstzerstörerische Entwicklung des nationalsozialistischen Deutschlands wiederholen könnte.

Indem Xià die Möglichkeit einer Korrespondenz zwischen Sozialismus chinesischer Prägung und deutschem Nationalsozialismus umtreibt, taucht aus philosophischer Sicht die Frage auf, ob das Scheitern des deutschen Willenskultes und Heideggers gegen ihn vorgebrachte Kritik im chinesischen Kontext nicht dabei helfen könnte, den Gefahren eines blinden Willens zur Modernisierung reflexiv vorzubeugen. Heideggers Vision einer Verkehrung des „geschlagenen deutschen Volkes" in ein „unbrauchbares Volk", das zur *Gelassenheit* fähig ist, erscheint vor diesem Hintergrund weniger als normatives Potential des deutschen als des chinesischen Volkes. Und dies um so mehr, als Heideggers Verständnis von Gelassenheit aus dem „Denken der Unbrauchbarkeit" in der klassischen chinesischen Philosophie entscheidende Anregungen bezogen hat. Während das deutsche Volk, nach Heideggers Überzeugung, diese visionäre Möglichkeit ignorant ausgeschlagen hat, um der Amerikanisierung zu verfallen, scheint Xià Kějūn nach einem Weg zu suchen, sie für die kritische Selbstbesinnung des chinesischen Volkes fruchtbar zu machen. Die historische Bedingung dieser Möglichkeit scheint er darin zu sehen, dass die zur Verwirklichung von Heideggers Vision notwendigen geistigen und kulturellen Grundlagen in der deutschen wie auch in der abendländischen Philosophie insgesamt, nur schwach ausgebildet sind und sich Heidegger gegen die abendländische Metaphysik wenden musste, um ihnen tastend Ausdruck zu verleihen. Demgegenüber sind jene Grundlagen in der chinesischen Philosophie von alters her weit stärker entfaltet worden und bedürften, so scheint Xià zu meinen, nur einer modernen Transformation, um in ihrem normativen Gehalt auf neuartige Weise zur Geltung gebracht werden zu können.

Mit Hilfe dieser grob skizzierten Perspektive dürfte sich erahnen lassen, warum die Erörterung des Verhältnisses von Heidegger und Zhuāngzǐ an heikle Themen sowohl der chinesischsprachigen als auch der deutschsprachigen Gegenwartsphilosophie rührt. Zudem zeigt sich bereits in Grundzügen, welche Einsicht sich aus dem *Abendgespräch* für einen *interkulturellen* Diskurs zwischen chinesischsprachiger und deutschsprachiger Gegenwartsphilosophie ergeben kann. Nämlich dass dieser sowohl *komparativ* als auch *transkulturell* vorgehen sollte: Komparativ, indem dabei mit kulturellen und sprachlichen Identitäten gearbeitet wird, die zugleich als problematisch und unverzichtbar gelten; transkulturell, insofern durch transformative Interaktion die Besinnung auf das Nichtidentische in diesen Identitäten geweckt wird und diese in eine transformative Dynamik hineingezogen werden, aus der sie erneuert hervorgehen können. Auf diese Weise kann interkulturelles Philosophieren mit einem *Bewußtsein von Nöten* (Adorno) verknüpft werden, das nicht davor zurückschreckt, das gewundene Kommunizieren verschiedener Sprach- und Kulturpositionen von schmerzlichen Erfahrungen ausgehen zu lassen.

3. War Zhuāngzǐ ein Nazi?

Zhuāngzǐ war ein Freund seltsamer Geschichten und verquerer Fragen. Deshalb mag er mir die folgende Frage verzeihen: War Zhuāngzǐ ein Nazi? Sein Denken lasse sich nicht politisch in Dienst nehmen, so wird schon in der ältesten historischen Quelle behauptet, die von ihm berichtet. Zhuāngzǐs Schriften sind demnach zum Zweck philosophisch-politischer Ideologiebildung unbrauchbar. Hat Heidegger sie gleichwohl politisch missbraucht? Um diese Frage beantworten zu können, ist eine genauere Erörterung jener am Schluss des *Abendgesprächs* stehenden Stelle nötig, in der das Buch *Zhuāngzǐ* zitiert wird:

Der Ältere: Aber zur guten Nacht und vielleicht auch zum Dank möchte ich Dir doch sogleich noch ein kurzes Gespräch zweier Denker erzählen, das ich mir in meiner Studentenzeit aus einer historischen Darstellung der chinesischen Philosophie abgeschrieben habe, weil es mich traf, ohne daß ich es früher recht verstand. Heute abend erst wurde es hell um mich, und darum fiel mir wohl auch das Gespräch ein. Die Namen der beiden Denker sind mir entfallen. Das Gespräch lautet so:

Der Eine sagte: „Ihr redet vom Unnötigen."

Der Andere sprach: „Erst muß einer das Unnötige erkennen, ehe man mit ihm vom Nötigen reden kann. Die Erde ist ja weit und groß, und doch braucht der Mensch, um zu stehen, nur so viel Platz, daß er seinen Fuß darauf setzen kann. Wenn aber unmittelbar neben dem Fuß ein Riß entstände bis hinab zu der Unterwelt, wäre ihm dann der Platz, worauf er steht, noch zu etwas nütze?"

Der Eine sprach: „Er wäre ihm nichts mehr nütze."

Der Andere sprach: „Daraus ergibt sich klar die Notwendigkeit des Unnötigen."

Der Jüngere: Ich danke Dir für dieses Gespräch.

Der Ältere: Und ich Dir für Dein Gedicht, worin vielleicht doch etwas Gedichtetes verborgen ist.

Der Jüngere: Laß uns an das Dichtende denken.

Der Ältere: Eine gute Nacht uns beiden und allen im Lager.
Der Jüngere: Und der Heimat den Segen ihrer Bestimmung.[27]

Darunter steht: „Schloß Hausen im Donautal, am 8. Mai 1945" und danach der bereits zu Beginn zitierte Satz: „Am Tage, da die Welt ihren Sieg feierte und noch nicht erkannte, daß sie seit Jahrhunderten schon die Besiegte ihres eigenen Aufstandes ist." (GA 77, 239–240)

Im Nachwort zu den *Feldweg-Gesprächen*, dem Band 77 von Heideggers Gesamtausgabe, bemerkt die Herausgeberin:

Fünfzig Jahre nach der deutschen Kapitulation vom Mai 1945 erscheinen jetzt Gedanken Heideggers aus dieser Zeit. [...] Wer allerdings, ausgehend vom Datum, ein Wort des Philosophen zum Ende des Nazi-Regimes erwartet, wird sich enttäuscht sehen. (GA 77, 247)

Wer ein bestimmtes, direktes Wort – der Reue oder des Eingeständnisses von Schuld – erwartet, wird sich zweifellos enttäuscht sehen. Wer jedoch davon ausgeht, Heidegger könnte sich zum Ende des Nazi-Regimes indirekt und allusiv geäußert haben, wird sein Wort – die Notwendigkeit des Unnötigen – vielleicht für unzureichend

27 Die Übersetzung von Richard Wilhelm ist mit „Die Notwendigkeit des Unnötigen" überschrieben und lautet: „Hui Dsï sprach zu Dschuang Dsï: ‚Ihr redet von Unnötigem.' Dschuang Dsï sprach: ‚Erst muß einer das Unnötige erkennen, ehe man mit ihm vom Nötigen reden kann. Die Erde ist ja weit und groß, und doch braucht der Mensch, um zu stehen, nur soviel Platz, daß er seinen Fuß darauf setzen kann. Wenn aber unmittelbar neben dem Fuß ein Riß entstünde bis hinab zu der Unterwelt, wäre ihm dann der Platz, worauf er steht, noch zu etwas nütze?' Hui Dsï sprach: ‚Er wäre ihm nichts mehr nütze.' Dschuang Dsï sprach: ‚Daraus ergibt sich klar die Notwendigkeit des Unnötigen.'" Richard Wilhelm (Übers.): *Dschuang Dsi. Das wahre Buch vom südlichen Blütenland*, aus dem Chinesischen verdeutscht und erläutert von Richard Wilhelm, Jena: Eugen Diederichs 1912, 203f. Abgesehen davon, daß Heidegger die Namen der Gesprächspartner, Huìzǐ (Hui Dsï) und Zhuāngzǐ (Dschuang Dsï), wegläßt, nimmt er noch eine kleine, aber nicht unbedeutende, Veränderung im Text vor. Bei Wilhelm heißt es: „Ihr redet von Unnötigem." Heidegger macht daraus: „Ihr redet vom Unnötigen." Eine genauere Erörterung von Wilhelms Übersetzung und den mit dieser verbundenen Schwierigkeiten sei dem dritten Kapitel vorbehalten.

und für provokant oder für abstoßend und inakzeptabel halten, jedoch kaum abstreiten wollen, dass es sich um eine philosophisch tiefgründige Antwort handelt. Offenbar unternimmt Heidegger an diesem symbolträchtigen Tag den Versuch, den Sieg der Alliierten über Nazi-Deutschland in eine seinsgeschichtliche Niederlage zu verkehren, um sodann aus dieser Niederlage eine neue weltgeschichtliche Mission des deutschen Volkes abzuleiten:

Der Ältere: Darum müssen wir die Notwendigkeit des Unnötigen wissen lernen und sie als Lernende den Völkern lehren. Der Jüngere: Und für eine lange Zeit vielleicht mag dies der einzige Inhalt unserer Lehre sein: die Not und die Notwendigkeit des Unnötigen. (GA 77, 237)

Instrumentalisiert Heidegger hier das Buch *Zhuāngzǐ* – in der Übersetzung von Richard Wilhelm – für die abwegige Vision, aus der Niederlage doch noch, zumindest auf lange Sicht, einen deutschen Sieg zu machen, der nun allerdings nicht mehr Sieg heißt und nicht mehr so heißen darf, weil die Besinnung auf die „Notwendigkeit des Unnötigen" verlangt, auf die „Anmaßung des Wirkenwollens" (GA 77, 238) zu verzichten und sich vom Herrschaftsanspruch aller „Weltanschauungen" zu lösen? Dafür müsste das deutsche Volk zu einem „ganz unbrauchbaren Volk" werden, zu einem Volk, das „sein Wesen rein an das Unnötige verschwenden könnte", um somit endlich damit zu beginnen, „in das immer noch vorenthaltene Wesen" dieses „geschlagenen Volkes einzukehren" (GA 77, 234). Stellt Heidegger Zhuāngzǐ und dessen paradoxe Lehre von der „Notwendigkeit des Unnötigen" oder dem Gebrauch des Unbrauchbaren somit nicht in den Dienst eines völkischen Denkens, das er sich zueignet, um, zumindest in Gedanken, die heutige Niederlage in einen künftigen Sieg zu verkehren? Dabei wird die Übung im paradoxen Denken allerdings so weit getrieben, dass dieser Sieg zugleich als ein Nicht-Sieg erscheinen muss. Denn jenes deutsche Volk, das ihn erreicht, wird den Willen zum Siegen hinter sich gelassen haben, der Sieg wird ihm also als ein Nicht-Sieg zufallen, als ein Sieg, den es gar nicht mehr als Sieg zu erfahren vermag. Und besteht die neue historische Mission, die Heidegger dem „Volk der Dichter und Denker" (GA 77, 233) aufgibt, nicht darin, mit der „Notwendigkeit des Unnötigen" das „reine Warten" zu lernen, also ein Wartenkönnen und Kommenlassen zu lernen und zu üben, das offenbar in schroffem Kontrast zur gescheiterten Ideologie vom Triumph des Willens sowie der damit verbundenen Metaphysik des Willens und der Tat steht?

Angenommen also, dass Heidegger Zhuāngzǐ in den Dienst völkischen Denkens gestellt hat, so ist es jedenfalls eine merkwürdig verkehrte Vision des deutschen Volkes, nämlich eines Volkes, das der Verklärung des Willens entsagt hat und dessen „seltsames Tun, das ein Lassen ist" (GA 77, 234) niemand in Gebrauch nehmen kann. Im Versuch, diese Verkehrung der Deutschen vom Willensvolk zum unbrauchbaren Volk zu denken, wirkt sich Heideggers transkulturelle Kehre aus. Gleichwohl ist der philosophische Gebrauch verwirrend, den Heidegger von der „Notwendigkeit des Unnötigen" macht, weil sich danach der absurde Verdacht nicht mehr einfach von der Hand weisen lässt, Zhuāngzǐ könnte ein Vorläufer völkischen, vielleicht gar nationalsozialistischen Denkens gewesen sein. Mehr als 2000 Jahre nach seinem Tod scheint es Heidegger gelungen zu sein, Zhuāngzǐ politisch in Gebrauch zu nehmen, ihn also auf eine neuartige, bisher unbekannte Weise brauchbar zu machen, die jede instrumentalisierende Absicht strikt von sich weist. Dies kann wiederum als Beweis für eine gelungene Instrumentalisierung gelten. Denn wenn Zhuāngzǐ instrumentalisiert werden kann, dann selbstverständlich nur auf paradoxe Weise. Auch wenn der Verdacht, Zhuāngzǐ könnte ein historischer Vorgänger des Nationalsozialismus gewesen sein, in das Reich geschmackloser Absurditäten gehören mag, stellt sich doch die Frage, ob Zhuāngzǐ sich jemals wieder von dem bösen Verdacht der Kollaboration mit einem Nazi-Philosophen wird freimachen können, der ihm, über Jahrtausende hinweg, die Hand gereicht hat. Oder ist jener Heidegger, der Zhuāngzǐs Denken der Unbrauchbarkeit für sich entdeckt, gar kein Nazi-Philosoph mehr? Sondern ein Philosoph, der sich vom Nazi-Regime abgekehrt hat?

Zhuāngzǐ wird, strenggenommen, erst in dem Moment, in dem Heideggers *Abendgespräch* ihn in den Horizont einer denk- und fragwürdigen Antwort auf das Ende des Nazi-Regimes hineinzieht, aus der Ferne der chinesischen Antike in die Nähe deutschsprachiger Gegenwartsphilosophie gerückt. Die deutsche Geschichte des 20. Jahrhunderts hat dieser ein schwerwiegendes Thema aufgenötigt, nämlich die Abgründe und Auswirkungen von Hitler und Nationalsozialismus zu erforschen. Adornos bekanntes Verdikt lautet: „Alle

Kultur nach Auschwitz, samt der dringlichen Kritik daran, ist Müll.“ (GS 6, 358) Ist damit nicht jegliches Philosophieren nach Auschwitz letztlich „Müll“, das nicht immer wieder versucht, sich, zumindest indirekt, in schmerzliche und geduldige „Meditationen“ über dieses Thema zu vertiefen? Nun stellt sich die Frage, ob eine Erörterung von Heideggers Antwort auf das Ende des Nazi-Regimes möglich ist, die sich an Adornos „Meditationen zur Metaphysik“ orientiert. Der Fixierung dieser Meditationen auf Hitler und den Nationalsozialismus ist jedoch ein Moment des Pathologischen eingeschrieben, dessen sich Adorno bewusst war, wenn er darauf hinweist, dass alle dringliche Kritik in das Kritisierte verstrickt bleibt.

> Hitler hat den Menschen [...] einen neuen kategorischen Imperativ aufgezwungen: ihr Denken und Handeln so einzurichten, daß Auschwitz nicht sich wiederhole, nichts Ähnliches geschehe. (GS 6, 358)

Auffällig ist an dieser Formulierung zunächst, dass damit eine bestimmte Person der deutschen Geschichte als Ausgangspunkt für einen kategorischen Imperativ gilt, dem gleichwohl universalistischer Gehalt zukommen soll. Und wenn „Auschwitz“ ein Ereignis war, das eine moralische Bedeutung hat, die andere Massenmorde und Massaker des 20. Jahrhunderts überragt, woher kommen dann die Beurteilungskriterien für jenes „Ähnliche“, das nicht wieder geschehen soll, gleichzeitig aber in „Asien und Afrika fortwährt“ (GS 6, 281), wie Adorno pauschalisierend behauptet?

Meiner Erfahrung nach ist der – negative – Germanozentrismus, der Adornos Perspektive bestimmt, im chinesischsprachigen Kontext schwer verständlich. Es ist kaum zu leugnen, dass mit Hitler und dem Nationalsozialismus philosophische Aufgaben verbunden sind, die über Deutschland hinaus Bedeutung haben. Wenn nun das *Abendgespräch*, insbesondere das Wort von der „Notwendigkeit des Unnötigen“, als eine – schwer verständliche und stark erklärungsbedürftige – Antwort Heideggers auf das Ende des Nazi-Regimes gelesen werden kann, dann hat er damit Zhuāngzǐ in den düsteren Bereich nicht nur deutscher, sondern globaler Gegenwartsphilosophie hineingezogen. Liebhaberinnen und Liebhaber chinesischer Weisheit mögen darin einen Akt unfreundlicher Vereinnahmung oder gar willkürlicher Gewalt sehen. Andererseits ist darin der wichtige Hinweis enthalten, dass chinesische Philosophie erst dann als eine global bedeutende Philosophie wahrgenommen werden kann, wenn sie nicht bloß zu China und dessen Verständnis etwas beizutragen vermag, sondern als unverzichtbare Quelle für die Auseinandersetzung mit dunklen und schmerzlichen Erfahrungen in der Gegenwart herangezogen wird – und eine solche Erfahrung war die deutsche Niederlage für Heidegger zweifellos. Daraus erwächst die Frage, inwiefern denn Heideggers von Richard Wilhelms *Zhuāngzǐ*-Übersetzung inspiriertes Wort zum Ende des Nazi-Regimes *nicht* enttäuschend ist.

4. Asien!

Heideggers *Abendgespräch* ist geprägt von Bezügen auf die bereits zitierte kurze Textstelle aus dem 26. Kapitel des *Zhuāngzǐ*. Er lässt die Quelle im Dunkeln und führt es als „kurzes Gespräch zweier Denker" ein. Die Namen der beiden Denker bleiben ungenannt, Heidegger nennt sie „der Eine" und „der Andere". Jedenfalls kannte Heidegger die vollständige Übersetzung der Stelle von Richard Wilhelm, da er sie einem Brief an seinen Bruder Fritz Heidegger vom 5. März 1945 beigefügt hat.[28] Im *Abendgespräch* sagt der eine Gesprächsteilnehmer, „der Ältere", das Gespräch der beiden namenlos bleibenden Denker entstamme einer „historischen Darstellung der chinesischen Philosophie", auf welche er in seiner Studentenzeit gestoßen sei. Er habe es sich abgeschrieben, „weil es

[28] Homolka und Arnulf Heidegger (Hg.), *Heidegger und der Antisemitismus*, 123–124. An dieser Stelle steht „Dschung Dsi" statt „Dschuang Dsi" wie in der Umschrift von Wilhelm. In einem Brief an seinen Bruder vom 8. Oktober 1946 schreibt Heidegger, er brauche „die zwei gelben Bände der chinesischen Philosophie Lao-tse und Dschuang-tse. Ein Chinese, der seit Jahren bei mir hört, möchte in Freiburg mit meiner Beihilfe eine Übersetzung des Lao-tse ausarbeiten." (139) Die Originalausgaben von Wilhelms Übersetzung hatten gelb-schwarze Einbände. Bei den beiden Denkern handelt es sich um Hui Dsï und Dschuang Dsï (in der Umschrift von Wilhelm) oder Huìzǐ und Zhuāngzǐ (in der heute gebräuchlichen Standardumschrift Hànyǔ Pīnyīn). Weder die Herausgeberin des Bandes 77 der Gesamtausgabe noch die Herausgeber von Heideggers Briefen an seinen Bruder weisen die Quelle nach.

mich traf, ohne daß ich es früher recht verstand" (GA 77, 239). Immerhin ist es nicht unwahrscheinlich, dass Heidegger nicht nur die 1910 erschienene Teilübersetzung von Martin Buber kannte, sondern früh auf die 1912 veröffentlichte Übersetzung des Buches *Zhuāngzǐ* von Richard Wilhelm gestoßen ist und die zitierte Passage starken Eindruck auf ihn gemacht hat, ohne dass er recht wusste warum. Aber nun, in der beispiellosen Situation der Not und des Umbruchs gegen Ende des Zweiten Weltkriegs, erinnert er sich an diese Stelle und es wird „hell" um ihn: Das Wort von der „Notwendigkeit des Unnötigen" geht ihn plötzlich auf unerwartete Weise an. Wie mit blitzartiger Helligkeit zeigt sich hier das „unausweichliche Gespräch mit der ostasiatischen Welt" (GA 7, 41) in seiner unaufschiebbaren Dringlichkeit, in seiner bedingungslosen Notwendigkeit.[29]

Ist es die besondere historische Situation, die Heidegger dazu anhält, ja dazu nötigt, sich jenem Gespräch zweier chinesischer Denker zuzuwenden? Bedurfte es nicht sogar der Erfahrung von

[29] Heidegger betont an dieser Stelle die herausragende Bedeutung, die für ihn „ein Gespräch mit den griechischen Denkern und deren Sprache" hat, und sagt weiter: „Dieses Gespräch wartet noch auf seinen Beginn. Es ist kaum erst vorbereitet und bleibt selbst wieder für uns die Vorbedingung für das unausweichliche Gespräch mit der ostasiatischen Welt." (GA 7, 41) In *Heidegger on East-West Dialogue* schreibt Mǎ Lín 馬琳 deshalb: „[…] it is clear that in Heidegger's eyes, East-West dialogue, no matter how inevitable it is said to be, is secondary to the dialogue with Greek thinkers and thus to the self-transformation of the Western tradition." (Lin Ma, *Heidegger on East-West Dialogue: Anticipating the Event*, New York: Routledge 2008, 71) Auch andere Quellen legen nahe, dass in Heideggers kulturellem Selbstverständnis das Gespräch mit der ostasiatischen Welt zweitrangig war. Zuweilen scheint sich jedoch die Rangfolge auf überraschende Weise zu verkehren, und es treten Möglichkeiten des Denkens hervor, die er geahnt hat, deren er sich aber kaum bewusst war. Für mich ist unzweifelhaft, dass die Insistenz auf jener „Vorbedingung" fallen gelassen werden muss. An deren Stelle tritt für mich die transformative Bewegung wechselseitiger Bedingung: Ohne das unausweichliche Gespräch mit der griechischen Welt kann ein vertieftes Gespräch mit der ostasiatischen Welt nicht in Gang kommen; ohne das unausweichliche Gespräch mit der ostasiatischen Welt ist aber auch das Gespräch mit der griechischen Welt nicht mehr möglich. Auf dem Weg solcher Bewegung entsteht ein Denken, das sich vom Unterschied zwischen Ost und West zu lösen vermag.

„Verwüstung“ und „Vernichtung“, um für einen schnell vergänglichen, aber entscheidenden Augenblick all die sonst kaum überwindbaren Vorbehalte fallen zu lassen, mit denen akademisch gebildete Menschen in Europa chinesische Philosophie abzuwehren gewöhnt sind: ist doch, angeblich, nicht nur geographisch, sondern auch historisch, kulturell und sprachlich nichts fremder und ferner als China. Und ist die Erfahrung der Nähe zu diesen fernen Dingen nicht unvermeidlich illusionär, gar exotistisch oder orientalistisch? Solche und verwandte Gründe mögen Heidegger dazu bewogen haben, jenem intuitiven Wissen um die Nähe des Fernen nicht weiter nachzugehen, die das *Abendgespräch* durchzieht. Ein dringliches Problem in der Gegenwart kann plötzlich und unerwartet Korrespondenzen eröffnen, kann historische Sprünge nahelegen, durch die Fernes auf eine Weise nahezugehen vermag, die der kausalen und linearen Rechtfertigung nur schwer zugänglich sind.

An den philologischen Ansprüchen gemessen, die in Heideggers Beschäftigung mit griechischen Texten erkennbar sind, lassen sich die Schwierigkeiten erahnen, die seinen Versuch begleitet haben, mit der Hilfe eines chinesischen Studenten Lǎozǐ zu übersetzen. Sobald der Text, den Heidegger im *Abendgespräch* zitiert, philologisch etwas genauer betrachtet wird, zeigt sich, auf wie dünner Textgrundlage Heideggers durch ihn angeregte Spekulationen stehen. Er hat sich in diesem Fall einfach Wilhelms Übersetzung anvertraut und sich den Verknüpfungen überlassen, zu denen sie ihn geführt hat. Der Kontrast zu Heideggers minutiöser Lektüre antiker griechischer Texte tritt dabei sogleich zu Tage. Deshalb kann davon ausgegangen werden, dass er die Unfähigkeit, Übersetzungen aus dem Chinesischen zu prüfen, als schwerwiegenden und peinlichen Mangel nicht nur des *Abendgesprächs*, sondern überhaupt der Beschäftigung mit chinesischer Philosophie empfunden hat. Wäre Heidegger in der Lage gewesen, mit Bezug auf das *Zhuāngzǐ*-Zitat ein Verhältnis zwischen Originaltext und Übersetzung herzustellen, wie es für ihn im Umgang mit griechischen Texten selbstverständlich war, so wäre das *Abendgespräch* sicherlich anders ausgefallen. Unter diesen alles andere als akademisch soliden Bedingungen ist Heidegger jedoch eine Auseinandersetzung gelungen, die tiefgründiger und weitreichender ist als andere mir bekannte Diskussionen des *Zhuāngzǐ* in der westlichen Sinologie.

Das *Abendgespräch* nähert sich dem Text nicht von außen, betrachtet ihn nicht als einen fremden Gegenstand, den es zu untersuchen gilt; es lässt vielmehr keinen Zweifel daran, das es von einer *Getroffenheit* durch die Stelle aus dem *Zhuāngzǐ* ausgeht: „weil es mich traf, ohne daß ich es früher recht verstand" (GA 77, 239). Ich möchte so weit gehen zu sagen, dass das *Abendgespräch* die Erfahrung einer Selbsttransformation nachzeichnet, die durch die *Zhuāngzǐ*-Stelle ausgelöst worden ist. Damit verhält sich Heidegger fast so, als wolle er die chinesische Kommentartradition des Buches fortschreiben. Mimetisch scheint er sich der Weise von Klassikerlektüren anzunähern, die chinesische Literaten traditionell gepflegt haben: Klassiker sind Texte, die wiederholt gelesen, vielleicht sogar auswendig gelernt werden wollen, deren Verständnis, deren „Geschmack" sich jedoch nicht sofort offenbart. Dieser muss vielmehr immer wieder gekostet werden; dem Gehalt gewisser Sätze, ja einzelner Zeichen ist andauernd nachzuspüren, bis die Texte dann, unter bestimmten Umständen und vor dem Hintergrund individueller Erfahrungen, unerwartet aus dem Dunkel diffuser Erinnerung hervortreten und sich der bewussten Besinnung aufdrängen. Sie entfalten dann eine Bedeutung, die zunächst einmal ganz und gar an die Einzigartigkeit *einer* individuellen Erfahrung und *eines* ästhetischen Ereignisses gebunden ist, aber dennoch, oder vielleicht gerade deshalb, einen allgemeinen Gehalt in sich aufspeichert, der von anderen nachempfunden und (wieder-) erkannt werden kann. Das gibt der kurzen, gänzlich beiläufigen Erwähnung der Umstände, unter denen dieses Gespräch zweier chinesischer Denker Heideggers Aufmerksamkeit auf sich gezogen hat, eine weiterreichende Bedeutung: denn hier zeigt sich im Denken Heideggers, wenn auch nur für einen flüchtigen Moment, ein Verhältnis von Text und Erfahrung, von klassischer Bildungskultur und Lebensform, das für die Geschichte chinesischer Philosophie von nicht zu vernachlässigender Bedeutung ist.

In Heideggers Brief an seinen Bruder vom 5. März 1945 heißt es knapp: „Das kleine Gespräch zweier chinesischer Denker (Asien!) macht Dir gewiß Freude."[30] Zhuāngzǐ hätte vermutlich gegen die Rolle des namenlosen „Anderen" nichts einzuwenden gehabt, spielt

30 Homolka und Arnulf Heidegger (Hg.), *Heidegger und der Antisemitismus*, 123.

doch das Buch *Zhuāngzǐ* explizit mit der Namenlosigkeit und lässt eine idealisierte Figur als „Der Namenlose" auftreten. Gleichwohl enthält Heideggers kurze Bemerkung zum „Gespräch zweier chinesischer Denker (Asien!)" bereits einen ersten Hinweis auf die vielfältigen Schwierigkeiten, die durch Heideggers Auseinandersetzung mit der *Zhuāngzǐ*-Passage aufgeworfen werden. Aus Huìzǐ und Zhuāngzǐ werden zwei namenlose chinesische Denker, deren Denken sogleich in den allgemeinen Horizont „Asiens" gerückt wird, so dass es nicht übertrieben sein dürfte, darin einen Hinweis auf den Charakter von Heideggers Interesse an chinesischer Philosophie im Allgemeinen und der besagten Textstelle im Besonderen zu sehen. Für Heidegger scheint hier das philosophische Verhältnis zwischen Europa (Abendland) und Asien hineinzuspielen; zudem scheint das Ausrufungszeichen nach „Asien" die Bedeutung zu betonen, die Asien in der schwierigen Situation gegen Ende des Zweiten Weltkrieges zugestanden wird. In diesem Zusammenhang von einer Wendung nach Asien, vielleicht gar von einer damit verbundenen Kehre nach Osten in Heideggers Denken zu sprechen, mag zumindest nicht ganz abwegig sein. Denn es ist diese Kehre, die den Übergang von einem willensbetonten zu einem unbrauchbaren Volk überhaupt erst ermöglicht – eine Kehre allerdings, die Heidegger selbst nur kurzzeitig zu vollziehen versucht hat, die aber als liegengelassene Möglichkeit ernst genommen zu werden verdient. Somit geht es mir weniger darum, die Kehre nach Osten philologisch in Heideggers Schriften nachzuweisen, als darum, etwas auch in seinem Denken noch weitgehend Ungedachtes „aus einer transkulturellen Perspektive zu entdecken und zu entwickeln".[31] Denn offenbar kommt die philosophische Geringschätzung der asiatischen, in diesem Fall chinesischen Seite in der flüchtigen und beiläufigen Art zum Ausdruck, in der sie im *Abendgespräch* auftaucht. Auch wenn das *Abendgespräch* nahelegt, dass Heideggers Suche nach einem „anderen Anfang" zeitweilig und versuchsweise in Richtung chinesischer Philosophie umschwenkt, bleibt „Asien" doch ganz allgemein und vage. Obwohl es asiatische Einflüsse auf Heideggers

31 Xià, *Ein wartendes und unbrauchbares Volk*, 15.

Denken zweifellos gibt, scheint es deshalb nicht sehr vielversprechend, große Mühe auf deren Nachweis zu verwenden.[32]

Fruchtbarer scheint mir ein Ansatz zu sein, der davon ausgeht, dass Heidegger damit verbundene Möglichkeiten nicht nur selbst eröffnet und auch wieder verschlossen hat, sondern dass seine Schriften Korrespondenzen zu wichtigen Aspekten des Philosophierens in Ostasien enthalten, denen er selbst und die meisten westlichen Kenner seiner Schriften sich gar nicht bewusst sind. Das liegt daran, dass ihnen die Komplexität insbesondere der großen Traditionen konfuzianischen, daoistischen und buddhistischen Denkens in China einfach nicht hinreichend bekannt ist, um ein Gespür für jene internen und unterschwelligen Bezüge entwickeln zu können, von denen insbesondere japanische und chinesische Philosophen schon seit Jahrzehnten angezogen worden sind. In Europa und ironischerweise vor allem in Deutschland ist das Entwicklungspotential von Heideggers transkultureller Kehre bis heute weitgehend ungedacht – ja die sprachlichen und kulturellen Bedingungen der Möglichkeit unblockierten Kommunizierens zwischen Europa und Asien haben sich auf der Seite der europäischen Philosophie sogar noch verschlechtert. Das liegt nicht zuletzt daran, dass ihr der Osten durch Heideggers Annäherungsversuche nicht nur nicht näher gekommen ist, sondern das Zweifelhafte seiner Versuche, chinesische Philosophie aufzunehmen, diese insgesamt zutiefst verdächtig gemacht hat. Der chinesisches Denken häufig unausgesprochen umgebende Ruch des Esoterischen, ja des Mystisch-Totalitären ist dadurch noch verstärkt worden, so dass es dazu verdammt zu bleiben scheint, in unnahbarer Ferne und unheimlicher Fremdheit zu verharren.

5. Deutsche Nicht-Identität

Heideggers Gebrauch des *Zhuāngzǐ* im *Abendgespräch* ist bedeutsam, weil – und gerade weil – jenes Buch damit in den Horizont von Problemen deutschsprachiger Gegenwartsphilosophie rückt, die nach wie vor höchst umstritten sind und dies auf absehbare Zeit

[32] Siehe dazu den Sammelband Alfred Denker et al. (Hg.), *Heidegger und das ostasiatische Denken*, Freiburg/München: Alber 2013.

wohl auch bleiben werden. Zunächst möchte ich mich diesem Horizont von Heideggers archaisierendem Gebrauch der deutschen Sprache her annähern, den Adorno im *Jargon der Eigentlichkeit* polemisch aufgespießt hat. Meiner Auffassung nach lässt sich für die Übersetzung klassischer chinesischer Texte ins Deutsche von diesem Sprachgebrauch Entscheidendes lernen. Heideggers Arbeit mit und auf den Grenzen der deutschen Sprache gemahnt an den eigenwilligen Mut, der für philosophisches Übersetzen aufgebracht werden muss. Heideggers Sprache ist jedoch zugleich eine Warnung, da sie zuweilen derart in sich eingekapselt ist, derart selbstbezüglich und selbstgefällig bis zum Absurden, dass sie jede Bemühung um ernsthafte Auseinandersetzung von sich abprallen lässt. Klar scheint mir allerdings zu sein, dass es aussichtslos ist, klassische chinesische Texte in eine mehr oder weniger vertraute und gut verdauliche Sprache übersetzen zu wollen. Für kleinere Texte oder Textabschnitte mag das gelingen, in den meisten Fällen dürfte ein solcher Anspruch jedoch zum Scheitern verurteilt sein. Die Aufgabe philosophisch gehaltvoller Übersetzungen klassischer chinesischer Texte kann nicht auf den vermessen anmutenden Anspruch verzichten, die Möglichkeiten der deutschen Sprache beständig zu erproben, zu erneuern und zu erweitern. Dafür ist es unverzichtbar, sich nicht auf die dünne Schicht aktuellen Sprachgebrauchs zu beschränken, sondern, sofern möglich und nötig, aus Quellen zu schöpfen, die den historischen Tiefenschichten der deutschen Sprache entspringen. Ein Sprachgebrauch, der in diesem Sinne archaisiert, scheint mir dabei keineswegs wünschenswert, um das Deutsche dadurch protektionistisch vor äußeren Einflüssen abzuschirmen; ganz im Gegenteil halte ich den Rückgang auf die gesamte Breite und Tiefe der deutschen Sprache für unverzichtbar, um diese für die transkulturelle Kommunikation mit dem Chinesischen zu öffnen. Ein solches Kommunizieren muss oberflächlich bleiben, sobald es nur um das Neue weiß, das Alte jedoch verkennt und missachtet.

So betrachtet ist die deutsche Sprache, heute zumindest, für transkulturelles Philosophieren wenig geeignet, denn es ist eine Sprache, in der das Kommunizieren von Altem und Neuem, von Ost, West, Süd und Nord – also sowohl die zeitliche als auch die räumliche Dimension von Transkulturalität – in hohem Maße unterbrochen und gestört ist. Der Grund für diesen Bruch, für diese

Kommunikationsstörung ist auch in Heideggers *Abendgespräch* zu erkennen. Aus dessen so sehnsuchtsvoller wie abwegiger Beschreibung einer neuen historischen Mission des geschlagenen Volkes der Deutschen, nämlich ein „ganz unbrauchbares Volk“ zu werden, spricht nach wie vor – wenn auch nun in willenskritischem und anti-heroischem Gewande – ein Verständnis von Volk und Sprache, das im frühen 20. Jahrhundert im Kontext von konservativer Revolution und ästhetischem Fundamentalismus zum Ausdruck kam.[33] Der normative Gehalt des von Heidegger experimentell eingeschlagenen Weges besteht nun darin, Möglichkeiten zu erkunden, in denen die Suche nach einer in Schrift und Sprache, in Dichten und Denken konzentrierten Tradition der Geistigkeit sich gerade *nicht* in identitärer Ausgrenzung von Anderem, Fernem und Fremdem zu bestätigen braucht. Damit ist das Bewusstsein der Notwendigkeit verbunden, sich für das klassische Schrifttum in anderen Sprachen öffnen zu müssen, um die Lebendigkeit der sich auf die deutsche Sprache stützenden klassischen Bildungskultur bewahren zu können. Könnte es sein, dass Heidegger und Adorno in dieser Hinsicht gar nicht so weit voneinander entfernt sind? Ist nicht für beide deutsche Identität, in sprachlicher und kultureller Hinsicht,

33 Sowohl Adorno als auch Habermas verorten Heidegger in diesem Umfeld: „Heideggers Einverständnis mit dem Faschismus und der Ideologie der konservativen Revolution, der eleganteren Version der faschistischen Ideologie, war keine Gesinnungslosigkeit des Philosophen, sondern lag im Gehalt seiner Doktrin.“ (OD, 287) Siehe auch Jürgen Habermas, „Vorwort“, in: Victor Farías, *Heidegger und der Nationalsozialismus*, Frankfurt am Main: S. Fischer 1989, 17. Zum Begriff des „ästhetischen Fundamentalismus“ siehe Stefan Breuer, *Ästhetischer Fundamentalismus. Stefan George und der deutsche Antimodernismus*, Darmstadt: Wissenschaftliche Buchgesellschaft 1995. Breuers Ansatz, ästhetischen Fundamentalismus als Antimodernismus zu deuten, halte ich für fragwürdig. Konservative Revolution und ästhetischen Fundamentalismus verstehe ich vielmehr als Teil der Moderne: auch die anti-modernen Züge darin sind zutiefst modern und sollten nicht von einer normativ verengten Moderne ausgegrenzt werden. Ja, es ist kaum möglich, der Frage nach einem normativen Gehalt dieses revolutionären Konservatismus auszuweichen. In diesem Sinne sehe ich bereits in dem ästhetischen Kultivierungsprogramm, das sich im Deutschland des 18. Jahrhunderts herausgebildet hat, deutliche Züge eines ästhetischen Fundamentalismus, der sich letztlich als Religionsersatz verstanden hat.

überhaupt nur noch als *deutsche Nicht-Identität* möglich?[34] Und vielleicht gibt es kaum ein Wort, das genauer bezeichnet, worauf deutschsprachige Gegenwartsphilosophie sich zu besinnen hätte, als „deutsche Nicht-Identität", insofern damit ein unauflöslich paradoxes Kommunizieren zwischen Identität und Nicht-Identität gemeint ist, durch das hindurch sich individuelle und kollektive Subjektivitäten herausbilden. Für interkulturelles Philosophieren, wie ich es verstehen möchte, ist entsprechend das Hin-und-Her zwischen der komparativen Seite, die das Moment von Identität betont, und der transkulturellen Seite, die das Moment von Nicht-Identität betont, konstitutiv.[35]

Deutschsprachigen Philosophen und Dichtern im 18. und 19. Jahrhundert war dieser Sachverhalt durchaus vertraut. Zumindest hat sich ihr Sprachgebrauch in der Öffnung für und Auseinandersetzung mit anderen Sprachen – vor allem das Griechische ist zu nennen – gebildet und verfeinert. Die historische Korrespondenz von griechischer und deutscher Sprache zeugt von einer transkulturellen Dynamik innerhalb Europas, in der Alt und Neu, Süd und Nord miteinander auf folgenreiche Weise kommuniziert haben. Heideggers deutscher Traum von einem Neuanfang abendländischen Denkens in Deutschland zehrt nach wie vor von der zähen Dauerhaftigkeit dieser Korrespondenz und lässt sich als deren radikale, ja geradezu extremistische Fortführung verstehen. In dieser

34 Zum Begriff der „deutschen Nicht-Identität" siehe Peter Trawny, „Adornos Deutschland", in: ders., *Was ist deutsch? Adornos verratenes Vermächtnis*, Berlin: Matthes & Seitz 2016, 27, 37, 50. „Nach Adorno gibt es eine deutsche Nicht-Identität. Nicht-*Identität* – da er durchaus davon ausgeht, dass es ein deutsches, narrativ vermitteltes Selbstverhältnis gibt. *Nicht*-Identität – weil dieses deutsche Selbstverhältnis durch eine selbstkritische Anerkennung des Leidens in und an der Shoah stets in einen Verlust umschlägt, der noch den ohnehin notwendigen Verlust einer jeden Herkunft übersteigt. Die deutsche Identität ist nach Adorno durch einen nie zu heilenden Riss gezeichnet. Schließlich gehört zu einer solchen Nicht-Identität, dass ihre Instabilität sich als Offenheit für das Menschliche schlechthin erweist." (Ebd., 50)

35 Siehe dazu Fabian Heubel, „Hybride Modernisierung in der chinesischen Philosophie", in: *Acta Historica Leopoldina*, Nr. 69 (Wissensaustausch und Modernisierungsprozesse zwischen Europa, Japan und China), 85–109.

Hinsicht von ästhetischem Fundamentalismus zu sprechen, liegt auch nahe, weil es seit dem 18. Jahrhundert im Feld deutscher und deutschsprachiger Ästhetiken die Tendenz gibt, Ästhetik als umfassendes Kultivierungsprogramm zu verstehen, das geradezu in den Rang eines Religionsersatzes erhoben wurde, in dessen Kern das Verhältnis von Altem und Neuem, von Klassischem und Modernem stand. Ein Motiv, das sich bei Baumgarten findet, bringt die Radikalität, die der Ästhetik als Kultivierungsprogramm innewohnt, zum Ausdruck: „ἄσκησις" (askesis) oder „exercitatio aesthetica", ästhetische Askese oder Übung.[36]

Es gibt eine Tradition philosophischer Asketik oder Übungslehre, die einem akademisch-methodischen Philosophieren ein ästhetisch-asketisches (an ästhetischer Erziehung und Übung orientiertes) entgegenzusetzen versucht hat. Weniger Baumgarten selbst, aber dafür ästhetische Denker von Sulzer, Herder, Goethe und Schiller bis hin zu Hölderlin und Nietzsche lassen sich als Teilnehmer an einer deutschen Tradition ästhetischer Asketik verstehen, für die der Bezug auf das alte Griechenland und die damit verbundene klassische Bildungskultur eine unverzichtbare Quelle der Inspiration gewesen ist. Schon Schiller, aber noch mehr Hölderlin und Nietzsche haben die klassische Bildung als lebendigen Nährstoff von Kultivierung in der Gegenwart beschworen und Tendenzen verabscheut, in denen sie zu einem musealen Schatz ohne kulturbildende Kraft zu verkommen schien. Noch Teile der konservativen Revolution lassen sich als ästhetischer Fundamentalismus verstehen, dem es um die Rettung jenes alten ästhetischen Kultivierungsprogramms unter den politischen Bedingungen des frühen 20. Jahrhunderts ging. Er hatte nichts weniger im Sinn als eine revolutionäre „Geistesumwälzung" – wie Hofmannsthal sich ausgedrückt hat –, die Renaissance und Reformation ebenbürtig sein sollte.[37] Zuweilen wurde innerhalb dieses ästhetischen Programms gar von

[36] Alexander Gottlieb Baumgarten, *Ästhetik*, übersetzt, mit einer Einführung, Anmerkungen und Registern herausgegeben von Dagmar Mirbach, Hamburg: Meiner 2009, 38f. Siehe dazu Christoph Menke, *Kraft. Ein Grundbegriff ästhetischer Anthropologie*, Frankfurt am Main: Suhrkamp 2008, besonders Kapitel II.

[37] Hugo von Hofmannsthal, „Das Schrifttum als geistiger Raum der Nation", in: ders., *Reden und Aufsätze III (1925–1929)*, Frankfurt am Main: S. Fischer 1980, 41.

einem anderen Anfang Europas geträumt, der aus einer radikalen Neuinterpretation der antiken griechischen Philosophie hervorgehen sollte. In diesen *deutschen Traum* war Heidegger versponnen.

Die Verstrickung zwischen dem ästhetischen Fundamentalismus des revolutionären Konservatismus und der politischen Bewegung des Nationalsozialismus gehört zu den tragischen Ereignissen deutscher Kulturgeschichte. Wie konnte es geschehen, dass sich eine durchaus transkulturell-kosmopolitisch zu nennende Bildungs- und Sprachkultur mit einem identitär-ethnozentrischen Nationalismus verbunden hat, in dessen Untergang sie schließlich mit hineingerissen werden sollte? Überlegungen Heideggers aus den *Schwarzen Heften* lässt sich entnehmen, dass er im Scheitern jenes deutschen Traums zeitweilig wirklich den Untergang des Abendlandes gesehen hat: „Alles Westliche ist das Ende", heißt es in einem Brief von 1943 an seinen Bruder.[38] In dieser Situation größter Not scheint ihm Zhuāngzǐs Wort von der „Notwendigkeit des Unnötigen" nahegegangen zu sein. Für einen so kurzen wie bedeutungsvollen Moment taucht in Heideggers Denken eine neue historische Korrespondenz auf: die zwischen deutscher und chinesischer Sprache, zwischen deutscher und chinesischer Philosophie.

Die auf den ersten Blick willkürlich wirkende Korrespondenz von alter chinesischer und neuer deutscher Philosophie wird in diesem Fall aus einer historischen Katastrophe geboren, die seither mächtig auf ihr lastet. Heideggers Schriften scheinen somit ein denkbar schlechter Weg zu sein, um Zugang zum transkulturellen Potential dieser Korrespondenz zu finden. Und würde Heidegger in Ostasien nicht bis heute einen sehr weitreichenden Einfluss ausüben, wäre dort sein Denken nicht viel einflussreicher als dasjenige Adornos und wäre, darüber hinaus, die Rezeption und Interpretation klassischer deutscher Philosophie des 18. und 19. Jahrhunderts im gegenwärtigen China nicht von so herausragender Bedeutung, dann wäre es für mich nicht dringlich, der Korrespondenz zwischen Heidegger und chinesischer Philosophie weiter nachzugehen.

In Deutschland wie auch anderswo gibt es die Neigung, den Einfluss der klassischen chinesischen Philosophie auf Heidegger als marginal abzutun oder davor zu warnen, dessen Bedeutung zu

[38] Homolka und Arnulf Heidegger (Hg.), *Heidegger und der Antisemitismus*, 89.

überschätzen. Bemisst man diesen Einfluss anhand von Textstellen, in denen Heidegger sich explizit auf chinesische Texte bezieht und diese in Übersetzung zitiert, fällt der Befund in der Tat recht dürftig aus. Das *Zhuāngzǐ*-Zitat im *Abendgespräch* und ein *Lǎozǐ*-Zitat in einem Text über Hölderlin (siehe GA 75, 43) gehören da schon zu den expliziten Belegstellen. Wichtiger als diese sind jedoch die impliziten Bezüge, etwa die Inspiration, die Heidegger aus dem elften Kapitel des *Lǎozǐ* für seine wiederholte Erörterung des Verhältnisses von Krug und Leere bezogen hat (siehe dazu das dritte Kapitel), aber auch jene noch tieferliegenden Korrespondenzen, von denen Heidegger selbst kaum etwas geahnt hat, die indes eine Heidegger-Lektüre zu Tage zu fördern vermag, die sich auf eine profunde Kenntnis ostasiatischer Philosophie im Allgemeinen und chinesischer im Besonderen stützen kann. Ein naheliegendes Beispiel ist der Zusammenhang von Ding und Geviert in Heideggers Text „Das Ding", ein weniger naheliegendes sind Heideggers Überlegungen zu Brauch und Gebrauch, in deren Horizont das *Abendgespräch* und die Rede vom Unnötigen und Unbrauchbaren erheblich an Tiefenschärfe gewinnt.

Heideggers Nachdenken über das Verhältnis von Notwendigkeit und Brauch, das zumeist von einem Zitat Anaximanders ausgeht, führt in eine Verflechtung von griechischer und deutscher Sprache, die unverkennbar von schwer nachvollziehbaren Archaismen und einer Denkhaltung geprägt ist, die sich der schnellen Verwertbarkeit entzieht. Ich möchte jedoch behaupten, dass die deutschsprachige Gegenwartsphilosophie, sofern sie sich denn für Möglichkeiten transkultureller Kommunikation mit der chinesischsprachigen überhaupt zu öffnen bereit ist, solche Unbrauchbarkeit *braucht*: den Gebrauch solcher Unbrauchbarkeit nötig hat. Heideggers Antwort auf das Ende des Nazi-Regimes konzentriert sich im Wort von der Notwendigkeit des Unnötigen oder vom Gebrauch des Unbrauchbaren. Die Annahme scheint zumindest nicht gänzlich unplausibel zu sein, dass Heideggers Denken sich in und mit diesem Wort vom Nationalsozialismus abkehrt und diese Abkehr gerade deshalb bedenkenswert und tiefgreifend ist, weil sie von innen heraus, im Modus immanenter Kritik erfolgt.

Weil Heidegger den Nationalsozialismus von innen her kannte, aus eigener Überzeugung, konnte seine transkulturelle Kehre eine Kraft und Tiefe der Besinnung gewinnen, die durchaus normativen

Gehalt hat. Deshalb lassen sich die *Feldweg-Gespräche* auch nicht nur als eine radikale Kritik der nationalsozialistischen Willens- und Nützlichkeitsideologie lesen, sondern auch als Kritik einer technisch-ökonomischen Modernisierung, deren destruktive Dynamik längst zu einem globalen Problem geworden ist. Um den normativen Gehalt des Gesprächs verstehen zu können, scheint mir die Idee einer transkulturellen Kehre nach Osten unverzichtbar zu sein. Diese vermag zweierlei deutlich zu machen: zum einen vermochte Heidegger sich dem Germanozentrismus seiner seinsgeschichtlichen Kehre zumindest teilweise und zeitweilig überzeugend zu entwinden; zum anderen ist die Bedeutung der Korrespondenz zwischen Heidegger und dem Daoismus noch längst nicht hinreichend verstanden und bedarf der kritischen Erörterung. In diesem Sinne möchte ich dafür plädieren, Heideggers transkulturelle Gedankenexperimente ernst zu nehmen, auch wenn oder gerade weil das eine Übung ist, gegen sich selbst zu denken.[39]

[39] Siehe dazu Fabian Heubel, „Kritik als Übung. Über negative Dialektik als Weg ästhetischer Kultivierung", in: *Allgemeine Zeitschrift für Philosophie*, 40.1 (2015), 63–82.

II. Das Hölderlin-Modell

„Was aber jener thuet der Strom
Weis niemand.“[40]

Friedrich Hölderlin

„Doch uns ist gegeben,
Auf keiner Stätte zu ruhn, […]
Wie Wasser von Klippe
Zu Klippe geworfen,
Jahr lang ins Ungewisse hinab.“[41]

Friedrich Hölderlin

1. Der Adornosche Block

Die paradoxe Konstellation von Adorno und Heidegger nötigt dazu, sich im Denken auf etwas einzulassen, „was in sich dem ersten Anschein nach gar nicht zusammengeht“ (GA 16, 526). Meine Versuche, alte chinesische Texte ins Deutsche zu übersetzen, haben mich auf Heideggers Suche nach einer neuen deutschen Sprache für alte Texte der griechischen Philosophie aufmerksam werden lassen. Erstaunlich etwa, wie er in der ungehaltenen Vorlesung *Der Spruch des Anaximander* von 1942 einem Satz ein ganzes Buch widmet, erst die früheren Übersetzungen von Nietzsche und Diels im Einzelnen erörtert, um dann, Schritt für Schritt, seinen Vorschlag zu erläutern. In der Weise, in der dabei Not, Notwendigkeit und Brauch miteinander verflochten werden, bildet sich unverkennbar der sprachliche Hintergrund für seinen Gebrauch des *Zhuāngzǐ* im *Abendgespräch*. Nicht minder erstaunlich sind die Überlegungen zu Hölderlins *Antigone*-Übersetzung, die ihn von Reflexionen über das Verhältnis von Eigenem und Fremdem hinführen zum Verhältnis von Heimischem und Unheimischem, von Wesen und Unwesen:

[40] StA 2.1, 190–192.
[41] StA 3, 143.

> Jegliches, was ist, wird durchwest vom Gegenwesen. Die beiden Hauptgestalten Kreon und Antigone stehen einander nicht gegenüber wie Dunkel und Licht, wie schwarz und weiß, wie Schuld und Unschuld. Das Wesenhafte beider ist, wie es *ist*, aber je in anderer Weise, aus der Einheit des Wesens und Unwesens. (GA 53, 64)

Könnte dies nicht auch für das Verhältnis von Heidegger und Adorno gelten?

Obwohl sich Horkheimer und Adorno in der *Dialektik der Aufklärung* an einer Deutung von Homers *Odyssee* versucht haben, sind sie weit davon entfernt, vormoderne Klassiker als normativ bedeutsam anzuerkennen. Es dürfte kaum übertrieben sein zu vermuten, dass Adorno auf Versuche, diese ernst zu nehmen, das Etikett „restaurative Philosophie" geklebt hätte. Ebenso hätte er die Einbeziehung chinesischer Texte alsbald mit dem Verdikt vom „kitschigen Exotismus kunstgewerblicher Weltanschauungen" belegt (GS 6, 76). Die Gründe, die Adorno dazu motiviert haben, einen Block gegen Heidegger zu errichten, eine Art geistige Schutzmauer, die den anhaltenden Einfluss von Heideggers Denken unschädlich machen sollte, meine ich gut zu verstehen, weil ich lange ganz selbstverständlich von der Notwendigkeit dieser Denkblockade überzeugt war, ja diese mir so selbstverständlich erschien, dass ich sie noch nicht einmal als solche empfunden habe. Ohne die langjährige Arbeit in und mit chinesischsprachiger Philosophie wäre ich vermutlich niemals auf die Idee gekommen, an Adornos Block gegen Heidegger zu zweifeln. Dass solcher Zweifel leicht den Verdacht hervorruft, restaurativ oder gar revisionistisch zu sein, ist so schmerzlich wie unvermeidlich. Zugleich fällt damit ein dunkler Schatten auf die Bemühung, „chinesische Philosophie" in den philosophischen Diskurs der Moderne aufzunehmen: Ist das nicht unvermeidlich restaurativer und revisionistischer Exotismus?

Adornos Polemik gegen Heidegger erscheint mir inzwischen als ein besonders schwacher Bereich seines Denkens, einer nämlich, in dem er aufgehört hat, negativ-dialektisch, das heißt: gegen sich selbst zu denken (GS 6, 358). An dieser Stelle ist Adorno zu dem geworden – oder genötigt worden, das zu werden –, was er sonst verächtlich findet: ein Standpunktphilosoph. Für die transpositionale Bewegung negativ-dialektischen Denkens bedeutet Standpunktphilosophie Verhärtung, denn sie führt dazu, sich in vermeintlich festen Positionen einzurichten, in einem „identifizierenden Denken", das nicht länger dialektisch ist, sondern „an die Identität ‚geheftet'" (GS 6, 42), nicht negativ, sondern affirmativ: „Unterm Denkverbot sanktioniert Denken, was bloß ist." (GS 6, 93) Die Identität, an die sich Adorno geheftet hat, tritt ironischerweise vor allem in dem Moment hervor, in dem er sich gegen identitäre Fixierungen in Heideggers Ontologie wendet, die immanent zu kritisieren sein Ziel ist (GS 6, 105). Aber ist es problematisch, dass sich Adorno an eine von ihm für richtig befundene Position „geheftet" hat? Und erweist sich nicht im Lichte von Heideggers *Schwarzen Heften* einmal mehr, dass Adorno recht hatte? Nur bleibt zu bedenken: Habermas und Andere haben Adornos Block gegen Heidegger weiter so befestigt und populär verstärkt, dass Kritische Theorie in hohem Maße unwillig und unfähig ist, die normative Ordnung des Westens zu problematisieren und über den euro-amerikanischen Horizont hinauszublicken. Ein dazu unfähiges Denken ist, heute zumindest, nicht mehr als provinziell.

Im Kontext deutschsprachiger Gegenwartsphilosophie verweisen Versuche einer solchen Problematisierung nahezu unvermeidlich auf Heideggers Schriften. Aber ist es möglich, zu einer Vorlesung Heideggers aus dem Jahre 1942 zurückzugehen, in der Sätze wie die folgenden stehen:

> Wir wissen heute, daß die angelsächsische Welt des Amerikanismus entschlossen ist, Europa, und d. h. die Heimat, und d. h. den Anfang des Abendländischen, zu vernichten. Anfängliches ist unzerstörbar. Der Eintritt Amerikas in diesen planetarischen Krieg ist nicht der Eintritt in die Geschichte, sondern ist bereits schon der letzte amerikanische Akt der amerikanischen Geschichtslosigkeit und Selbstverwüstung. Denn dieser Akt ist die Absage an das Anfängliche und die Entscheidung für das Anfanglose. Der verborgene Geist des Anfänglichen im Abendland wird für diesen Prozess der Selbstverwüstung des Anfanglosen nicht einmal den Blick der Verachtung übrig haben, sondern aus der Gelassenheit der Ruhe des Anfänglichen auf seine Sternstunde warten. (GA 53, 68)

An dieser Stelle weiterzudenken und nicht bei dem allem Anschein nach Unvereinbaren stehen zu bleiben, scheint mir eine Aufgabe zu sein, die sich auch aus der Perspektive negativer Dialektik aufdrängt. Allerdings droht sich diese somit gegen die politische Position zu kehren, die Adorno in einigen seiner für ein breites Publikum bestimmten Vorträgen und Gesprächen eingenommen hat. Das ist kaum zu leugnen.[42] An dieser Stelle weiterzudenken, ist deshalb zugleich unmöglich und unvermeidlich. Aus der deutschen oder europäischen Situation alleine lässt sich diese Wendung nicht erklären. Der Sprung nach China erweist sich als not-wendig.

Eine der drastischsten Passagen aus Adornos *Negative Dialektik* ist die folgende: „Metaphysik möchte gewinnen allein, wenn sie sich wegwirft. Sie nicht zuletzt motiviert den Übergang in Materialismus. Der Hang dazu lässt vom Hegelianer Marx bis zur Benjaminschen Rettung der Induktion sich verfolgen; seine Apotheose dürfte Kafkas Werk bilden. Erheischt negative Dialektik die Selbstreflexion des Denkens, so impliziert das handgreiflich, Denken müsse, um wahr zu sein, heute jedenfalls, auch gegen sich selbst denken. Mißt es sich nicht an dem Äußersten, das dem Begriff entflieht, so ist es vorweg vom Schlag der Begleitmusik, mit welcher die SS die Schreie ihrer Opfer zu übertönen liebte." (GS 6, 357–358) Könnte es nicht sein, dass die Achtung vor dem neuen kategorischen Imperativ, „daß Auschwitz nicht sich wiederhole, nichts Ähnliches geschehe" (GS 6, 358), heute dazu zwingt, auf eine Weise „gegen sich selbst zu denken", die Adorno nicht voraussehen konnte und die ihn vermutlich zutiefst beunruhigt hätte?

2. Heimischwerden im Unheimischsein

Im Versuch, darauf zu antworten, sei zunächst nochmals auf Heideggers Rede vom „Amerikanismus" in der Hölderlin-Vorlesung von 1942 eingegangen. Natur ist für ihn „geschichtslos", der „Amerikanismus" hingegen „ungeschichtlich und daher katastrophenhaft, wie es keine Natur je sein kann". (GA 53, 179) Allerdings möchte ich weder direkt Heideggers Anti-Amerikanismus erörtern noch auf den Gegensatz zwischen amerikanischer Ungeschichtlichkeit und griechisch-deutscher Anfänglichkeit zu sprechen kommen. Vielmehr möchte ich mich auf das konzentrieren, was Heidegger

[42] Für eine Skizze der politischen Reflexionen, die daraus erwachsen können, siehe Fabian Heubel, „Blockierte und paradoxe Kommunikation. Über Axel Honneths *Die Idee des Sozialismus*", in: *Allgemeine Zeitschrift für Philosophie*, 43.1 (2018), 65–86.

das „Gesetz der Geschichte" nennt, demzufolge „das Eigene das Fernste und der Weg zum Eigensten der längste und schwerste ist". (GA 53, 179) Er spricht im Anschluss an den Kommentar zur „Welt des Amerikanismus" vom „Heimischwerden des geschichtlichen Menschen" (GA 53, 69), das er sodann mit Bezug auf Hölderlins Übersetzung der *Antigone* von Sophokles erläutert. Er widmet sich dabei besonders der Neuübersetzung jener Zeilen, die bei Hölderlin so lauten: „Ungeheuer ist viel. Doch nichts / Ungeheurer als der Mensch." (GA 53, 85; StA 5, 219) Heidegger nimmt deutliche Veränderungen vor: „Vielfältig das Unheimliche, nichts doch / über den Menschen hinaus Unheimlicheres ragend sich regt." (GA 53, 71)[43] Immer „im Gespräch mit Hölderlin" (GA 16, 679) und nah an heiklen Fragen der Übersetzung tastet sich Heideggers experimenteller Diskurs durch das „Enigma des *deinon* [δεινόν]"[44], das er als Verhältnis von Unheimischsein und Heimischwerden deutet. Dass er dies 1942 getan und die Zeit unverkennbare Spuren im Text hinterlassen hat, ist zugleich ein besonders eindringlicher Hinweis auf die Gefahren und Irrtümer, in die sich Versuche verstricken können, klassische Texte in die (deutschsprachige) Gegenwart zu übersetzen. Mit Blick auf Adornos Heidegger-Kritik ist vor allem überraschend, dass dieser sich keineswegs bloß als Heimatphilosoph erweist, sondern vor allem als Denker des Unheimlichen und Unheimischen, ohne das es kein Heimischwerden geben kann: als Denker des „Heimischwerdens im Unheimischsein" (GA 53, 143).

Was mich an Heideggers Interpretation Hölderlins besonders nachdenklich macht, ist folgende Frage: Was geschieht, wenn jener andere Anfang, den Heidegger in Hölderlins Griechentum wahrnahm, von Griechenland nach China verlegt wird? Die Frage scheint mir unumgänglich, ob in der Hinwendung zum alten China

43 Diese Übersetzung findet sich bereits in der *Einführung in die Metaphysik* von 1935 (GA 40, 158), wo Heidegger erstmals eine ausführliche Deutung der *Antigone* ausgearbeitet hat. Dabei wird „Sophokles' Chorlied" in den Horizont vorsokratischen Denkens gerückt, insbesondere werden Bezüge zum in der Einleitung bereits zitierten „Spruch des Parmenides" (τὸ γὰρ αὐτὸ νοεῖν ἐστίν τε καὶ εἶναι) hergestellt. In diesem Kapitel beschränke ich mich auf Heideggers Überlegungen aus *Hölderlins Hymne „Der Ister"* (GA 53).

44 Jacques Derrida, *De l'esprit: Heidegger et la question*, Paris: Éditions Galilée 1987, 17.

nicht Heideggers Idee eines anderen Anfangs unbewusst weiterlebt, ob nicht auch noch der Enthusiasmus für Kunst und Philosophie chinesischer Literaten vom verglühenden Brande dessen zehrt, was ich das Hölderlinsche Modell nennen möchte. Vermutlich hätte sich dieser Zusammenhang nie als besonders denkwürdig aufgedrängt, wenn ich nicht in Gesprächen mit chinesischen Freunden auf ihn gestoßen worden wäre, und zwar nicht nur einmal, sondern mehrfach und immer wieder. Die Rückbesinnung auf die normative Bedeutung des chinesischen Altertums im gegenwärtigen China wird dabei mit Heideggers Idee eines anderen Anfangs im griechischen Altertum in Verbindung gebracht: Die „Renaissance der klassischen Bildungskultur“ ist bemüht, von früheren Bewegungen kultureller Erneuerung in Europa zu lernen und auf diesem Wege auch das eigene Problembewusstsein zu schärfen. Auffällig ist allerdings, dass die Rückbesinnung auf die Anfänge chinesischer Kulturentwicklung regelmäßig von mehr oder weniger starker anti-amerikanischer Polemik begleitet wird, die Heideggers Rede über die „amerikanische Geschichtslosigkeit und Selbstverwüstung“ durchaus verwandt zu sein scheint.

Um diese historische Korrespondenz besser verstehen zu können, dürfte es unvermeidlich sein, die politische Konstellation, die Heidegger wahrgenommen hat, in die Situation zu Beginn des 21. Jahrhunderts zu übersetzen. Heidegger hatte starke geopolitische Intuitionen, die in seine Texte und Vorlesungen immer wieder auf eine Weise eingestreut sind, die überraschen und verstören können. Das Zitat zum Amerikanismus findet sich inmitten seiner Ausführungen über „Die Deutung des Menschen in Sophokles' Antigone“. Für einen Moment sei also vermutet, dass an die Stelle des amerikanisch-deutschen Konflikts, den Heidegger vor Augen hatte, nun ein amerikanisch-chinesischer tritt, wobei beide Konflikte eine strukturelle Verwandtschaft aufweisen, die alles andere als leicht zu verstehen ist. Auch wenn davon ausgegangen werden kann, dass Deutschland in diesem geopolitischen Großkonflikt nur eine Nebenrolle spielen wird, ist vielleicht die deutsche Perspektive in besonderem Maße geeignet, jene strukturelle Verwandtschaft in den Blick zu nehmen. Es wirkt sich dabei nachteilig aus, dass deutschsprachiger Gegenwartsphilosophie bisher die Sprache fehlt, um am Diskurs über „unsere“ zunehmend asiatisch geprägte Moderne sinnvoll teilnehmen zu können.

Heideggers philosophische Figur des anderen Anfangs ist gegründet auf eine aus seiner Sicht geschichtlich notwendige Zwiesprache zwischen Griechentum und Deutschtum. Was ihn umtreibt, ist Sorge um das „Heimischwerden des geschichtlichen Menschentums der Deutschen innerhalb der abendländischen Geschichte“ (GA 53, 154). Im verzweifelten Versuch, die Deutschen vor dem Fall in „Geschichtslosigkeit und Selbstverwüstung“ zu bewahren, hat Heideggers Annäherung zwischen nostalgischem Griechentum und nationalsozialistischem Deutschtum allerdings – wenn auch weitgehend ungewollt – dazu beigetragen, Griechenland als Ort kultureller und sprachlicher Erneuerung in nahezu unerreichbare Ferne zu rücken. Ihm ging es *nicht* um die Bewahrung der antiken Kultur, und ein Zurück zum „klassischen Altertum“ hat er als Selbsttäuschung abgelehnt. Der „Bezug Hölderlins zum Griechentum“ war für ihn „weder klassisch, noch romantisch, noch metaphysisch“ (GA 53, 67): „Wir lernen die griechische Sprache, damit das verborgene Wesen unseres eigenen geschichtlichen Anfangs für uns sich in die Klarheit unseres Wortes finde. Dazu gehört aber, daß wir das einzige Wesen des Griechentums kennen und in seiner Einzigartigkeit anerkennen.“ (GA 53, 81) Als gebildet zu gelten oder als Kulturvolk auftreten zu wollen, ist für Heidegger eine bloß äußerliche, letztlich unbedeutende Motivation für das Erlernen des Griechischen. Die historische Korrespondenz zwischen deutscher und griechischer Sprache geht offenbar weit über bildungsbürgerlichen Humanismus hinaus, den er verächtlich beiseiteschiebt. Sein Anspruch ist radikaler:

> Wir dürfen die griechische Sprache nur lernen, wenn wir sie aus wesentlicher geschichtlicher Notwendigkeit um der eigenen deutschen Sprache willen lernen müssen. Denn auch diese müssen wir erst lernen; und weil wir meinen, dies mache sich von selbst, lernen wir sie am schwersten und gefährden sie am ehesten durch die bloße Vernachlässigung. (GA 53, 81)

Erst wenn eine fremde, für praktische Zwecke unbrauchbare Sprache, wie die alte griechische, aus Not und Notwendigkeit heraus gelernt wird, „um der eigenen deutschen Sprache willen“, erhält das Lernen eine wahrhaft philosophische Bedeutung, eine Bedeutung nämlich, die dem kommenden, noch unbestimmten Leben der deutschen Sprache und des deutschen Volkes Bestimmung gibt. So zumindest versteht Heidegger Hölderlins Bedeutung für die deutsche Sprache und dessen dichterische Sorge um das Heimischwerden der un-heimischen und deshalb unheimlich-ungeheuerlichen Deutschen. Einen solchen geschichtsphilosophischen, ja geradezu geschichtsmetaphysischen Anspruch an das Lernen des Griechischen soll Hölderlin dichterisch zur Sprache verholfen haben.

Der ans Wahnhafte grenzende Prophetismus, den ein solcher Griff nach „geschichtlicher Notwendigkeit" enthält, tritt bei Heidegger jedoch nicht nur mit Bezug auf das „Griechentum" hervor, sondern auch mit Bezug auf die wenigen Aspekte chinesischer Philosophie, denen er sich zugewandt hat. Die Sprache des *Abendgesprächs*, das um das Motiv der „Notwendigkeit des Unnötigen" oder des Gebrauchs des Unbrauchbaren kreist, hat er der Wilhelm-Übersetzung von *Zhuāngzǐ* 26.7 entnommen. Es ist voll von Beschwörungen einer neuen geschichtlichen Notwendigkeit, die Heidegger dem deutschen Volk zuspricht, das zum unbrauchbaren Volk werden soll:

Der Jüngere: [...] Das Unnötige braucht uns und unser Wesen [...].
Der Ältere: Darum müssen wir die Notwendigkeit des Unnötigen wissen lernen und sie als Lernende den Völkern lehren.
Der Jüngere: Und für eine lange Zeit vielleicht mag dies der einzige Inhalt unserer Lehre sein: die Not und die Notwendigkeit des Unnötigen. (GA 77, 237)

Die neue geschichtliche Notwendigkeit, so lässt sich nun vielleicht folgern, nötigt zum ganz Unnötigen und Unbrauchbaren: zur Auseinandersetzung mit chinesischer Philosophie und zum Lernen der chinesischen Sprache. Heideggers um diese Zeit unternommener Versuch, Letzteres zu tun, ist zwar nicht weit gekommen, gleichwohl stellt sich die Frage, ob das nicht auch an dem großen Anspruch lag, der dabei an das Lernen des Chinesischen gestellt werden musste.

Das obige Zitat zum Erlernen des Griechischen umschreibend, läuft Heideggers Anspruch auf folgende Forderung hinaus: Wir dürfen die *chinesische Sprache* nur lernen, wenn wir sie aus wesentlicher geschichtlicher Notwendigkeit heraus lernen *müssen*, nämlich um der eigenen deutschen Sprache willen. Offenbar war es aber für Heidegger aus geschichtsphilosophischen Gründen ausgeschlossen, einen solchen Sprung ins Chinesische dauerhaft zu vollziehen.

Gleichwohl bleibt er als Möglichkeit im *Abendgespräch* und einigen wenigen anderen Texten angelegt.

Nachdem die Verwestlichung der Deutschen, ihr „langer Weg nach Westen", kulturell und politisch erfolgreich vollzogen worden ist, sollen sie nun einen Weg in den fernen Osten einschlagen, der unvermeidlich mit großen Ungewissheiten behaftet wäre? Nachdem sie „innerhalb der abendländischen Geschichte" endlich im Westen heimisch geworden sind – warum sollten sie das mühsam Erreichte in Frage stellen, um sich erneut auf einen langen und schwierigen Weg des Unheimischwerdens zu begeben? Absehbar ist jedenfalls, dass geopolitische Umwälzungen auch Deutschland dazu nötigen werden, sich nicht nur ökonomisch, sondern auch kulturell und politisch – wieder – verstärkt nach Osten zu orientieren. Heidegger hat zwar auch von der „Bewahrung der europäischen Völker vor dem Asiatischen" gesprochen[45]; gleichwohl enthält sein Denken und dessen Rezeption in Ostasien viele Anhaltspunkte dafür, wie eine solche Wendung nach Osten sich vollziehen könnte. Zugleich hat er durch seine Verstrickung in den Nationalsozialismus jedoch dafür gesorgt, dass Wege nach Osten zwar vielleicht als historisch notwendig, aber zugleich als normativ unmöglich erscheinen.

Kritische Theorie ist mit dem normativen Projekt der deutschen Westbindung eng verflochten. Ihrer Öffnung nach Asien stehen damit tiefgreifende strukturelle Schwierigkeiten entgegen. Als „Frankfurter Schule" ist sie nach 1945 allmählich zum einflussreichen Ausdruck des deutschen Weges nach Westen geworden und wird von daher mit der „intellektuellen Gründung der Bundesrepublik" in Verbindung gebracht.[46] Das ist ihre normative Position, die unverkennbar auch geopolitische Bedeutung hat. Es sprechen gute Gründe dafür, an dieser Position festzuhalten. Angenommen jedoch, dass es geschichtlich notwendig ist, über die Möglichkeit neuer Wege nach China nachzudenken und den Tigersprung in die chinesischsprachige Philosophie zu wagen, dann ist von einer derart

45 Siehe Martin Heidegger, „Europa und die deutsche Philosophie" (1936), in: Hans-Helmuth Gander (Hg.), *Europa und die Philosophie*, Frankfurt am Main: Klostermann 1993, 33.

46 Siehe Clemens Albrecht et al. (Hg.), *Die intellektuelle Gründung der Bundesrepublik. Eine Wirkungsgeschichte der Frankfurter Schule*, Frankfurt am Main/New York: Campus 1999.

auf den Westen fixierten Denktradition wenig konkrete Hilfe zu erwarten. Allenfalls als widerständige Mahnerin könnte die Kritische Theorie weiter unverzichtbar sein, weil selbstkritische Vorsicht von Nöten ist, wenn denn der philosophische Weg nach China an Heidegger nicht vorbeikommt.

3. Heidegger und China

Chinesische wie auch japanische Philosophen haben sich wiederholt die Frage nach den Gründen für die eigentümlich starke Affinität zwischen „Heidegger und Ostasien" gestellt. Mir scheint diese Frage erst in dem Moment wirklich interessant zu werden, sobald sie neue Möglichkeiten der deutschen Sprache berührt, die dem Übersetzen chinesischer Texte entspringen, der Erfahrung des fortwährenden Über-setzens von Deutschland nach China und von China nach Deutschland. Nun möchte ich der Vermutung nachgehen, dass die chinesisch-deutsche Übersetzungsarbeit nur dann sinnvoll ist, wenn sich zwischen den beiden Sprachen eine historische Korrespondenz bildet, die derjenigen zwischen deutscher und griechischer Sprache verwandt ist – verwandt jener Korrespondenz, die Hölderlin auf radikale Weise erprobt und an der Heidegger sich orientiert hat. Die Vermutung, die sich an dieser Stelle aufdrängt, lässt sich auch wie folgt zusammenfassen: Transpositionale Kommunikation zwischen chinesischsprachigem und deutschsprachigem Denken, wenn sie denn ernstlich in die transformative Interaktion von Alt und Neu, Ost und West einzutreten bereit ist, müsste sich vom Hölderlin-Modell inspirieren lassen, müsste ihre Kraft aus einer kulturellen Begeisterung beziehen, die weit über das China-Interesse hinausginge, das die akademische China-Forschung gemeinhin antreibt.

Es lässt sich mit gutem Recht vermuten, dass in Heideggers Versuch, mit Hilfe eines chinesischen Studenten das Buch *Lǎozǐ* zu übersetzen, durchaus eine solche Begeisterung im Spiel war. Allerdings hat er alsbald an der Möglichkeit ihrer Verwirklichung gezweifelt, nicht nur weil ihm ein Studium der chinesischen Sprache als zu schwierig und zeitraubend erschienen sein dürfte, sondern weil die Möglichkeit, jene „besondere innere Verwandtschaft der deutschen Sprache mit der Sprache der Griechen und ihrem Denken" (GA 16,

679) auf die Sprache der Chinesen und ihr Denken auszuweiten, für Heidegger einfach undenkbar geblieben ist. Im „Spiegel-Gespräch" zieht er sich auf eine zwiespältige Haltung zurück. Einerseits stellt er die Frage:

> Und wer von uns dürfte darüber entscheiden, ob nicht eines Tages in Rußland und in China uralte Überlieferungen eines ‚Denkens' wach werden, die mithelfen, dem Menschen ein freies Verhältnis zur technischen Welt zu ermöglichen. (GA 16, 677)

Andererseits wendet er sich gegen die „Übernahme von Zen-Buddhismus oder anderen östlichen Welterfahrungen" und behauptet, dass es zum Umdenken „der Hilfe der europäischen Überlieferung und ihrer Neuaneignung" bedarf. Denn: „Denken wird nur durch Denken verwandelt, das dieselbe Herkunft und Bestimmung hat." (GA 16, 679)

Für Heidegger steht Hölderlins „Lernen des Fremden" im „Dienste" der Aneignung des Eigenen. Aber ist Hölderlin im Eigenen der Deutschen, in der deutschen Sprache jemals wirklich heimisch geworden? Zeigt nicht sein Deutsch allenthalben Spuren der radikalen Verfremdung des Deutschen, die in den Tübinger Turm-Gedichten schließlich einen so irritierenden wie wunderbaren Ausdruck gefunden hat? Und zeugt nicht diese Fremdheitserfahrung in der vermeintlich eigenen Sprache davon, dass sich Hölderlin in entscheidender Hinsicht in der Sprache der Griechen heimischer gefühlt hat als in der Sprache der Deutschen, die ihm fremd geblieben ist? Paradoxerweise erwies sich die Aneignung des Deutschen für ihn nicht nur als schwer, sondern als unmöglich, wobei in der Auseinandersetzung mit dieser Unmöglichkeit Werke von „klassischer", also bleibender und immer wieder auszulotender Bedeutung entstanden sind. Das gilt auch oder vielleicht sogar gerade für jene Gedichte, die in einer Zeit entstanden sind, in der ihm die Absicht auf die aneignende Kontrolle der deutschen Sprache weitgehend entglitten zu sein scheint. Er wird in dem Moment wirklich heimisch im Deutschen, in dem jede Absicht auf solches Heimischwerden entschwindet, in dem er sich dem „Heimischwerden im Unheimischsein" vorbehaltlos überlässt. Mit der Formel vom „Heimischsein als Heimischwerden im Unheimischsein" (GA 53, 155) hat Heidegger die Gewundenheit von Hölderlins Wegen zwischen den Sprachen treffend zum Ausdruck gebracht. Für Hölderlin, so möchte ich meinen, ist nämlich das „Heimischsein" nicht einfach, sondern doppelt. Er ist im Griechischen und im Deutschen heimisch, weil beide Sprachen ihm, wenn auch auf verschiedene Weise, das „Heimischwerden im Unheimischsein" eröffnen.

In seiner eigenen Deutung der Formel vom „Heimischsein als Heimischwerden im Unheimischsein" fällt Heidegger hinter Hölderlin zurück und entstellt das Hölderlin-Modell auf eine Weise, deren Zurückweisung *nötig* ist. Heidegger spricht von zwei Schritten: von der „Ausfahrt zum Fremden", um „von diesem die Aneignung des Eigenen zu lernen", sowie von der „Rückkehr zum Herde", an dem heimisch zu werden erst nach der Rückkehr aus der Fremde möglich wird (GA 53, 156). Das Hölderlin-Modell lässt sich jedoch nicht reduzieren auf die zwei Bewegungen: „Ausfahrt zum Fremden" und „Rückkehr zum Herde". Zu letzterer schreibt Heidegger:

> Der geschichtliche Geist der Geschichtlichkeit eines Menschentums muß diesem erst bei seinem Unheimischsein das Fremde entgegenkommen lassen, um in der Auseinandersetzung mit ihm das zu finden, was für die Rückkehr zum Herde das Schickliche ist. Denn Geschichte ist nichts anderes als die Rückkehr zum Herde. (GA 53, 156)

Hat Hölderlin in der Auseinandersetzung mit dem Griechischen das gefunden, was für die „Rückkehr zum Herde" – der deutschen Sprache – das „Schickliche" ist? Das ist keine Würdigung Hölderlins mehr, sondern drastische Entwürdigung: Hohn auf dessen lebendige Erfahrung mit den beiden Sprachen. Heideggers „Gespräch mit Hölderlin" verliert an dieser Stelle völlig den Faden. Hier zeigt sich auch in aller Deutlichkeit der Einfluss von Heideggers Verstrickung in die nationalsozialistische Bewegung auf seine Lektüre Hölderlins. Die Verengung des Hölderlin-Modells auf die Figur eines Umwegs, der durch die Ausfahrt zum Fremden auf die Rückkehr zum Herde zielt, ist deshalb irreführend.

Ein Aspekt der chinesischen Sprache hätte Heidegger zutiefst befremdet. Woran er nicht gedacht hat, wohl nicht denken konnte, ist die Möglichkeit, dass in der modernen chinesischen Sprache eine Aneignung der europäischen Überlieferung vollzogen worden ist, ohne dass Chinas „uralte Überlieferung" dabei einfach verschwinden musste – auch wenn chinesische Intellektuelle und Politiker lange fälschlicherweise davon überzeugt waren, dass Modernisierung nur unter der Bedingung von radikaler Traditionsfeindschaft erfolgreich sein kann. Das enorme transkulturelle Potential der modernen chinesischen Sprache erwächst gerade aus der dynamischen Interaktion dieser beiden Momente. Die Aneignung der „europäischen Überlieferung" ist *im Chinesischen* bereits soweit fortgeschritten, dass es immer unwichtiger zu werden scheint, ob diese Überlieferung in Europa noch gepflegt wird, was dort noch zu ihr gesagt wird und ob es dort Menschen gibt, die bereit und fähig sind, sich mit chinesischen Forschern über jene „Neuaneignung" auszutauschen oder vielleicht gar etwas von ihr zu lernen.[47]

[47] Siehe dazu Marc Siemons, „Griechisch für China. Griechisch, liegt deine Zukunft in China?", in *Frankfurter Allgemeine Zeitung* vom 20.1.2010: „Wie ist eine chinesische Moderne möglich? Man müsse zum Beispiel auch studieren, sagt Liu [Liú Xiǎofēng 劉小楓], was die Altertumswissenschaften für die Nationswerdung etwa in Deutschland bedeuteten. Auf der anderen Seite ist offensichtlich, dass es ihm nicht um eine kurzfristige Instrumentalisierung geht, sondern um eine ernsthafte Auseinandersetzung mit den im Altertum aufgeworfenen Fragen. Aus Deutschland höre er, bemerkt Liu, dass das Interesse an den alten Sprachen nachlasse. Aber natürlich braucht ihn das nicht weiter zu beunruhigen. Notfalls wird Europa in China aufgehoben und bewahrt sein." Liú ist ein führender Vertreter von „Klassikerstudien" in China, die interkulturell ausgerichtet sind, insofern in ihnen dem Studium der griechisch-römischen Antike eine herausragende Stellung zukommt. Gegründet auf die Orientierung am zeitlich-räumlichen Modell von „Alt-Neu-China-Westen" (gǔjīn zhōngxī 古今中西) wird dabei die Auseinandersetzung mit klassischen Schriften von der Überzeugung geleitet, dass der „Westen" durch das Studium seiner antiken Grundlagen besser verstanden werden kann, was dann auch zu einem vertieften Verständnis des Verhältnisses von Antike und Moderne in China beitragen soll. Liú hat zudem ein Buch mit dem Titel *Martin Heidegger und China* (海德格爾與中國) geschrieben, in dem er von der ihn durchaus beunruhigenden Frage ausgeht, warum Heidegger, im Unterschied zu den allermeisten anderen westlichen Denkern, in China eine andauernde, schier unerschöpfliche Anziehungskraft ausübt.

4. Korrespondenzen

Von historischen Korrespondenzen spreche ich in Anlehnung an Adornos gegen Heideggers Hölderlin-Deutung gerichtete Studie *Parataxis. Zur späten Lyrik Hölderlins*, in der die „Hölderlinschen Korrespondenzen" plötzliche „Beziehungen antiker und moderner Schauplätze und Figuren" zu eröffnen vermögen und eine assoziative Neigung haben, „Zeiten durcheinander zu schütteln, Entlegenes und Unverbundenes zu verbinden" (GS 11, 479): „In den rationaler Kontrolle entrückten Korrespondenzen hat Hölderlin das Rettende sich erhofft." (GS 11, 481) Auch das Hölderlin-Modell lebt von der Fähigkeit zum „Tigersprung ins Vergangene", von der „Witterung für das Aktuelle, wo immer es sich im Dickicht des Einst verbirgt".[48] Solche Verbindungen zwischen Altem und Neuem sind nicht abhängig vom „Kontinuum der Geschichte", vom peniblen Nachweis einer Linie, die Schritt für Schritt von der alten in die neue Zeit, von alten zu neuen Orten führt. Für die philosophische Beschäftigung mit dem alten China in Europa ist der Mut zu Tigersprüngen ins Vergangene offenbar noch wichtiger als für die Beschäftigung mit dem alten Griechenland. Obwohl die Nähe zur griechischen Sprache, die Hölderlin und auch Heidegger noch stark erfahren haben, nun befremdlich anmutet, hat doch Griechenland weitgehend aufgehört, als „fremd" zu gelten, und wird in Europa ganz selbstverständlich als kulturell zum Eigenen gehörig betrachtet. China hingegen ist in die Position des schlechthin Fernen, Fremden und Anderen gerückt.

Für Heidegger jedoch war chinesische Philosophie nicht fern und fremd. An einem bestimmten Punkt seines Denkweges war sie ihm so nah, dass er sie ganz selbstverständlich in seine Arbeit mit „Hölderlinschen Korrespondenzen" einbezogen hat. Dass er das *Abendgespräch* von 1945 nicht selbst veröffentlicht hat und überhaupt die Spuren von Anregungen und Einflüssen aus dem Fernen Osten in seinem Werk verwischt und teilweise geradezu verleugnet hat, zeugt allerdings davon, dass ihm die Ausweitung des Hölderlin-Modells auf China nicht geheuer war. Das ist nicht verwunderlich, denn er hat dabei eine philosophische Erfahrung gemacht, für die

[48] Walter Benjamin, „Über den Begriff der Geschichte", in: ders., *Gesammelte Schriften*, Band I.2, Frankfurt am Main: Suhrkamp 1980, 701.

es bis heute keine angemessene Sprache gibt. Die Anwendung einer Hermeneutik des Verstehens von Fremdem und Anderem auf China erweist sich in diesem Zusammenhang nicht nur als nicht hilfreich, sondern als in hohem Maße misslich. Der komparative Kontrast von Eigenem und Fremdem ist Teil des Problems. Denn wenn Heidegger im *Abendgespräch* vom Hölderlin-Modell nicht mehr nur mit Bezug auf Sophokles oder Anaximander Gebrauch macht, sondern es ganz selbstverständlich auf Zhuāngzǐ ausweitet, dann hat er in diesem aus der Not geborenen Denkexperiment die Möglichkeit aufgezeigt, mit chinesischen Texten prinzipiell genauso umzugehen wie mit griechischen, also das alte chinesische Denken genauso als etwas Fremdes *und* Eigenes zu betrachten wie Hölderlin das alte griechische. Das chinesische Denken wird damit für eben jenes paradoxe Hin-und-Her zwischen Fremdem und Eigenem geöffnet, das Hölderlin im Verhältnis zu griechischen Quellen geübt hat. Auch wenn es für Heidegger noch ausgeschlossen war, diese Möglichkeit anzuerkennen, möchte ich behaupten, dass es nun zunehmend nötig wird, *das* zu denken und zu üben: Hinsichtlich ihrer philosophischen Nähe oder Ferne gibt es keinen wesentlichen Unterschied zwischen den Texten des alten Griechenland und denjenigen des alten China; sie sind prinzipiell offen für die Fähigkeit Hölderlinscher Korrespondenzen, Unverbundenes, ja Unverbindbares zu verbinden.

Adorno mag beim Motiv der „Hölderlinschen Korrespondenzen“ an jene schockhaften Korrespondenzen gedacht haben, von denen Benjamin mit Bezug auf Baudelaire spricht, jene sprunghaften Zusammenhänge, in denen die dichterische Sprache auf die Zusammenhanglosigkeit modernen Lebens antwortet; oder an das Wort vom „Tigersprung ins Vergangene“ aus „Über den Begriff der Geschichte“. Zwei Beispiele für einen solchen Tigersprung hatte Benjamin vor Augen: die modischen Sprünge, die der Kapitalismus erlaubt, und den dialektischen Sprung „unter dem freien Himmel der Geschichte [...] als den Marx die Revolution begriffen hat“.[49] Heideggers geschichtsphilosophischer Intuition ist die Idee eines revolutionären Sprungs keineswegs fremd, nur dass er nicht an einen dialektischen Sprung denkt, sondern an einen seinsgeschichtlichen, der im Rahmen konservativer Revolution stattfindet.

49 Ebd.

Wenn Heidegger in der Hölderlin-Vorlesung von 1942 zwischen der alten Welt des Griechentums und der neuen Welt des Amerikanismus hin und her springt, dann arbeitet er offenbar nicht mit Verbindungslinien, die sich im Einzelnen nachverfolgen lassen, sondern er springt zwischen Vergangenheit, Gegenwart und Zukunft auf eine Weise, die der „rationalen Kontrolle" entrückt ist. Es ist verständlich, aber doch auch bedauerlich, dass Adorno wenig Sinn hatte für die Geschichtssprünge Heideggers, für dessen Gebrauch „Hölderlinscher Korrespondenzen", der es ihm erlaubt hat, auf seine Weise „plötzliche Beziehungen antiker und moderner Schauplätze und Figuren" einzuführen sowie „Zeiten durcheinander zu schütteln, Entlegenes und Unverbundenes zu verbinden".

Deshalb kann es kaum verwundern, dass Adornos Kritik an Heideggers Deutung Hölderlins und dem „Hölderlin-Kultus der deutschen Rechten" zwar einen entscheidenden Punkt trifft, aber letztlich doch recht dünn und schwächlich ausfällt:

> Hölderlin wird über Stock und Stein für eine Vorstellung von Liebe eingespannt, die in dem kreist, was man ohnehin ist, narzisstisch fixiert ans eigene Volk; Heidegger verrät die Utopie an Gefangenschaft in der Selbstheit. (GS 11, 456)

Bekanntlich ist die Fixierung auf deutsches Volk und Vaterland, auf schwäbische Heimat und Todtnauberger Scholle ein prägendes Moment in Heideggers Denken gewesen. Auch in der starken Betonung der „Rückkehr zum Herde" in den Vorlesungen zu Hölderlins „Ister" zeigt sich das, worauf Adorno hier den Finger legt, als schwerwiegendes Problem. Andererseits aber verkennt das Wort von der „Gefangenschaft in der Selbstheit" auf geradezu fatale Weise jene Hölderlinsche Intuition in Heideggers Denksprüngen, der zufolge der freie Gebrauch des Eigenen ohne den freien Gebrauch des Fremden unmöglich ist: beide haben einander nötig, weil sie gar nicht deutlich voneinander zu trennen sind; sie sind immer zugleich untrennbar *und* getrennt, eins *und* doppelt.

Es scheint fest zur akademischen Arbeitsteilung zu gehören, dass aus philologischer und historischer Perspektive solch „freier Gebrauch" im Verdacht steht, willkürlich und absurd zu sein. Sowohl gegen Hölderlins als auch Heideggers Übersetzungen und Deutungen griechischer Texte sind entsprechende Vorwürfe wohlbekannt. Adornos Verständnis von Philosophie steht solch freiem

Gebrauch nicht ablehnend gegenüber; gleichwohl hatte er keine Ahnung davon, in welchem Maße Heideggers Sorge um das „eigene Volk" seinem Interesse an fremdem Denken keineswegs im Wege stand, ihn vielmehr bis hin zu jenem bedeutungsvollen Experiment im freien Gebrauch chinesischer Philosophie zu führen vermochte, das die merkwürdige Idee hervorgebracht hat, die Deutschen möchten lernen, ein „unbrauchbares Volk" zu werden. Die Bedeutung von Heideggers Interesse an China zu ahnen war damals sicherlich nicht leicht, da Heidegger die sich dem fernen Osten zukehrende Seite seines Denkens zu Lebzeiten weitgehend im Verborgenen gehalten hat.

Bedenklicher als die Einseitigkeit von Adornos Ideologiekritik an Heidegger ist die Vermutung, das scharfe Urteil von der „Gefangenschaft in der Selbstheit" könnte auf Adorno selbst zurückfallen. Heidegger ist geistig immer wieder bis in den Fernen Osten gewandert und hat sich dabei auf Experimente eingelassen, denen im Osten keineswegs zufällig eine umfassende und vielschichtige Rezeption seiner Schriften antwortet. Während diese doppelte Bewegung sehr weitreichende und nach wie vor unausgeschöpfte Denkmöglichkeiten eröffnet hat, erweist sich Adornos Denken als zutiefst – es schmerzt, dies so direkt zu sagen: deutsch. Auch in der Fremde des amerikanischen Exils blieb er weitgehend an seine deutsche Identität „geheftet" (GS 6, 42), an vertraute Werke deutscher Philosophie, Literatur (und Musik). Die scheinbar unübersetzbare, teilweise geradezu kabarettistisch groteske Sprache Heideggers spielt unentwegt mit Mehrdeutigkeiten und verschütteten Bedeutungen deutscher Worte und lässt sich dennoch auf eine Weise ins Chinesische übersetzen, die starke Resonanzen auf Seiten der Leserschaft ermöglicht. Demgegenüber ist die verschachtelte Sprache Adornos im Chinesischen nur schwer zum Klingen zu bringen. Zudem blickt sein Philosophieren so gebannt auf den deutschen Kontext, dass es ohne ausführliche Erläuterungen weitgehend unverständlich bleibt. Das ist erklärungsbedürftig. Wohl wäre es absurd, Adorno als „narzistisch fixiert ans eigene Volk" zu bezeichnen, weil für ihn Begriffe wie Volk und Vaterland so weitgehend „die Unschuld verloren" (GS 11, 458) hatten, dass eine direkte Identifikation mit dem deutschen Volk unmöglich geworden war. Gleichwohl zeigt sich in seinen Schriften eine negative Fixierung ans Deutsche, die weder den freien Gebrauch des „Eigenen“ noch den des „Fremden“ begünstigt.

„Seitdem die Georgeschule die Ansicht von Hölderlin als einem stillen und feinen Nebenpoeten mit rührender vita zerstört hat [...]“: so beginnt Adornos Essay über Hölderlin, der sogleich deutlich macht, dass beide, Adorno und Heidegger, sich auf einen geteilten Horizont beziehen. Beide sind aufgewachsen in einer kulturellen Situation, die Hölderlins „Traum von Hellas“ mit dem deutschen Traum eines kulturellen und politischen Sonderwegs verband. Dieser sollte auf das „exzeptionelle Verhältnis von Deutschland und Griechenland“ gegründet sein, verflochten mit dem Gedanken eines „geheimen Deutschland“, als dessen geistiges Modell im George-Kreis nicht länger der öffentlich anerkannte, „klassische“ Goethe, sondern der verkannte, nur im verborgenen einflussreiche, „nicht-klassische“ Hölderlin galt.[50]

Der deutsche Traum von einer utopisch aufgeladenen Nähe zwischen deutscher und griechischer Sprache, zwischen altem Griechenland und neuem Deutschland ist spätestens mit dem Untergang des Nationalsozialismus geplatzt. Während Heidegger auch nach 1945 unbeirrt am „Gespräch mit Hölderlin“ festhält, geht Adorno jenen Spuren in Hölderlins Werk nach, in denen sich bereits die moderne Tendenz zu Diskontinuität und Desintegration schroff ankündigt: letztlich der Zerfall und die Unmöglichkeit des Hölderlin-Modells. Die Stärke von Adornos Verständnis der „Hölderlinschen Korrespondenzen“ besteht darin, diese in der Sprache seiner Hymnen als Dialektik von Assoziation und Dissoziation verstehen zu können: Er spricht von Hölderlins „parataktischem Verfahren“ und seiner „reihenden Technik“. Damit nimmt dessen Fähigkeit, „Entlegenes und Unverbundenes zu verbinden“, künstlerische Techniken vorweg, die erst später in Werken ausgestaltet worden sind, die Adorno als maßgeblich für die ästhetische Moderne im 20. Jahrhundert betrachtet hat, etwa in Schönbergs Neuer Musik und Becketts experimenteller Literatur (GS 11, 475 und 479). Ähnlich wie bei Heidegger wird Hölderlin bei Adorno als Vorläufer der modernen Rebellion gegen das Klassische erinnert –

50 Siehe dazu Trawny, *Heidegger und Hölderlin oder Der Europäische Morgen*, 74f.

aber damit zugleich auch ehrenvoll in die Bedeutungslosigkeit verabschiedet. Ebenso ergeht es jenem Stefan George, der mit Norbert von Hellingrath den „Hölderlin-Kult der deutschen Rechten“ befördert hat. Wie im Falle Hölderlins stellt Adorno eine weitgespannte Korrespondenz zwischen Schönbergs Musik und Georges Texten her (GS 11, 527), nur um sodann einen betörenden Abgesang auf diese anzustimmen. Das, was gegen George spricht, wird unzweideutig benannt:

Sein Herrschaftswille verbindet ihn einer beträchtlichen deutschen Tradition, der sowohl Richard Wagner angehört wie Heidegger oder Brecht; mit Hitler schlug sie grauenhaft in Politik um. Auszuscheiden wäre, was mit der Sphäre des Unheils etwas gemein hat. (GS 11, 524)

Gibt es etwas in der „deutschen Tradition“, oder gibt es überhaupt etwas, was mit dieser Sphäre des Unheils, mit der Sphäre unheiligen Herrschaftswillens *nichts* gemein hat? Adornos Antwort auf diese Frage muss wohl lauten: Nein, es gibt nichts, fast nichts, presque rien. Nach Adornos kritischem Urteil geht es der „deutschen Tradition“ wie dem „metaphysischen Wahrheitsgehalt“ im Verhältnis zur Aufklärung: diese lässt von jenem „so gut wie nichts übrig“ (GS 6, 399). Sein Denken war solidarisch mit der „deutschen Tradition“ im Augenblick ihres Sturzes. Und er hat sich diese Solidarität alles andere als leicht gemacht, denn Kritik als negative Dialektik bedeutete für ihn nicht nur, die Sphäre des Unheils in den Werken Anderer zu prüfen und auszuscheiden, sondern auch in seinem eigenen Denken. Die „Meditationen zur Metaphysik“ sind ein bleibendes Zeugnis der selbstquälerischen Wahrhaftigkeit, mit der Adorno diesen normativen Anspruch auch auf sich selbst angewandt hat:

Die Schuld des Lebens, das als pures Faktum bereits anderem Leben den Atem raubt, einer Statistik gemäß, die eine überwältigende Zahl Ermordeter durch eine minimale Zahl Geretteter ergänzt, wie wenn das von der Wahrscheinlichkeitsrechnung vorgesehen wäre, ist mit dem Leben nicht mehr zu versöhnen. Jene Schuld reproduziert sich unablässig, weil sie dem Bewußtsein in keinem Augenblick ganz gegenwärtig sein kann. Das, nichts anderes, zwingt zur Philosophie. (GS 6, 357)

Einerseits behauptet Adorno, Hitler habe den Menschen einen „neuen kategorischen Imperativ“ aufgezwungen, nämlich „ihr Denken und Handeln so einzurichten, dass Auschwitz nicht sich wiederhole, nichts Ähnliches geschehe“; andererseits macht er sich die Unmöglichkeit, selbst diesem neuen kategorischen Imperativ gerecht werden zu können, auf schonungslose Weise bewusst: denn das Weiterleben des Überlebenden „bedarf schon der Kälte, des Grundprinzips der bürgerlichen Subjektivität, ohne das Auschwitz nicht möglich gewesen wäre: drastische Schuld des Verschonten. Zur Vergeltung suchen ihn Träume heim wie der, daß er gar nicht mehr lebte, sondern 1944 vergast worden wäre […].“ (GS 6, 355–356) In populären und besonders einflussreichen Vorträgen hat Adorno eine „Erziehung nach Auschwitz“ eingefordert, über deren Unmöglichkeit er in jenen Schriften nachdenkt, in denen er die kritische Selbstreflexion an dem Äußersten misst, „das dem Begriff entflieht“ (GS 6, 358). Diese Ausweglosigkeit hat in einem paradoxen Denken Ausdruck gefunden, das er *negative Dialektik* nennt.

Nicht nur Vertreterinnen und Vertreter Kritischer Theorie, allen voran Jürgen Habermas, haben es sich teilweise leicht gemacht, indem sie aus der aporetischen Situation, in die Adornos Erörterung der „deutschen Tradition“ führt, die Konsequenz gezogen haben, diese mehr oder weniger pauschal als Sphäre des Unheils zu markieren. Es schien so, als seien Metaphysik und Tradition in post-metaphysischen und post-traditionellen Zeiten schlicht unnötig geworden. Adorno selbst hat das in seiner Heidegger-Polemik vorgeführt, in der er sich weit weniger konziliant zeigt als in seinen Auseinandersetzungen mit anderen Autoren aus dem Umkreis der konservativen Revolution, wie Stefan George, Rudolf Borchardt und Hugo von Hofmannsthal, oder als in seiner Beschäftigung mit Richard Wagner.

> Die Ontologien in Deutschland, zumal die Heideggersche, wirken stets noch weiter, ohne daß die Spuren der politischen Vergangenheit schreckten. […] Ungreifbarkeit wird zur Unangreifbarkeit. Wer die Gefolgschaft verweigert, ist als geistig vaterlandsloser Geselle verdächtig, ohne Heimat im Sein […]. (GS 6, 69)

So beginnt das Heidegger-Kapitel der *Negativen Dialektik*, dessen Absicht offenbar darin bestand, die „Unangreifbarkeit“ der Heideggerschen Ontologie zu brechen und sie derart mit einem Bann zu belegen, dass ihr Weiterwirken soweit wie möglich würde ausgeschlossen werden können. Nicht Ontologie *und* Dialektik, sondern Ontologie *oder* Dialektik: Spitzt nicht Adorno das Verhältnis der beiden philosophischen Positionen zu einem Entweder-Oder zu, dessen Notwendigkeit vor allem politisch, ja ideologisch motiviert ist? Und schneidet diese Position, die als politische gut begründet sein mag, nicht die „Selbstreflexion des Denkens" ab, um in Standpunktphilosophie zurückzufallen? Die „Spuren der politischen Vergangenheit" müssen schrecken, zugleich dürften sie aber nicht abschrecken und einschüchtern, weil ansonsten jenes Gegen-sich-selbst-denken nicht mehr verwirklicht werden könnte, zu dem Philosophie doch nötigt.

Aber warum sollte es ein Problem sein, dass nach dem Ausscheiden von allem, „was mit der Sphäre des Unheils etwas gemein hat", fast nichts mehr übrig bleibt? Warum nicht Heidegger vergessen, wie so viele andere auch? Und lässt sich von Heidegger sprechen, ohne sogleich in den Verdacht zu geraten, die „deutsche Tradition" wieder zu einer Sphäre des Heils verklären zu wollen? Es scheint weitgehend sinnlos geworden zu sein, große Mühe auf die Beantwortung solcher Fragen verwenden zu wollen: Die Lager von Anklägern und Verteidigern sind klar abgesteckt, die Urteile gefällt. An Heideggers nicht nur politischer, sondern auch philosophischer Verstrickung in die nationalsozialistische Bewegung besteht inzwischen noch viel weniger Zweifel als in der Zeit, in der Adorno *Negative Dialektik* und *Jargon der Eigentlichkeit* schrieb. Insbesondere im Hinblick auf den deutschen Kontext könnte es also ratsam sein, das Thema vorerst einfach auf sich beruhen zu lassen – im Hinblick auf den chinesischen Kontext scheint mir das jedoch nicht nur nicht ratsam, sondern geradezu unmöglich.

5. Der Weg, das Eigene frei gebrauchen zu lernen

Es ist Zeit, dass die philosophische Korrespondenz zwischen Heidegger und China sich kritisch ihrer dunklen Seite zuwendet. Diese kleinzureden oder gar zu beschönigen, ist kein gangbarer Weg.[51] Zugleich gilt es allerdings in vollem Umfang wahrzunehmen, dass Heideggers Schriften einen weitreichenden und kaum verzichtbaren Zugang zur philosophischen Auseinandersetzung mit dem alten und neuen China eröffnen. Das gilt nicht nur aus deutscher Perspektive, für die eine solche Auseinandersetzung alles andere als dringlich erscheint, sondern vor allem aus chinesischer, weil Heideggers Schriften in China seit langem eine transkulturelle Dynamik entfalten, durch die Alt und Neu, Ost und West auf eine Weise kommunizieren, die erstaunlich vielschichtig und vielsagend ist. Die transkulturelle Ausweitung des Hölderlin-Modells, für die es in Heideggers eigenen Schriften nur verstreute Hinweise gibt – und die

[51] Das Buch von Xià Kějūn (*Ein wartendes und unbrauchbares Volk. Zhuangzi und Heideggers zweite Kehre*), das mich vor allem zu den vorliegenden Überlegungen inspiriert hat, kann in dieser Hinsicht als wichtiger Wegbereiter gelten. Kenishi Mishima hat die „Affinität“ zwischen Heidegger und Ostasien für die japanische Seite in einer Weise kritisch untersucht, an die sich anknüpfen lässt; siehe: Kenishi Mishima, „Über eine vermeintliche Affinität zwischen Heidegger und dem ostasiatischen Denken. Gesehen im Kontext der faschistischen und nachfaschistischen Zeit“, in: Dietrich Papenfuss und Otto Pöggeler (Hg.), *Zur philosopischen Aktualität Heideggers*, Band 3, Klostermann: Frankfurt am Main 1992, 325–341. Im Vergleich dazu spart Zhāng Xiānglóng 張祥龍 in seinen informativen Ausführungen über Heidegger und die chinesische Philosophie die dunklen Seiten dieses Verhältnisses völlig aus. Siehe: Zhang Xianglong, „Heidegger und die chinesische Philosophie. Materialien, Einschätzungen und Möglichkeiten“, in: Alfred Denker et al. (Hg.), *Heidegger und das ostasiatische Denken*, 117–137. Auch Rolf Elberfeld geht in seinem Überblickstext nicht darauf ein, dass die vermeintlich einander fremden Welten sich vielfach bereits auf eine Weise nahe gekommen sind, die so beunruhigend ist, dass sich darüber nicht länger schweigen lässt, wenn denn Heideggers Bedeutung für das Hin-und-Her zwischen Ost und West irgend verteidigt werden soll. Siehe: Rolf Elberfeld, „Heidegger und das ostasiatische Denken. Annäherung zwischen fremden Welten“, in: Dieter Thomä (Hg.), *Heidegger-Handbuch*, Stuttgart: Metzler 2003, 469–474.

im deutschen Kontext abwegig erscheinen muss, weil ja dieses Modell weitgehend in Vergessenheit geraten und unverständlich geworden ist –, wird insbesondere im China des späten 20. und frühen 21. Jahrhunderts in großem Maßstab betrieben. Allerdings wirft diese Ausweitung die Frage auf, ob sie nicht, wie Heidegger, dazu neigt, das Hölderlin-Modell allzu narzisstisch auf das eigene Volk zu fixieren, also die Ausfahrt in den fremden Westen nur als Umweg zu verstehen, der immer schon auf die Rückkehr nach China zielt.

Die wissenschaftlich-technische Modernisierung Chinas und die Wiederbelebung von ausgewählten Aspekten der klassischen chinesischen Bildungskultur – getragen von den drei großen Lehren des Konfuzianismus, Daoismus und Buddhismus – bringen allenthalben Korrespondenzen hervor, in denen plötzliche „Beziehungen antiker und moderner Schauplätze und Figuren“ hervortreten, um dabei „Zeiten durcheinander zu schütteln“ sowie „Entlegenes und Unverbundenes zu verbinden“. Solche Korrespondenzen können restaurativ ausgelegt werden, aber auch revolutionär – revolutionär nicht nur im progressiven, sondern auch im konservativen Sinne. Angesichts der irritierenden Verstrickung von konservativen, liberalen und sozialistischen Positionen in der chinesischen Gegenwart scheint es mir nötig, deren paradoxe Kommunikation zu üben. Die Schwierigkeit, die darin liegt, Heidegger und Adorno, Ontologie und Dialektik miteinander ins Gespräch zu bringen, gibt eine Ahnung von der Herausforderung, den chinesischen Diskurs der Modernisierung philosophisch aufzuarbeiten. Mit Heidegger und Adorno gemeinsam einen Weg nach China zu beschreiten, bedeutet auf eine für beide Denker undenkbar gebliebene Weise, Unverbundenes oder gar Unverbindbares zu verbinden.

Diese Möglichkeit gründet in einem chinesisch-deutschen Austausch, für dessen geistige Dimension in der deutschsprachigen Kultur der 1910er–1930er Jahre ein erstaunlich großes Interesse vorhanden war, der jedoch etwa ein Jahrhundert später fast vollständig in Vergessenheit geraten ist. Martin Buber und Richard Wilhelm, Bertolt Brecht und Walter Benjamin, um nur diejenigen zu nennen, auf die ich später noch ausführlicher zurückkommen möchte, konnten sich Aspekte alter chinesischer Kultur auf eine inspirierte und kreative Weise zueignen, die später wieder fremd und unverständlich geworden ist: China ist im Deutschen keineswegs an sich fremd, sondern wieder fremd geworden. Das hängt zweifellos mit den ungeheuren Ereignissen zusammen, die in jenen hundert Jahren auf beiden Seiten geschehen sind. Sie verbieten die naive Wiederaufnahme jener geistigen Korrespondenz.

Philosophisch betrachtet scheinen deshalb zwischen kulturellem China und kulturellem Deutschland nur jene gewundenen Wege gangbar zu sein, die Unverbundenes und Unverbindbares verbinden. Diese Wege führen durch schwer zugängliche Unwegbarkeiten und in Gegenden, deren Unheimlichkeit schreckt. Sie sind immer auch Un-wege: Wege ohne Weg; *gewundene Wege*, die aus der Erfahrung der Weglosigkeit entstehen.

Ein gewundener Weg ist kein Umweg, auf dem „wir" durch das Fremde und Andere gehen, um schließlich wieder zum Heimischen und Eigenen zurückzukehren. Der gewundene Weg nach China, der mir vorschwebt, hat deshalb kein Ziel, zu dem es zurückzukehren gilt. Oder: Sich nach einer langjährigen Wanderung durch die chinesische Sprache wieder dem Deutschen und dem Griechischen zuzukehren, vermag ich nun durchaus als notwendig anzuerkennen. Diese Rückkehr ist jedoch nicht abschließend, sondern vorläufig: um daraus Besinnung und Kraft zu schöpfen, um erneut „auf die andere Seite" überzusetzen, hinüber zur anderen Heimat. Der Zweck des gewundenen Weges besteht deshalb nicht vor allem darin, auf dem „Umweg über China" (François Jullien) den Geist Europas, Griechenlands oder Deutschlands (wieder) besser zu denken und zu verstehen. „Wir lernen nichts schwerer als das Nationelle frei gebrauchen", schreibt Hölderlin in einem berühmten Brief an Casimir Ulrich Böhlendorff (StA 6.1, 425f.).[52] Das ist zunächst einmal schwer, weil das „Nationelle" oder Eigene nur durch das Fremde hindurch erfahrbar werden kann, weil das „Heimischwerden im Eigenen" der „Durchfahrt des Unheimischseins im Fremden" bedarf (GA 4, 87) – Adorno bedient sich ebenfalls einer solchen Denkfigur in der Rede von einer „geschichtsphilosophischen Konstruktion, daß nur durch Ferne, Entäußerung hindurch der Geist zu sich selber gelange" (GS 11, 469–470). Der „Weg, das Eigene frei gebrauchen zu lernen" (GA 53, 167), bedeutet für die Deutschen eine „Wanderung zum ‚Feuer'":

52 Siehe dazu Trawny, *Heidegger und Hölderlin, oder Der Europäische Morgen*, 86.

Die Deutschen müssen, um ihr Eigenes frei gebrauchen zu lernen, vom Feuer des Himmels getroffen werden. Deshalb ist die Ausfahrt in das südliche Land unumgänglich. (GA 53, 170)

Hölderlin eröffnet in seinem Brief einen komparativen Kontrast zwischen Deutschen und Griechen. Er vermutet, dass den Deutschen die „Klarheit der Darstellung" eigen ist, den Griechen hingegen das „Feuer vom Himmel". Demnach müssen die Deutschen durch das ihnen fremde, unheimliche und unheimische „Feuer" gehen, um das ihnen Eigene, nämlich die „Klarheit der Darstellung", zu lernen.

Ist nicht Hölderlins Dichtung selbst das beste Beispiel für seine eigenen Überlegungen zur wahrhaften Aneignung des Fremden? Zeugt seine Dichtung nicht weit eher von der Verwandlung geistigen Feuers in „heiliges Pathos" (StA 6.1, 426) denn von der „Klarheit der Darstellung"? „Das klingt paradox", schreibt Hölderlin. Das klingt nicht nur paradox, das ist paradox. Im Hölderlin-Modell ist die wahrhafte Aneignung des Fremden verbunden mit einer Radikalität der Entäußerung, mit einem Heimischwerden im Unheimischsein, in dem der Gebrauch des Eigenen, ja jeder Gedanke an Gebrauch und Brauchbarkeit überhaupt fast bis zur Unkenntlichkeit „vergessen" wird, ja vergessen werden muss. „Aber sie können mich nicht brauchen", sagt Hölderlin bitter-traurig über sein Verhältnis zu den Deutschen und berichtet von seinem Entschluss, „mein Vaterland noch jezt zu verlassen, vielleicht auf immer" (StA 6.1, 428).

Deshalb ist der „Gebrauch des Eigenen das schwerste" (StA 6.1, 426). Solcher Gebrauch bedarf nicht nur der erinnernden Rückkehr zum Eigenen, sondern der Besinnung auf das Paradoxe. Das ist das Schwerste. Heideggers Erörterung von „Der Ister" ist eine weitreichende und bewundernswerte Suche nach solcher Besinnung, aber im entscheidenden Moment scheint er mir an dieser schwersten Aufgabe zu scheitern, um stattdessen in der Fixierung auf die „Rückkehr zum Herde" einer pathologischen Paradoxievergessenheit zu verfallen.

Das Gedicht „Der Ister" beginnt mit den Worten: „Jetzt komme, Feuer!" Es ist ein beschwörender, aus der Erfahrung des Gegenteils, nämlich von Feuer- und Leblosigkeit, geborener Ausruf. Sätze aus einem Brief an Susette Gontard geben eine Ahnung von Hölderlins Sehnen nach Feuer und Flamme, nach heiligem Feuer:

Wenn ich an große Männer denke, in großen Zeiten, wie sie, ein heilig Feuer, um sich griffen, und alles Todte, Hölzerne, das Stroh der Welt in Flamme verwandelten, die mit ihnen aufflog zum Himmel, und dann an mich, wie ich oft, ein glimmend Lämpchen umhergehe, und betteln möchte um einen Tropfen Öl, um eine Weile noch die Nacht hindurch zu scheinen – siehe! da geht ein wunderbarer Schauer mir durch alle Glieder, und leise ruf' ich mir das Schrekenswort zu: lebendig Todter! (StA 6.1, 336f.)

„Das Heilige" ist „das Feuer, das den Dichter entzündet" (GA 53, 184).

Jenes griechische Feuer ist seit langem *in ihm*. Wie könnte er es da bloß als „Gast" aus der Fremde ins eigene Haus hereinbitten und gastfreundschaftlich am heimatlichen Herde bewirten? Lösen sich im Hölderlin-Modell die Rollen von Gast und Gastgeber nicht viel stärker auf, als Heidegger zuzugeben bereit ist – ohne jedoch ganz aufgelöst zu werden oder aufgelöst werden zu können? Andererseits: Hat nicht Hölderlin den Umweg über Griechenland (*Hyperion*, *Empedokles*) gemacht, um in den „vaterländischen Gesängen" nach Deutschland zurückzukehren und darin eine „vaterländische Umkehr" zu vollziehen? Um nun dort, im deutschen Eigenen, das griechische Feuer als Gast am Ister zu empfangen?

Herkules ist vom Ister nur zu Gast geladen. Er bleibt, der er ist, und ist doch als der Fremde ‚vom heissen Isthmos' aus dem Lande des ‚Feuers' im deutschen Lande gegenwärtig. In dieser Gastlichkeit des Isters liegt die Bereitschaft der Anerkennung des Fremden und seiner Fremde, d.h. des Feuers vom Himmel, das den Deutschen fehlt. In der Gastfreundschaft liegt aber zugleich die Entschiedenheit, das Eigene als das Eigene nicht mit dem Fremden zu mischen, sondern den Fremden sein zu lassen, der er ist. Nur so ist in der Gastfreundschaft ein Lernen möglich [...]. (GA 53, 175f.)

Diese – mit dem Nationalsozialismus in besonderem Maße verbundene – Entschiedenheit zur Nicht-Mischung ist inzwischen fremd geworden, so fremd, dass an ihre Stelle eher die Entschiedenheit zur Mischung getreten ist. Die Abwehr der Mischung hindert Heidegger daran, „Heimischsein nämlich als Heimischwerden im Unheimischsein" in seinem paradoxen Charakter zu denken, als Mischung (Heimischwerden im Fremden und Unheimischen) und als Nicht-Mischung (als Bewahrung der Differenz von Eigenem und Fremdem, als Festhalten an der Notwendigkeit des Heimisch*seins*, das nicht im Heimisch*werden* aufgeht). Er wird von der Angst beherrscht, vom unheimischen und unheimlichen Fremden „verbrannt“ zu werden:

> Aber die Wanderschaft ist zugleich und notwendig Ortschaft, vordenkender Bezug zum Heimischen, denn sonst droht die Gefahr, vom Feuer und seinem ‚heißen Strahl‘ getroffen, geblendet und verbraucht zu werden. (GA 53, 177f.)

Wer wollte diese Gefahr leugnen? Aber muss deshalb aller Wanderschaft ein „vordenkender Bezug zum Heimischen“ eigen bleiben?

Hölderlin scheint diese Gefahr allerdings für nicht besonders bedrohlich gehalten zu haben: „Denn das ist das tragische bei uns, daß wir ganz stille in irgendeinem Behälter eingepakt vom Reich der Lebendigen hinweggehn, nicht daß wir in Flammen verzehrt die Flamme büßen, die wir nicht zu bändigen vermochten.“ (StA 6.1, 426) Indem die „Aneignung des Eigenen“ durch das Fremde hindurch in den Behälter der „Auseinandersetzung und gastlichen Zwiesprache mit dem Fremden“ (GA 53, 177) eingepackt wird, verliert die Aneignung des Fremden ihre Lebendigkeit, ihr „geistiges Feuer“. In jenem Brief an Susette Gontard schreibt Hölderlin dazu unübertrefflich:

> Weist Du, woran es liegt, die Menschen fürchten sich voreinander, daß der Genius des einen den andern verzehre, und darum gönnen sie sich wohl Speise und Trank, aber nichts, was die Seele nährt, und können es nicht leiden, wenn etwas, was sie sagen und thun, im andern einmal geistig aufgefaßt, in Flamme verwandelt wird. Die Thörigen! Wie wenn irgend etwas, was die Menschen einander sagen könnten, mehr wäre, als Brennholz, das erst, wenn es vom geistigen Feuer ergriffen wird, wieder zu Feuer wird, so wie es aus Leben und Feuer hervorgieng. Und gönnen sie die Nahrung nur gegenseitig einander, so leben und leuchten ja beide, und keiner verzehrt den andern. (StA 6.1, 337)

Das ist Hölderlins Utopie.

Im „Heimischsein als Heimischwerden im Unheimischsein“ kann weder das Fremde noch das Eigene bleiben, was es ist. Deshalb ist es dabei weder möglich, „das Eigene nicht mit dem Fremden zu mischen“, noch „den Fremden sein zu lassen, der er ist“. Heideggers Erörterung zeigt, dass ihm das klar ist. Er bleibt jedoch immer wieder „fixiert ans eigene Volk“ (GS 11, 456), das vor aller Ausfahrt in die Fremde festzustehen scheint. In dieser Hinsicht ist Adornos Vorwurf berechtigt, Heidegger habe Hölderlins Utopie an „Gefangenschaft in der Selbstheit" verraten und jenen einem „endogamischen Ideal" (GS 11, 456) unterworfen, das keine Mischung von Eigenem und Fremdem duldet: „Kaum anderswo dürfte Hölderlin seinen nachgeborenen Protektor schroffer Lügen strafen als im Verhältnis zum Fremden. Das Hölderlins ist für Heidegger eine einzige Irritation." (GS 11, 456) Heideggers Deutung wird dem paradoxen Verhältnis von Eigenem und Fremdem, das Hölderlin vor Augen hat, vielfach gerecht, verfällt jedoch immer wieder einer Paradoxievergessenheit, die seine „Vorstellung von Liebe" krank macht, weil sie „in dem kreist, was man ohnehin ist" (GS 11, 456). Heidegger zieht Hölderlin zurück in eine „Klarheit", die paradoxe Diffusität nicht duldet; er entscheidet sich an dieser Stelle gegen jede „Liebe zur Fremde", die nicht immer schon nostalgisch an die Heimat denkt und deshalb das Unheimischsein im Fremden nur als vorläufigen Durchgang wahrnimmt, in dem der Rückgang zum Eigenen immer schon als Zweck enthalten ist. Erweist Heideggers Hölderlin sich also als „zuverlässiger Auslandsdeutscher", wie Adorno maliziös bemerkt? (GS 11, 457) Sicherlich tritt in Heideggers Schriften biedere Heimatverbundenheit und nationalistisch verengte Bodenständigkeit immer wieder hervor. Andererseits rüttelt er auch dramatisch an der „Gefangenschaft in der Selbstheit", indem er mit großem Pathos die Notwendigkeit von gefahrvoller Wanderschaft ins Fremde beschwört: „‚Fast' bis an die Grenze der Vernichtung im Feuer muss die Wanderschaft in das Unheimische gehen, damit die Ortschaft des Heimischen ihr Erfreuendes und Rettendes schenkt." (GA 53, 167) Der dramatische Gestus, mit dem Heidegger hier das „Feuer vom Himmel" (GA 53, 169) erläutert, ist weniger radikal als er scheint, denn er verkennt einen Aspekt, den auch Heideggers Hölderlin-Deutung vielfach berührt: Der freie Gebrauch des Eigenen bedarf des „Heimischwerdens im Unheimischsein" (GA 53, 151).

Der freie Gebrauch des Eigenen ist nicht zu trennen vom freien Gebrauch des Fremden. Das Heimischwerden im Eigenen ist nicht zu trennen vom Heimischwerden im Fremden, sowenig wie das Unheimischsein im Eigenen vom Unheimischsein im Fremden. Bedeutet nicht Hölderlins „[…] das Eigene muß so gut gelernt seyn, wie das Fremde" (GA 4, 87) immer auch zu lernen, mit Fremdem und Unheimischem umzugehen, um es auf diesem Wege zum Eigenen, zum Heimischen werden lassen zu können? Wenn Fremdes nicht zu Eigenem wird, ist das Eigene dazu verdammt, fremd zu bleiben. Indem Fremdes jedoch zu Eigenem wird, hört es auf, fremd zu sein. Umgekehrt wird auf diesem Weg des Lernens nun das zunächst als Eigenes Angenommene und Festgehaltene seinerseits fremd und unheimisch. Es muss erst neuerlich „angeeignet" werden, um wieder Eigenes sein zu können.

Indem „wir" auf dem Weg zum freien Gebrauch des Eigenen lernen, lernen müssen, im Unheimischen zu verweilen oder gar zu wohnen und heimisch zu werden, hört das Heimischwerden allerdings auf, bloßer „Durchgang durch das Fremde" (GA 53, 60) zu sein, bloße „Ausfahrt zum Fremden" mit dem Ziel der „Rückkehr zum Herde" (GA 53, 156). Den freien Gebrauch des Eigenen zu lernen, erweist sich erst als so schwer wie Hölderlin es beschreibt, weil dabei etwas ins Spiel kommt, was weit verwickelter ist als der Reiseweg des Abenteurers, der ausfährt in die Fremde, um schließlich ins Eigene heimzukehren. Erst eine solche Verwicklung verdeutlicht, inwiefern „der Mensch zunächst nicht und nie ‚von selbst' […] im Eignen ist": „Im Eigenen zu wohnen ist dann aber jenes, was zuletzt kommt und selten glückt und stets am schwersten bleibt." (GA 53, 24) Auch wenn Heidegger in der Figur des Abenteurers eine unzureichend bleibende „Auseinandersetzung des Fremden und des Eigenen" (GA 53, 61) sieht, verkennt er den paradoxen Knoten, in den Hölderlins Deutung des Gesetzes vom „Heimischsein als Heimischwerden im Unheimischsein" führt. Das „Herüber und Hinüber des Fremden und Heimischen" (GA 53, 52), von dem Heidegger selbst spricht, verlangt in ein unauflösliches Gewirr einzutreten, dem er sich verweigert hat: ein Gewirr aus Unheimischsein im Eigenen und Unheimischsein im Fremden, aus Heimischwerden im Eigenen und Heimischwerden im Fremden.

Für Hölderlin haben die „zwei Dichter des fremden und alten Landes der Griechen", Pindar und Sophokles, aufgehört „fremde Dichter" (GA 53, 61) zu sein; sie sind ihm vielmehr in entscheidender Hinsicht näher gekommen und eigener geworden als die deutschen Dichter seiner Zeit. Das zunächst fremde Griechisch ist für Hölderlin zu einem Eigenen und Heimischen geworden, von dem er gelernt hat, auf wundersam freie Weise Gebrauch zu machen: im Deutschen. Hölderlins Deutsch ist geprägt von einem radikalen

Unheimischwerden, von der Verwandlung der deutschen Sprache in ein Fremdes – zu schweigen von seinen alles andere als schmeichelhaften Charakterisierungen der Deutschen im *Hyperion*. Er bezeichnet sie als „allberechnende Barbaren", als „tiefunfähig jedes göttlichen Gefühls, verdorben bis ins Mark zum Glük der heiligen Grazien [...], dumpf und harmonielos, wie die Scherben eines weggeworfenen Gefäßes" (StA 3, 154). Hölderlins Deutsch ist derart unheimlich geworden, dass es jegliches naive Heimischsein stört und unterwandert: Es ist „durchwest vom Gegenwesen" (GA 53, 64). Damit kann die paradoxe Gegenwendigkeit von Heimischwerden und Unheimischsein an keinen rettenden Endpunkt mehr führen, keine dauerhafte „Rückkehr zum Herde" mehr gewähren, der in der Fremde nur für eine Weile in „Vergessenheit" geraten ist (GA 53, 144).

Hölderlin hat in einer Zeit gelebt, in der die „Bestimmung des geschichtlichen Wechselbezugs zwischen griechischer und deutscher Geschichtlichkeit" (GA 53, 155) noch im Entstehen war. Für Heidegger hingegen hat dieser Wechselbezug bereits aufgehört, eine aus einem historischen Sprung geborene „Hölderlinsche Korrespondenz" zu sein. Für ihn steht bereits außer Zweifel, dass das „geschichtliche Menschentum der Deutschen" in den „geschichtlichen Anfang der abendländischen Geschichte im Griechentum eingelassen" bleibt (GA 53, 154). Darüber hinaus schreibt er in „Hölderlins Erde und Himmel" von 1959: „Der gegenwärtige planetarisch-interstellare Weltzustand ist in seinem unverlierbaren Wesensanfang durch und durch europäisch-abendländisch-griechisch." (GA 4, 177) Heidegger zeigt sich hier überzeugt, dass ein „wesenhafter Wandel" des gegenwärtigen Weltzustands, der „möglicherweise kommende große Anfang" (GA 4, 176), *nur* aus jenem griechischen Wesensanfang hervorgehen kann. Aber: ist Europa noch „das Gehirn des ganzen Erdkörpers" oder wird es nicht zunehmend zu dem, „*was es in Wirklichkeit ist*, d.h. ein kleines Kap des asiatischen Kontinents" (GA 4, 176; Heidegger zitiert hier Paul Valérys „La crise de l'esprit")?

Die philosophische Besinnung, zu der eine solche Verschiebung auffordert, muss sehr weitreichend sein. Heidegger scheint einen Schritt in diese Richtung zu tun, wenn er die Möglichkeit zugesteht, jener große Anfang in Griechenland könnte sich „den wenigen anderen großen Anfängen" öffnen, „die mit ihrem Eigenen in das

Selbe des Anfangs des un-endlichen Verhältnisses gehören, worin die Erde einbehalten ist" (GA 4, 177). Er hat versucht, sich für einen anderen großen Anfang zu öffnen, nämlich den chinesischen.

Das „un-endliche Verhältnis von Erde und Himmel, Mensch und Gott" – auch „Geviert" genannt – von dem Heidegger mit Bezug auf Europa spricht, korrespondiert mit dem un-endlichen, transzendent-immanenten Verhältnis von Himmel, Mensch und Erde, das den Anfang chinesischen Philosophierens im klassischen *Buch der Wandlungen* bildet, in dem von „drei Vermögen" (sān caí 三才) oder „Grundmächten" (Wilhelm) gesprochen wird, denen des Himmels, des Menschen und der Erde. Durch Verdoppelung der „drei Vermögen" bildet sich die Struktur der aus sechs Strichen bestehenden Hexagramme, deren untere beide Striche für die Erde, deren mittlere beide Striche für den Menschen und deren obere beide Striche für den Himmel stehen. Die Wege von Himmel, Mensch und Erde sind nicht festgelegt, sondern veränderlich und immer in Be-wegung. Sie kreuzen und verschränken sich im „Weg der drei Vermögen".[53] Heideggers Arbeit mit chinesischen Texten rührt wiederholt an die geschichtliche Tiefe der Korrespondenz von „Geviert" und „Gedritt" (den drei Vermögen), allerdings ohne sie entfalten zu können.

Der Wechselbezug zwischen chinesischer und deutscher Geschichtlichkeit – zu deren Bestimmung Heidegger wie sonst kaum ein anderer deutschsprachiger Philosoph des 20. Jahrhunderts beigetragen hat – ist ihm deshalb fremd geblieben. Er hat an einer Stelle die Auffassung vertreten, das „Gespräch mit den griechischen Denkern und ihrer Sprache" sei „für uns die Vorbedingung für das unausweichliche Gespräch mit der ostasiatischen Welt" (GA 7, 41). Damit wird die Auseinandersetzung mit der ostasiatischen Welt „für uns" (Europäer) gebunden an diejenige mit der griechischen. Es ist schwer zu leugnen, dass diese Anbindung „für uns" in hohem Maße unausweichlich ist. Allerdings erschwert die Nötigung zu einer solchen doppelten Auseinandersetzung diejenige mit Ostasien, insbesondere mit China, ganz erheblich: Das Gespräch mit den

53 Siehe Richard Wilhelm (Übers.), *I Ging. Das Buch der Wandlungen*, erstes und zweites Buch, aus dem Chinesischen verdeutscht und erläutert von Richard Wilhelm, Jena: Diederichs 1924, 269 („Große Abhandlung", Kapitel X).

griechischen Denkern „wartet noch auf seinen Beginn", von daher verschiebt Heidegger die legitime Beschäftigung mit Ostasien in eine unabsehbare Ferne.

Gleichwohl hat Heidegger unzweifelhaft, wenn auch für ihn selber im Rückblick sicher zu voreilig, freien Gebrauch vom chinesischen Fremden in Gestalt daoistischer Philosophie gemacht und es dabei durchaus heimisch werden lassen. Zudem konnte er diesen Gebrauch nicht geschichtsphilosophisch zuordnen und hat deshalb dessen Spuren verwischt. Während jedoch die Figur des Heimischwerdens des „Menschentums der Deutschen" im Griechentum bloß Hölderlins Worte auslegt und weiterdenkt, verwirklicht Heidegger das Hölderlin-Modell genau genommen nicht im Verhältnis zu Griechenland, sondern im Verhältnis zu China.

Im *Abendgespräch* springt er ins fremde China, so wie Hölderlin ins fremde Griechenland gesprungen ist: Getroffen „von der Not der Geschichtlichkeit" fasst er die „deutsche Not des Unheimischseins" (GA 53, 155) am Ende des Zweiten Weltkrieges in unscheinbare, aber gleichwohl tiefgründige und weitreichende Worte. Er „wiederholt" im Verhältnis zu China, was Hölderlin im Verhältnis zu Griechenland vollzogen hat, aber es fehlt ihm die geschichtsphilosophische Perspektive, um den revolutionären Charakter dieser transkulturellen Kehre auch theoretisch nachvollziehen zu können. Obwohl Heidegger dem Heimischwerden chinesischer Philosophie im Deutschen Tür und Tor geöffnet hat, bleibt das Chinesische für ihn das schlechthin Unheimische und Unheimliche: ein sprachliches Ungeheuer. Oder: Getroffen von der Not deutschen Unheimischseins tut sich die Möglichkeit auf, im Fremden heimisch zu werden, um auf diesem Wege zu lernen, im deutschen Unheimischsein heimisch zu werden. Ist das verrückt? Wohl kaum verrückter als Hölderlins Wendung ins Griechische und in die deutsche Sprache, die aus dieser Wendung hervorgegangen ist.

Von der Sprache, die in Hölderlins Sophokles-Übersetzungen hervortritt, sagt Walter Benjamin in „Die Aufgabe des Übersetzers":

In ihnen ist die Harmonie der Sprachen so tief, daß der Sinn nur noch wie eine Äolsharfe vom Winde von der Sprache berührt wird. [...] Die Sophokles-Übersetzungen waren Hölderlins letztes Werk. In ihnen stürzt der Sinn von Abgrund zu Abgrund, bis er droht in bodenlosen Sprachtiefen sich zu verlieren.[54]

Das Hölderlin-Modell verlangt immer auch das Eingedenken der Gefahren, die mit dem Heimischwerden im Unheimischsein verbunden sind: Im Heimischsein an einem Ort und Platz ist das Unheimischsein als Kehrseite verborgen. Heimischsein ist notwendig auf Unheimischsein verwiesen, und diesem wiederum eignet „eine Gegenwendigkeit, die zum Inneren seines Wesens gehört" (GA 53, 103). Damit dürfte deutlich sein, inwiefern „das Un- im Un-heimischen keinen bloßen Mangel, auch nicht nur ein Fehlen ausdrückt" (GA 53, 104). Es gibt keinen einfachen Rückweg ins Eigene mehr, der auf den Weg ins Fremde folgen würde. Vielmehr tun sich gewundene Hin-und-Her-Wege zwischen Eigenem und Fremdem auf, wobei sowohl das Eigene als auch das Fremde unentwegt im Werden sind: auf dem Weg der Selbsttransformation.

Im China des 20. Jahrhunderts ist es möglich geworden, deutsche Dichter und Denker in der chinesischen Sprache heimisch werden zu lassen. Warum sollten chinesische nicht auch im Deutschen heimisch werden können? Oder sollten Deutsche nicht vielleicht sogar heimisch werden in diesem Unheimischen, um besser jenes geschichtliche Gesetz lernen und üben zu können, dass Heimischsein *immer* Heimischwerden im Unheimischsein *ist.* Indem die Deutschen lernen, Heimischsein als Heimischwerden im Unheimischsein zu denken und zu leben, lernen sie, ein „unbrauchbares Volk" zu werden, unbrauchbar zumindest für jenen mörderischen Nationalismus, der unauslöschlich an ihrem Namen haftet. Heimischwerden bedeutet Unbrauchbarwerden.

54 Walter Benjamin, „Die Aufgabe des Übersetzers", in: ders., *Gesammelte Schriften*, Band IV.1, 21).

III. Gebrauch und Ungebrauch

1. Befreiung vom Prinzip der Nützlichkeit?

Adornos kurzer Text „Auf die Frage: Was ist deutsch" beginnt mit dem Hinweis, diese Frage lasse sich nicht „unmittelbar" beantworten, vielmehr sei zunächst „über die Frage selbst zu reflektieren". Kritische Selbstbesinnung hält er für nötig, weil „unterm Nationalsozialismus die Ideologie vom Vorrang des Kollektivsubjekts auf Kosten von jeglichem Individuellen das äußerste Unheil anrichtete". Überhaupt noch von Nationalcharakter oder gar Volksgeist zu sprechen, also etwas wie „die kollektive Wesenheit ‚deutsch'" zu behaupten, ist für ihn zutiefst zweifelhaft geworden:

> Die Bildung nationaler Kollektive jedoch, üblich in dem abscheulichen Kriegsjargon, der von dem Russen, dem Amerikaner, sicherlich auch dem Deutschen redet, gehorcht einem verdinglichenden, zur Erfahrung nicht recht fähigen Bewußtsein. Sie hält sich innerhalb jener Stereotypen, die von Denken gerade aufzulösen wären. […] Das Wahre und Bessere in jedem Volk ist wohl vielmehr, was dem Kollektivsubjekt nicht sich einfügt, womöglich ihm widersteht. Dagegen fördert die Stereotypenbildung den kollektiven Narzißmus. (GS 10.2, 691)

Kurz darauf betont Adorno jedoch, damit sei nicht gesagt, „daß die Stereotypen jeglicher Wahrheit entbehrten. Erinnert sei an die berühmteste Formel des deutschen kollektiven Narzißmus, die Wagnersche: deutsch sein heißt, eine Sache um ihrer selbst willen tun." (GS 10.2, 693) Eine Sache um ihrer selbst willen tun, beschreibt Adorno nun als Leitmotiv, das vor allem gerichtet ist gegen „die Ausbreitung des Warencharakters über alle Sphären, auch die des Geistes", gegen eine Kommerzialisierung auch der „geistigen Produktion", in einer „vom Tauschprinzip verschandelten Welt" (GS 10.2, 694). Demgegenüber verstand sich eine dem Ideal reiner Geisteskultur entsprechende geistige Produktion, im Sinne der Wagnerschen Formel, „als ein An sich, nicht nur als ein Für anderes und Für andere Sein, nicht als Tauschobjekt" (GS 10.2,

693). Adorno gesteht zu, „daß ohne jenes ‚um seiner selbst willen' die große deutsche Philosophie und die große deutsche Musik nicht hätten sein können" (GS 10.2, 694). Er verweist aber zugleich auf ein „Ineinander des Großartigen, in keiner konventionell gesetzten Grenze sich Bescheidenden, mit dem Monströsen" (GS 10.2, 695) und damit auf den „Schuldzusammenhang, daß die höchsten Produktivkräfte, die obersten Manifestationen des Geistes verschworen sind mit dem Schlimmsten. Noch dem Um seiner selbst willen ist, im unerbittlich integren Mangel an Rücksicht auf den anderen, auch Inhumanität nicht fremd." (GS 10.2, 694)

Wahrhaft gegen sich selbst denkend, bringt Adorno diesen Gedanken in der *Negativen Dialektik* zum Ausdruck, indem er die Quelle jener Inhumanität in „bürgerlicher Kälte" wahrnimmt, im unumgänglichen Weiterleben jenes „Grundprinzips der bürgerlichen Subjektivität, ohne das Auschwitz nicht möglich gewesen wäre". Und er bezeichnet sodann seine eigene Schuld als „drastische Schuld des Verschonten" (GS 6, 356). Mehr noch, jene Kälte wird nicht bloß auf die moderne Gestalt „bürgerlicher Kälte" bezogen, sondern zugleich auf die „Schuld des Lebens" überhaupt, „das als pures Faktum bereits anderem Leben den Atem raubt [...]". Und er fährt fort: „Jene Schuld reproduziert sich unablässig, weil sie dem Bewußtsein in keinem Augenblick ganz gegenwärtig sein kann. Das, nichts anderes zwingt zur Philosophie." (GS 6, 357) Diesem Impuls antwortet Adornos negative Dialektik, verstanden als „Selbstreflexion des Denkens", das, „um wahr zu sein", auch „gegen sich selbst denken" muss (GS 6, 358): Er versucht sich kritisch darauf zu besinnen, dass auch seine eigenen „Manifestationen des Geistes" unvermeidlich „verschworen sind mit dem Schlimmsten". Es liegt nahe, in der vor allem an sich selbst gerichteten Forderung, gegen sich selbst zu denken, einen bis zum Äußersten gesteigerten Ausdruck jener Autonomie des „Um seiner selbst willen" zu erkennen, gegen deren monströse Folgewirkungen Adorno sich zugleich zu wenden versucht.

Aus dieser Verstrickung gibt es für Adorno kein Entkommen. Sie erweist sich als unauflöslich. Negative Dialektik besinnt sich deshalb auf die Notwendigkeit, ein Denken und Tun zu *üben*, das diese paradoxe Verstrickung in sich aufzunehmen vermag. Die autonome Haltung des Um seiner selbst willen hätte in diesem Sinne nach der „Befreiung vom Prinzip der Nützlichkeit" zu streben, *ohne* den ökonomischen Nutzen autonomer Produktion in der Sphäre des Marktes naiv zu verachten. In der *Dialektik der Aufklärung* wird eine solche Haltung am Beispiel Beethovens erläutert:

> Der todkranke Beethoven, der einen Roman von Walter Scott mit dem Ruf: „Der Kerl schreibt ja für Geld" von sich schleudert, und gleichzeitig noch in der Verwertung der letzten Quartette, der äußersten Absage an den Markt, als überaus erfahrener und hartnäckiger Geschäftsmann sich zeigt, bietet das großartigste Beispiel der Einheit der Gegensätze Markt und Autonomie in der bürgerlichen Kunst. Der Ideologie verfallen gerade jene, die den Widerspruch verdecken, anstatt ihn ins Bewußtsein der eigenen Produktion aufzunehmen, wie Beethoven [...]. (GS 3, 180–181)

Diese Dialektik von Markt und Autonomie in bürgerlicher Kunst ist für Adorno jedoch gebunden an eine bestimmte historische Epoche. Im Zeitalter der Kulturindustrie schickt sich die bürgerliche Kunst an zu verschwinden, und mit ihr die Spannung von Markt und Autonomie, Nutzen und Nutzlosigkeit, Zweck und Zwecklosigkeit, Ziel und Ziellosigkeit:

> Der Nutzen nämlich, den die Menschen in der antagonistischen Gesellschaft vom Kunstwerk sich versprechen, ist weithin selber das Dasein des Nutzlosen, das doch durch die völlige Subsumption unter den Nutzen abgeschafft wird. Indem das Kunstwerk ganz dem Bedürfnis sich angleicht, betrügt es die Menschen vorweg um eben die Befreiung vom Prinzip der Nützlichkeit, die es leisten soll. Was man den Gebrauchswert in der Rezeption der Kulturgüter nennen könnte, wird durch den Tauschwert ersetzt, anstelle des Genusses tritt Dabeisein und Bescheidwissen, Prestigegewinn anstelle von Kennerschaft. (GS 3, 167)

Die moderne bürgerliche Subjektivität ist zugleich geprägt vom Prinzip marktorientierter Nützlichkeit und vom Prinzip autonomiebetonter Nutzlosigkeit. Adorno ist diesem Paradigma der Subjektivität stark verhaftet geblieben. An einer merkwürdigen Stelle taucht jedoch ein Hinweis auf ein anderes Paradigma der Subjektivität auf, das er mithilfe einer „Anekdote von chinesischer Schönheit" erläutert, die in deutlichem Kontrast zur Beethoven-Anekdote der *Dialektik der Aufklärung* steht:

> Einer der ruhmvollsten Meister der Reitkunst aller Zeiten erhielt, arm und alt geworden, vom zweiten Kaiserreich eine Stallmeisterstelle in Saumur.

Dorthin kam eines Tages, ihn zu besuchen, sein Lieblingsschüler, ein junger Rittmeister und glanzvoller Reiter. Baucher sagt zu ihm: „Ich will für Sie ein wenig in den Sattel steigen." Man hebt ihn auf ein Pferd; er durchschreitet die Bahn im Schritt, kommt zurück... Der andere, geblendet, sieht einen vollkommenen Kentauren daherkommen. „So", sprach der Meister zu ihm, „ich mag keine Wichtigtuerei. Ich bin auf dem Gipfel meiner Kunst: Reiten im Schritt und dies fehlerlos." (GS 11, 163)

Wenn Klischees nicht jeglicher Wahrheit entbehren, mag die Annahme erlaubt sein, Adornos Rede von „chinesischer Schönheit" mit Bezug auf diese Anekdote, die er einem Text von Paul Valéry entnimmt, sei ebenfalls nicht gänzlich unberechtigt. Adorno bemerkt dazu, Unmittelbares und Einfaches sei „für Hegel wie für Valéry nicht das Erste sondern Resultat einer Vermittlung". Weil Valéry „das Unmittelbare als vermittelt durchschaut, so ist er offen fürs Unmittelbare als telos der Vermittlung. Das ist ihm Kultur." (GS 11, 163) Ein solches Verständnis von Kultur kommt Lehren der Selbstkultivierung nahe, die in klassischen chinesischen Texten immer wieder hervortreten. Allerdings entsteht sogleich der Verdacht, das Paradigma bürgerlicher Subjektivität sowie der für dieses konstitutive Widerspruch von Markt und Autonomie, von Nützlichkeit und Nutzlosigkeit könnte ein begriffliches Werkzeug sein, das bei dieser Anekdote kaum greift. Welchen Sinn hat es, davon zu sprechen, der alte Rittmeister habe sich vom Prinzip der Nützlichkeit befreit, da doch eine Kontinuität zu bestehen scheint zwischen der Reitkunst, mit der er in jüngeren Jahren Anderen von Nutzen war, und der höchsten Stufe der Kultivierung dieser Kunst, die er im Alter erreicht zu haben meint? Nutzen und Nutzlosigkeit bilden hier keinen dialektischen Gegensatz, der schließlich in einer Einheit der Gegensätze aufgehoben werden müsste oder könnte. Vielmehr sind beide Momente immer schon paradox ineinander verknotet. Zugleich eröffnet der Knoten Wege der Kultivierung: nämlich Wege, ihn „durch Nicht-Lösung zu lösen"[55].

Von daher scheint auch Adornos Rede davon, „aus Freiheit Möglichkeiten ungenützt" zu lassen (GS 4, 179), die Situation des alten Rittmeisters nicht recht zu treffen, da dieser sich doch keineswegs im Nichtstun versucht, darin, „auf dem Wasser [zu] liegen und friedlich in den Himmel [zu] schauen", darin, nur zu sein, „ohne

[55] Heubel, *Chinesische Gegenwartsphilosophie zur Einführung*, 201.

alle weitere Bestimmung und Erfüllung". Es geht ihm keineswegs darum, solch bestimmungsloses Sein „an die Stelle von Prozeß, Tun, Erfüllen treten" zu lassen; vielmehr offenbart sich in der höchsten Reitkunst eine bestimmte Qualität gelingenden Tuns, eines paradoxen Tuns, das zugleich ein Lassen ist: eines Tuns, das fähig ist zum Tun ohne Tun, das heißt zu einem Tun, das kein aktives, zweckhaftes, zielorientiertes Tun ist, sondern Ohne-Tun, *Untun*. Die Anekdote zeigt allerdings auch, wie voraussetzungsvoll die Wahrnehmung dieser Qualität des Tuns ist, weil sie der unerfahrenen Beobachtung leicht als allzu einfach erscheinen muss: als Unvermögen und Unvollkommenheit. Von daher ist es kein Zufall, dass in der Anekdote die hohe Kunst des Meisters gerade von seinem „Lieblingsschüler" verstanden wird, der selber „ein junger Rittmeister und glanzvoller Reiter" ist und ein solcher sein muss, um wahrnehmen zu können, inwiefern die Verschmelzung von Pferd und Reiter, die er sieht, den Gipfel der Reitkunst bedeutet. Der Schüler weiß um die vielfältigen Möglichkeiten der Reitkunst, die der Meister ihm während seiner einfach anmutenden Darbietung *nicht* zeigt; um die langjährige Übung, die sich in dem scheinbaren Unvermögen verbirgt, das ja zudem noch durch den Eindruck altersbedingter Schwäche verstärkt wird, da dem Alten aufs Pferd geholfen werden muss. Offen zu sein fürs „Unmittelbare als telos der Vermittlung" bedeutet also, sich für ein Ziel zu öffnen, das nicht mit dem Willen erreicht werden kann, das sich der Zweckorientierung willensgeleiteten Handelns entzieht. Weil der bloße „Wille zum Einfachen in der Kunst [...] immer tödlich" ist, wie Valéry betont, bedarf das Gelingen der hohen Kunst der Einfachheit einerseits ästhetischer Askese – der Vermittlung –, zugleich ist das Ziel der Einfachheit – die Unmittelbarkeit – jedoch nur zu erreichen, wenn der subjektive Wille von der Verbohrtheit ablässt, dieses Ziel unbedingt erreichen zu wollen, wenn also das Wollen in ein Lassen transformiert wird, so dass sich das Ziel scheinbar natürlich, wie *von selbst* erfüllen kann. Lässt sich eine solche Haltung noch im Paradigma „bürgerlicher Subjektivität" ausdrücken?

Der alte Meister der Anekdote reitet weder bloß um des Reitens willen, noch reitet er bloß für Andere, vielmehr nutzt – oder besser braucht und gebraucht – er das Pferd, um sich auf eine Weise zu kultivieren, die ihn dazu führt, die eingeübte Virtuosität seiner Kunst nicht länger zur Schau stellen zu müssen. Kunst geht in einen

Weg über, den ein Mensch für sich, um des Weges willen begeht. Er findet für sich einen Weg, der äußere Anforderungen und innere Bildung miteinander versöhnt. Dadurch vermag er als Modell auf andere Menschen zu wirken. Aber ist das Begehen des Weges der Kultivierung um des Weges willen damit nicht doch für Andere nützlich und erweist sich als etwas, was letztlich doch in Begriffen bürgerlicher Subjektivität und bürgerlicher Kunst fassbar bleibt? Diese Korrespondenz ist schwer zu leugnen. Gleichwohl dürften die bisherigen Überlegungen nahelegen, das Vokabular von Nützlichkeit und Nutzlosigkeit für einen Moment beiseite zu lassen, um es versuchsweise durch dasjenige von Gebrauch und Ungebrauch (Unbrauchbarkeit) zu ersetzen. Diese sprachliche Verschiebung scheint mir notwendig zu sein, um von dem, was Adorno „bürgerliche Subjektivität" nennt, zum Paradigma „transformativer Subjektivität" übergehen zu können.[56]

2. Nutzen und Gebrauch

Vor diesem Hintergrund möchte ich zu dem von Richard Wilhelm „Die Notwendigkeit des Unnötigen" überschriebenen Gespräch zweier chinesischer Denker zurückkommen (*Zhuāngzǐ* 26.7), das Heidegger im *Abendgespräch* zitiert. Nachdem ich im ersten Kapitel wenig über mein Verständnis dieses Gesprächs gesagt habe, gehen die folgenden Erörterungen von einem eigenen Übersetzungsvorschlag aus. Dieser mag zunächst seltsam wirken, wird aber hoffentlich im weiteren Verlauf dieses Kapitels verständlicher werden:

> Huìzǐ sagte zu Zhuāngzǐ und sprach: „Eure Worte sind unbrauchbar."
> Zhuāngzǐ sprach: „Wissen um Ungebrauch [oder: um das Unbrauchbare, um Ohne-Gebrauch, um das Ungebrauchte] ist Voraussetzung dafür, um anfangen zu können, über Gebrauch [Brauchbarkeit] zu reden. Die Erde ist mitnichten nicht weit und groß, aber was ein Mensch davon

[56] Siehe Heubel, „Das transformative Subjekt", Kapitel V. in *Chinesische Gegenwartsphilosophie zur Einführung* und „Entdramatisierung der Subjektivität. Über das Buch *Zhuāngzǐ* als Quelle für eine Demokratie der Zukunft", in: *Bochumer Jahrbuch zur Ostasienforschung* 38, München: Iudicium 2015, 63–88.

gebraucht [braucht], ist bloß ausreichend Platz für die Füße. Entsteht nun um die Füße ein Riss bis hinab zu den gelben Quellen, ist dann der Platz noch zu gebrauchen?“

Huìzǐ sprach: „Unbrauchbar.“

Zhuāngzǐ sprach: „Nun dann ist klar, inwiefern Ungebrauch [Unbrauchbarkeit] gebraucht wird.“[57]

Zunächst fällt auf, dass ich von Gebrauch und Ungebrauch oder Brauchbarkeit und Unbrauchbarkeit spreche, um die chinesischen Zeichen yòng 用 und wú yòng 無用 zu übersetzen. Damit entscheide ich mich ganz bewusst sowohl gegen Wilhelms Rede von Notwendigkeit und von Unnötigem als auch gegen die sonst im Deutschen verbreitete Übersetzung als Nutzen oder Nützlichkeit einerseits und Nutzlosigkeit oder dem Unnützen andererseits.[58] Im

[57] 惠子謂莊子曰：「子言無用。」莊子曰：「知無用而始可與言用矣。夫地非不廣且大也，人之所用容足耳。然則廁足而墊之，致黃泉，人尚有用乎？」惠子曰：「無用。」莊子曰：「然則無用之為用也亦明矣。」Die Übersetzung von Richard Wilhelm wurde bereits in Kapitel I zitiert (siehe Fußnote 24). In der englischen Übersetzung von Brook Ziporyn, die ich für philosophisch besonders bedeutsam halte, heißt es: Huizi said to Zhuangzi, “Your words are useless.” Zhuangzi said, “It is only when you know uselessness that you can understand anything about the useful. The earth is certainly vast and wide, but a man at any time uses only as much of it as his two feet can cover. But if you were to dig away all the earth around his feet, down to the Yellow Springs, would that little patch he stands on be of any use to him?” Huizi said, “It would be useless.” Zhuangzi said, “Then the usefulness of the useless should be quite obvious.” (Brook Ziporyn (Übers.), *Zhuangzi: The Essential Writings* with selections from traditional commentaries, translated, with introduction and notes, by Brook Ziporyn, Indianapolis: Hackett 2009, 112)

[58] Viktor Kalinke übersetzt: Huizi sprach zu Zhuangzi: „Du sprichst vom Nutzlosen.“ Zhuangzi sprach: „Wer das Nutzlose kennt, fängt an, auch über das Nützliche sprechen zu können. Ist die Erde nicht ohne Zweifel weit und groß, doch der Mensch nutzt nur einen Fußbreit von ihr. Wenn sie plötzlich von den Füßen bis zu den Gelben Quellen aufreißen würde, würde irgendein Mensch sie dann noch nützlich finden?“ Huizi sprach: „Sie wäre nutzlos.“ Zhuangzi sprach: „So wird erst anhand des Nutzlosen auch das Nützliche sichtbar.“ (Übersetzung in Viktor Kalinke (Hg.), *Zhuangzi*, Leipzig: Leipziger Literaturverlag 2019 [2., verbesserte Auflage], 591f.) Eine andere Übersetzung lautet: Meister Hui sagte zu Meister

Sinne des oben zum Prinzip der Nützlichkeit Gesagten, soll damit zunächst vermieden werden, dass durch eine solche Übersetzung die Bedeutung des Textes sogleich in den Umkreis „bürgerlicher Subjektivität" hineingesogen wird. Das wäre keineswegs grundsätzlich falsch, sorgt aber doch an einem entscheidenden Punkt für sprachliche Unklarheit. Denn dann droht die Frage sogleich wieder zu verschwinden, ob nicht yòng 用 und wú yòng 無用 philosophisch in die Richtung eines anderen Denkweges, eines anderen Paradigmas der Subjektivität weisen.

Im ersten Kapitel habe ich mich weitgehend auf den Gebrauch konzentriert, den Heidegger im *Abendgespräch* von Wilhelms Übersetzung gemacht hat, und bin dabei von der Annahme ausgegangen, dass das darin zum Ausdruck kommende Verhältnis von Übersetzung und Deutung philosophisch ernst genommen zu werden verdient. Dabei ist bereits die Frage erörtert worden, ob es sich bei Heideggers Gebrauch nicht um einen Missbrauch handelt, durch den das Buch *Zhuāngzǐ* gewaltsam in eine Angelegenheit hineingezogen worden ist, mit der es nichts zu tun hat, ja nichts zu tun haben kann, nicht nur weil Zhuāngzǐ von Nationalsozialismus und völkischem Nationalismus Tausende von Jahren trennen, sondern weil zudem davon ausgegangen werden kann, dass diese dem Geist dieses Buches fremd und zuwider sind. Ich möchte jedoch darauf verzichten, Heidegger bloß missbräuchliche Gewaltsamkeit vorzuhalten, zu dem ihn Wilhelms philologisch problematische Übersetzung ermutigt haben mag.

Zhuang: „Mein Herr, Eure Worte sind nutzlos." „Man kann erst anfangen, mit jemandem über das Nützliche zu sprechen, wenn er das Nutzlose erkannt hat", sagte Meister Zhuang. „Die Erde ist zweifellos groß und weit, doch um darauf stehen zu können, braucht der Mensch gerade soviel davon, wie seine Füße bedecken. Würde man die Erde um seine Füße herum jedoch bis hinab zu den Gelben Quellen abtragen, wäre ihm der Platz noch zu irgendetwas nütze?" „Er wäre nutzlos", sagte Meister Hui. „Das zeigt wohl deutlich die Nützlichkeit des Nutzlosen", sagte Meister Zhuang. Siehe Victor Mair (Hg.), Stephan Schuhmacher (Übers.): *Zhuangzi. Das Buch der Spontaneität. Über den Nutzen der Nutzlosigkeit und die Kultur der Langsamkeit*, herausgegeben und aus dem Chinesischen ins Englische übersetzt von Victor Mair, aus dem Englischen übersetzt von Stephan Schuhmacher, Oberstdorf: Windpferd 2013, 313f.

In dem kurzen Gespräch von *Zhuāngzǐ* 26.7 übersetze ich das entscheidende Zeichen yòng 用 durchgängig mit Gebrauch, brauchen oder Brauchbarkeit, während Wilhelm dafür vier verschiedenen Worten verwendet: notwendig (Notwendigkeit), nötig, brauchen (Brauchbarkeit) und nützen. Verwandte Stellen im Buch *Zhuāngzǐ* gibt er darüber hinaus noch mit verwenden/Verwendung und Anwendung wieder. Das korrespondierende wú yòng 無用 wird bei Wilhelm durch „zu nichts nütze", „unbrauchbar", „zu nichts zu gebrauchen", „nutzlos", „unnütz", „unnötig (das Unnötige)" wiedergegeben. Es scheint mir wenig vielversprechend zu sein, im Einzelnen der Frage nachzugehen, warum Wilhelm diese beiden Schriftzeichen im Zusammenhang verschiedener Textstellen derart unterschiedlich übersetzt. Offenbar ist, dass Wilhelm das Schriftzeichen yòng 用 nicht für einen philosophischen Begriff gehalten hat, dessen Bedeutung durch eine einheitlichere Übersetzung hätte ausgedrückt werden müssen.

Außer dem bereits angedeuteten philosophischen Grund für die Übersetzung als Gebrauch – und nicht als Nützlichkeit oder Nutzen – gibt es einen weiteren, der auf den ersten Blick eher philologischer Natur ist. Durch diese Übersetzung entsteht im Verhältnis von chinesischer und deutscher Sprache der Konflikt mit einem anderen Begriff, den Wilhelm ebenfalls – und zwar mit viel größerer Berechtigung, wie mir scheint – mit Nutzen und Nützlichkeit übersetzt, nämlich lì 利. Liest man den ersten Abschnitt des dem Philosophen Mèngzǐ (Menzius) – nach Konfuzius wichtigste Figur des antiken Konfuzianismus – zugeschriebenen gleichnamigen Buches, dem Wilhelm die Überschrift „Vom Schaden des Nützlichkeitsstandpunkts" gegeben hat, legt die deutsche Übersetzung einen Bezug zur Kritik der Nützlichkeit im *Zhuāngzǐ* nahe.[59] Dieser Bezug

[59] Siehe Richard Wilhelm (Übers.), *Mong Dsï* [Mèngzǐ] (Meng K'o), *Die Lehrgespräche des Meisters Meng K'o*, aus dem Chinesischen verdeutscht und erläutert von Richard Wilhelm, Jena: Diederichs 1916, 41. Die Stelle (*Mèngzǐ* 1A1) beginnt wie folgt: „Mong Dsï trat vor den König Hui von Liang. Der König sprach: ‚Alter Mann, tausend Meilen waren Euch nicht zu weit, um herzukommen, da habt Ihr wohl auch einen Rat für mich, um meinem Reich zu nützen.' Mong Dsï erwiderte und sprach: ‚Warum wollt Ihr durchaus vom Nutzen reden, o König? Es gibt doch auch den Standpunkt, daß man einzig und allein nach Menschlichkeit und Recht fragt.

wird jedoch durch die deutsche Übersetzung auf irreführende Weise erzeugt: Im Chinesischen ist die begriffliche Unterscheidung zwischen Nutzen (lì 利) und Gebrauch (yòng 用) nicht nur unverkennbar, sondern noch dazu von so herausragender philosophischer Relevanz, dass sie in der Übersetzung nicht verwischt werden sollte. Im Buch *Mèngzǐ* wird das Streben nach Nutzen kritisiert und der „Schaden des Nützlichkeitsstandpunkts" betont, um diesem sodann den Standpunkt von Menschlichkeit und Gerechtigkeit entgegenzusetzen.[60] Darin zeigt sich in aller Deutlichkeit, dass es im Begriff des Nutzens (lì 利) vor allem um die moralische und ökonomische Frage des Wertes von Egoismus und Eigennutz geht, also um eine allgemeine Haltung der Gewinn- oder Profitorientierung, die nicht nur aus konfuzianischer, sondern auch aus daoistischer Perspektive problematisiert wird.

Zur Bestimmung von yòng 用 lässt sich also vorerst sagen, dass Nutzen (und Nützlichkeit) dem Gebrauch untergeordnet ist, insofern Nutzen einen ausschließlich ziel- und zweckorientierten Gebrauch (Brauchbarkeit, Anwendbarkeit) bezeichnet, während Gebrauch im umfassenderen Sinne deutlich darüber hinausweist. Gebrauch kann zwar auch ziel- und zweckorientiert sein und das Streben nach eigenem Vorteil oder Gewinn bezeichnen – das ist die Bedeutung von „Nutzen" (lì 利) im *Mèngzǐ* –, aber yòng 用 (Gebrauch) hat zudem eine grundlegendere Bedeutung, insofern damit ein *Ding- und Weltgebrauch* gemeint ist, durch den Grundfunktionen des Lebens genährt und unterhalten werden – gebraucht wird die Luft zum Atmen, das Haus zum Wohnen, der Becher zum Trinken, das Messer zum Schneiden, Stäbchen zum Essen, der Pinsel zum

Denn wenn der König spricht: Was dient meinem Reiche zum Nutzen? so sprechen die Adelsgeschlechter: Was dient unserm Hause zum Nutzen? und die Ritter und Leute des Volks sprechen: Was dient unserer Person zum Nutzen? Hoch und Niedrig sucht sich gegenseitig den Nutzen zu entwinden, und das Ergebnis ist, daß das Reich in Gefahr kommt.'"

60 Ebd., 1.

Schreiben (yòng bǐ 用筆). Darüber hinaus durchzieht solcher Gebrauch das kommunikative Verhältnis von Menschen zu sich selbst, zu Mitmenschen und zur Mitwelt.[61]

3. Un-gebrauch

Es gibt noch einen weiteren Grund, der für die Übersetzung von yòng 用 als Gebrauch spricht. Dieser reicht tief in die chinesische Philosophiegeschichte hinein. Es scheint berechtigt zu sein, in diesem Zusammenhang von einem *ontologischen* Grund zu sprechen. Denn begriffsgeschichtlich betrachtet ist *Gebrauch* im Chinesischen ein Schlüsselbegriff, der nicht nur in einflussreichen Wendungen wie *Ungebrauch* (Unbrauchbarkeit) vorkommt, sondern auch mit dem Verhältnis von Wesen und Gebrauch (tǐ 體/yòng 用) verknüpft ist – běntǐlùn 本體論 (wörtlich: Lehre vom Wurzelwesen) ist eine moderne chinesische Übersetzung für „Ontologie". Die Übersetzung von wú yòng 無用 als Ungebrauch oder Unbrauchbarkeit wird in ihrer philosophischen Bedeutung ahnbar, wenn der unscheinbaren Vorsilbe *Un-* größere Aufmerksamkeit geschenkt wird. Im Deutschen führt die Verwandtschaft von un- und ohn- (ohne) einen Schritt weiter: aus Unbrauchbarkeit wird dann Ohn-brauchbarkeit, Ohngebrauch, ohne Gebrauch, Un-gebrauch oder schlicht Ungebrauch. Im klassischen Chinesisch kann wú 無 zudem noch nominalisiert verwandt werden, was sich im Deutschen nur schwierig ausdrücken lässt: Das Ohne oder Ohne-Sein bezeichnet dann

61 Yòng 用 wird in englischen Übersetzungen durchweg mit use oder usefulness übersetzt, woraus dann im Deutschen in der Regel Nutzen oder Nützlichkeit wird. Die Beschränktheit dieser Übersetzung aus dem Englischen ins Deutsche wird klar, sobald man sich vorstellt, Buchtitel wie *L'usage des plaisirs / Der Gebrauch der Lüste / The Use of Pleasure* (Michel Foucault) oder *Der Gebrauch der Körper / The Use of Bodies* (Giorgio Agamben) würden im Deutschen mit „Nutzen der Lüste" oder „Nutzen der Körper" übersetzt. Auch in westlichen Sprachen ist aus dem deutschen Wort Gebrauch, dem englischen use und dem französischen usage längst ein vielschichtiger philosophischer Begriff geworden, zu dessen Formierung Heidegger entscheidend beigetragen hat und an den auch meine Diskussion anknüpft.

eine Leere, ein Leersein, das dem Etwas oder Mit-Sein / Etwas-Sein (yǒu 有) gegenübersteht.

Nun stellt sich die Frage, was dieses Verständnis von Gebrauch und Ungebrauch im Hinblick auf die Resonanz zwischen Heidegger und daoistischem Denken bedeutet? Denn offenbar besteht eine strukturelle Verwandtschaft zwischen Heideggers Erörterung der ἀλήθεια (aletheia, „Wahrheit") in der Sprache von Verborgenheit und Un-verborgenheit mit der Rede von Gebrauch und Un-gebrauch. In verschiedenen Texten kommt er wiederholt auf die sprachliche Besonderheit des „ἀ-" oder „Un-" in ἀ-λήθεια zu sprechen, das für seinen Versuch unverzichtbar ist, die „ganz andere Denkweise" der drei großen Vorsokratiker Anaximander, Parmenides und Heraklit herauszustellen, die er als „gegenwendige" bezeichnet (GA 55, 33; siehe auch entsprechende Stellen aus *Der Ursprung des Kunstwerkes* [GA 5, 42, 51], aus der *Einführung in die Metaphysik* [GA 40, 142, 158, 171, 175] oder aus *Parmenides* [GA 54, 19–23]). Eine solche nicht-dialektische und nicht-metaphysische Denkweise ist deshalb nicht auf das Subjekt-Objekt-Verhältnis gegründet.[62] Sinologen haben vielfach, zumeist in kritischer Absicht, „das chinesische Denken" als eines gedeutet, dem der „Subjekt-Objekt-Gegensatz" mangelt, und darin einen wichtigen Unterschied zwischen griechischem (westlichem) und chinesischem (östlichem) Denken auszumachen versucht.[63] Heideggers Behauptung vom „Fehlen des Subjekt-Objekt-Verhältnisses im Griechentum" gibt dieser Thematik eine eigentümliche Wendung, die nicht nur den Gegensatz von Ost und West unterläuft, sondern vor allem erahnen lässt, was bei der Korrespondenz zwischen vorsokratischem und daoistischem Denken auf dem Spiel steht: Es geht um die Möglichkeit, paradigmatisch auseinanderweisende Wege, große geistige Traditionen in China und in Europa aufeinander zu beziehen. Wäh-

62 Siehe etwa GA 34, 10f.; GA 54, 20; GA 78, 181. Zu erinnern ist auch an andere Un-worte, mit denen Heidegger arbeitet: etwa Fug und Un-fug, Wesen und Un-wesen, das Geheure und das Un-geheure (GA 54, 149).

63 Siehe Heiner Roetz, *Mensch und Natur im alten China, Zum Subjekt-Objekt-Gegensatz in der klassischen chinesischen Philosophie,* Frankfurt am Main, Bern, New York: Lang 1984. In diesem Buch wird das „Klischee" vom Fehlen des Subjekt-Objekt-Verhältnisses in der chinesischen Philosophie scharf kritisiert.

rend Heidegger versucht hat, das anfängliche und wesensnahe Denken der Vorsokratiker von Subjektivität und Metaphysik zu befreien, hat Móu Zōngsān 牟宗三, einer der herausragenden konfuzianischen Philosophen des 20. Jahrhunderts, gleichzeitig genau das Gegenteil für die chinesische Seite unternommen: er hat sich bemüht, die subjektphilosophischen und metaphysischen Aspekte chinesischsprachigen Philosophierens hervorzukehren. Wenn es also in transkultureller Philosophie vermintes Gelände gibt, führt die Frage nach dem Subjekt-Objekt-Verhältnis sicherlich in ein solches.

Heideggers Betonung des Alpha-Privativum, des „ἀ-" in ἀλήθεια und des „Un-" in Un-verborgenheit, aus der er weitreichende Folgerungen zum Ende der Philosophie und zur Aufgabe des Denkens entwickelt hat, ist unter Philologen umstritten – auch wenn Heidegger keineswegs der Erste war, der ἀλήθεια in diesem Sinne verstanden hat.[64] Dass diese sprachliche Annäherung nicht ohne Gewaltsamkeit ist, hat Heidegger zugestanden. Darüber hinaus hat er sich zuweilen auf die Auffassung zurückgezogen, er habe damit ja vor allem etwas zu denken versucht, was bei den Griechen selber noch ungedacht, also auch bei ihnen nicht mehr als eine verborgene Denkmöglichkeit geblieben ist. Gadamer geht soweit zu sagen, Heideggers Verständnis von „Physis" und von „Aletheia" sei „nicht mehr griechisch gedacht". Wird eine solche Möglichkeit zugestanden, stellt sich die Frage: wenn nicht mehr *griechisch*, wie dann? *Deutsch* vielleicht? Denkt Heidegger dort deutsch, wo er nicht mehr griechisch denkt? Träumt er von der Größe deutschen Dichtens und Denkens, gar von der Rettung des abendländischen Denkens durch das deutsche, durch sein eigenes? Oder könnte es nicht sein, dass er dort, wo er nicht mehr griechisch denkt, *chinesisch* zu denken beginnt? Ist es überhaupt noch sinnvoll, griechisches, deutsches und chinesisches Denken zu unterscheiden? Gadamer ergänzt seine eben zitierte Bemerkung nicht ohne Ironie wie folgt: „Aber dieser kühne Denkversuch Heideggers hat uns gelehrt, die Griechen griechischer zu denken."[65] Meiner Erfahrung nach würde

64 Siehe Holger Helting, „Ἀλήθεια", in: Hans-Joachim Günther und Antonios Rengakos, *Heidegger und die Griechen*, Beck: München 2006, 48–50.
65 Hans-Georg Gadamer, „Die Griechen", in: *Heideggers Wege*, 128.

so mancher chinesische Philosoph ohne Bedenken einer veränderten Version dieses Satzes zustimmen: Dieser kühne Denkversuch Heideggers hat uns gelehrt, *die Chinesen chinesischer zu denken* – nachdem China seit dem 19. Jahrhundert auch in geistiger und kultureller Hinsicht von der westlichen Moderne herausgefordert und überrollt worden ist, ermöglicht Heideggers radikale Kritik der westlichen Moderne, ja des abendländischen Denkens seit Sokrates und Platon überhaupt, die erneute Hinwendung zu lange verschütteten und verworfenen chinesischen Quellen.

Aus chinesischer Perspektive ist die Frage nach der Richtigkeit von Heideggers Deutung vor allem im Hinblick auf diese verborgene Denkmöglichkeit sowohl im griechischen Denken als auch im Denken Heideggers interessant. Die philologische Debatte scheint demgegenüber zweitrangig zu sein. Ja der wiederholt gegen Heidegger vorgebrachte Vorwurf der philologischen Gewaltsamkeit lässt sich sogar als bedeutender Hinweis auf Gedankenexperimente verstehen, die Heidegger zwar immer wieder mit Hilfe griechischer Quellen vorangetrieben hat, in denen er jedoch die Grenzen antiken griechischen Denkens ausgetestet, wenn nicht immer wieder bewusst oder unbewusst überschritten hat. Wäre das, was Heidegger nicht ohne Gewaltsamkeit den griechischen Quellen abringen konnte, ihm aus chinesischen nicht reichlicher zugeflossen? Hätte er denn zu diesen einen ähnlich guten Zugang gefunden wie zu den griechischen? Während es nicht schwer ist, in antiken chinesischen Texten Anklänge an ein Verständnis von Wahrheit als Verhältnis von Verborgenheit und Unverborgenheit zu finden, haben sich Generationen von modernen chinesischen Philosophen darum bemüht, dort Spuren von Wahrheit als (logischer) Richtigkeit zu suchen. Über Heideggers Erörterung der Gegenwendigkeit von Verborgenheit und Unverborgenheit, von Verbergung und Entbergung oder von Dunkel und Lichtung hinaus drängt sich die Vermutung auf, dass etwas, was Heidegger mühselig und windungsreich in Erörterungen des griechischen Wortes ἀλήθεια auszudrücken versucht hat, in der Sprache des philosophischen Daoismus erheblich weitergehend verwirklicht und strukturell verankert ist. Zu denken ist dabei vor allem an wichtige Wendungen wie wú yòng (Ungebrauch 無用), wú wéi (Un-tun 無為), wú míng (Un-name 無名) oder wú wèi (Un-geschmack 無味). In dem paradoxen Denken, das darin zum Ausdruck kommt, scheint das gegenwendige „Un-“ im

Sinne des „wú (無)“ so vielfältig und systematisch entfaltet worden zu sein, dass Heideggers Gedanken plötzlich nicht mehr abwegig und randständig wirken, sondern durchaus so weitreichend und zukunftsträchtig, wie es in seinem Brief an Jaspers aus dem Jahre 1949 angedeutet wird.

Wie lässt sich der Schritt oder vielmehr Sprung von der Betonung des griechischen „ἀ-“ oder „Un-“ in ἀ-λήθεια oder Un-verborgenheit hin zum chinesischen „Un-“ oder „wú (無)“ in wú yòng 無用 oder Un-gebrauch zumindest annäherungsweise erläutern? Dazu zunächst ein längeres Zitat, in dem Heidegger der griechischen Seite nachgeht:

Die Griechen verstanden das, was wir das Wahre nennen, als das Un-verborgene, nicht mehr Verborgene; das, was *ohne* Verborgenheit ist, mithin das der Verborgenheit Entrissene, ihr gleichsam Geraubte. Das Wahre ist also für den Griechen etwas, was ein Anderes, nämlich Verborgenheit, nicht mehr an sich hat, davon befreit ist. Daher hat der griechische Ausdruck für Wahrheit, seiner Bedeutungsstruktur und auch seiner Wortstruktur nach, einen grundsätzlich anderen Gehalt als unser deutsches Wort ‚Wahrheit‘ und charakteristischerweise auch schon der lateinische Ausdruck ‚veritas‘. Es ist ein *privativer* Ausdruck. Die Struktur der Bedeutung und die Wortprägung von ἀλήθεια deckt sich nicht, aber entspricht der des deutschen Wortes ‚Unschuld‘ im Unterschied von ‚Schuld‘, wo das negative Wort das Positive darstellt (von Schuld frei) und das positive Wort das Negative (Schuld als einen Mangel). So ist, für den Griechen, auch Wahrheit ein Privativum.

Und Heidegger ergänzt: „Merkwürdig, daß ‚wahr‘ bedeutet: was etwas *nicht* mehr hat.“ (GA 34, 10–11)

In jeder Übersetzung kommt unvermeidlich das Verständnis eines Textes zum Ausdruck, das der Übersetzer zu einem bestimmten Zeitpunkt hatte. Richard Wilhelm etwa hat die Arbeit an der Übersetzung des Buches *Lǎozǐ* auch nach der Erstveröffentlichung fortgesetzt, so dass nun verschiedene Versionen davon in Umlauf sind, die sich teilweise deutlich unterscheiden. Darin zeigt sich ein Anspruch an die philosophische Übersetzung eines klassischen Textes, der mit Heideggers Übersetzungen aus dem Griechischen insofern korrespondiert, als der Vorgang der Übersetzung selber Teil eines philosophischen Weges ist, der nicht an einem bestimmten Punkt zum Abschluss kommt, sondern sich unterwegs beständig wandelt, indem er zwischen zwei oder mehr Sprachen *über*-setzt. Über-*setzung* verlangt jedoch zugleich immer auch Setzungen, die den Vorgang sprachlicher Suche unterbrechen und, wie immer vorläufig, bestimmte Worte festlegen. Den Vorschlag, wú yòng 無用 als *Ungebrauch* zu übersetzen, verstehe ich in diesem Sinne als vorläufige Festlegung, die sich in deren Fruchtbarkeit oder einfach pragmatisch in deren Gebrauch zu erweisen hat. Auf dieses Wort bin ich schon gekommen, lange bevor ich Heideggers Überlegungen zum „Un-" kennengelernt habe. Sie waren allerdings entscheidend, um diese Übersetzung in ihrer philosophischen Bedeutung zu verstehen und sie ernsthaft in Erwägung zu ziehen.[66]

Für Ungebrauch gilt wie für Unverborgenheit, dass „das negative Wort das Positive darstellt". Das was *ohne* Gebrauch ist, ist nicht einfach da, ist vielmehr der Freiheit zum Ungebrauch entsprungen, ist aus der ironischen Negation der Nötigung zum Gebrauch und zur Brauchbarkeit geboren. Zhuāngzǐs ironische Antwort auf den zunächst recht ernst und durchaus nicht-ironisch daherkommenden Vorwurf, unbrauchbar zu sein, weist in diese Richtung. Wohl kann kaum Zweifel darüber bestehen, dass der wahre Weg der Daoisten durch die Schule der Unbrauchbarkeit führt. Bei der Verneinung des Gebrauchs bleibt Zhuāngzǐ jedoch nicht stehen. Das ist ebenso offenbar. Er ist kein Adept der Nichtsnutzigkeit und des Nichtstuns, wie wú yòng 無用 und wú wéi 無為 auch übersetzt werden können – für Philosophen und andere Nichtsnutze von Beruf ist das vielleicht etwas enttäuschend, weil sie in ihm so keinen bedingungslosen Fürsprecher finden. Stattdessen sind Gebrauch und Ungebrauch „gegenwendig" aufeinander bezogen. Ungebrauch wendet sich sicherlich vielfach kritisch, ironisch oder gar polemisch gegen Gebrauch, gegen die allgegenwärtige Nötigung zur Brauchbarkeit.

Andererseits jedoch kann – paradoxerweise – allein durch Ungebrauch das bewahrt und verwirklicht werden, was Gebrauch und Brauchbarkeit zunächst beabsichtigt und bezweckt haben mögen, ohne es jedoch erreichen zu können. Gelungener Gebrauch

[66] Heidegger erörtert immer wieder die Frage des Übersetzens, siehe etwa GA 54, 16–20.

braucht das Ungebrauchtseinlassen, wie auch vollkommener Ungebrauch den Gebrauch als sein eigenes „Gegenwesen“ in sich trägt. Was Heidegger zur „Mehrfältigkeit der Bedeutung der Vorsilbe ‚Un-‘“ in Un-verborgenheit sagt, scheint durchaus zur Erhellung von wú yòng 無用 als Un-gebrauch beizutragen: „In der Un-verborgenheit selbst west noch diese Gegnerschaft. Im Wesen der Wahrheit als der Un-verborgenheit waltet irgendeine Art von Streit mit der Verborgenheit und der Verbergung.“ (GA 54, 20) Auf ähnliche Weise lässt sich sagen, dass die „Gegnerschaft“, das streithaft-gegenwendige Verhältnis von Ungebrauch und Gebrauch, nicht nur nicht beseitigt oder überwunden werden kann, sondern vielmehr Dreh- und Angelpunkt für das paradoxe Kommunizieren der beiden Momente und damit für die Kultivierung des Weges (des dào 道) ist.

Das wird klarer, wenn der Sinn von „Un-“ oder „Ohne-“ im chinesischen Kontext genauer erörtert wird. Seine weitreichende, durchaus ontologisch zu nennende Bedeutung wird verständlicher, wenn bedacht wird, dass wú yòng 無用, verstanden als Un-gebrauch oder Ohne-Gebrauch, auch umgekehrt Sinn macht: als *Gebrauch des Ohne*. Es ist möglich, vom *Ohne* Gebrauch zu machen (yǐ wú wéi yòng 以無為用).

Herausragendes Beispiel für eine solche Bedeutung ist das elfte Kapitel des *Lǎozǐ*, dessen Verständnis spätestens im klassischen Kommentar von Wáng Bì 王弼 aus dem dritten Jahrhundert ausdrücklich für eine solche Dimension geöffnet worden ist. *Lǎozǐ* 11 sagt, dass ein (Trink-) Gerät oder Gefäß aus weichem Ton geformt wird, aber nur gebraucht werden kann, wenn es leer oder ohne ist; ebenso bringt ein Haus in seinem materiellen Etwas-Sein – als Habe – Nutzen oder Gewinn, aber nur aufgrund seines Ohne, aufgrund der Leere des Hauses, kann von ihm Gebrauch gemacht werden. Das Ohne eines Hauses zu gebrauchen bedeutet, es dort bewohnen zu können, wo es leer ist; umgekehrt ist ein Haus, das im Inneren mit Dingen ausgefüllt und zugestellt ist oder bereits von anderen Menschen besetzt ist, nicht als Wohnort zu gebrauchen. Damit werden *Figuren des Ohne* ahnbar, die weder verzweifelte „Figuren des

Nichts“[67] sind, noch das „orientalische Nichts“ verklären, „das stumme, starre, taube Sich-Ergeben, Sich-Vergessen, Sich-Auslöschen“.[68]

Im elften Kapitel des *Lǎozǐ* findet sich nicht jenes Lob von Unbrauchbarkeit und freiem Wandern, das Zhuāngzǐ vorbringt, vielmehr geht es darum, dass das Ohne, das Leersein nötig ist, um von einem bestimmten Etwas, einer bestimmten materiellen Habe überhaupt Gebrauch machen zu können. Von einem Haus oder einem Gefäß, das vollgefüllt ist, lässt sich kein Gebrauch machen. Aller Gebrauch, so lässt sich die damit verbundene ontologische Behauptung zusammenfassen, hat den Gebrauch des Ohne nötig, um überhaupt Gebrauch werden zu können. Aller Gebrauch, so scheint damit behauptet zu werden, braucht den Ungebrauch. Entsprechend geht es im *Zhuāngzǐ* weniger um ein Lob der Unbrauchbarkeit an sich, als um die Kunst, Unbrauchbares zu gebrauchen und damit auch um die Kunst, vom Ohne Gebrauch zu machen: es geht um die Kunst des Ungebrauchs. Das schließt ein Lob der Nichtsnutzigkeit, der Faulheit, der Muße und des Nichtstuns nicht aus, verstanden als Gegensatz zu Nützlichkeit, Arbeit, Anstrengung und Leistung. Das ist jedoch nur ein vielleicht sympathisch erscheinender, aber doch eher kleiner und philosophisch nicht besonders weitreichender Aspekt des Ungebrauchs.

Paradoxe Wendungen wie „Gebrauch des Ungebrauchs“ (yòng wú yòng 用無用) mögen auf den ersten Blick verwirren, sind jedoch für das Verständnis des Gesprächs zwischen Huìzǐ und Zhuāngzǐ (*Zhuāngzǐ* 26.7) hilfreich. Das Gespräch beginnt ja mit dem wohl durchaus ernst gemeinten Vorwurf des Huìzǐ an seinen Freund, dessen gleichnishafte und paradoxe Reden seien unbrauchbar. Darauf antwortet Zhuāngzǐ mit der Behauptung, Wissen um Ungebrauch (das Unbrauchbare) sei notwendig, um über Gebrauch/Brauchbarkeit sprechen zu können. Er versucht sodann seine Aussage durch ein Gleichnis zu belegen: Ein Mensch braucht nur wenig Platz, um zu stehen; nehmen wir an, dieser Platz ist plötzlich von einem tiefen Abgrund umgeben, der den Menschen daran

[67] Siehe Werner Hamacher, „Versäumnisse. Zwischen Theodor W. Adorno und Paul Celan“, in: *Keinmaleins. Texte zu Celan*, 80.

[68] Friedrich Nietzsche, *Die fröhliche Wissenschaft*, in: ders., *Kritische Studienausgabe*, Band 3, München und Berlin/New York: DTV und de Gruyter 1988, 350.

hinderte, seinen Standpunkt zu verlassen. Daran schließt sich die Frage an: Wenn es einem Menschen unmöglich wird, sich auf der Erde von einem Standpunkt zu einem anderen Standpunkt zu bewegen, ist der Platz, auf dem er steht, dann noch zu gebrauchen? Gebrauch, das Streben nach Brauchbarkeit, wird damit offenbar nicht schlechthin verworfen. Verworfen wird vielmehr das Streben nach einer Art von Brauchbarkeit, die vergessen hat, dass sie des Ungebrauchs (der Unbrauchbarkeit, des Ohne-Gebrauchs) bedarf, um überhaupt vom je eigenen Standpunkt Gebrauch machen zu können, um sich also überhaupt auf einen Standpunkt des Gebrauchs im engeren Sinne, also einen Nützlichkeitsstandpunkt stellen zu können.

Demnach wendet sich das Gleichnis gegen eine verblendete, bedingungslose Art des Gebrauchens. Diese beraubt sich der Bedingung ihrer eigenen Möglichkeit, so wie ein Haus unbrauchbar ist, das keinen Leerraum, keinen Freiraum des Ungebrauchten hat, keinen Raum, der frei bleibt: das ohne Ohne ist. Zhuāngzǐ beschränkt sich nicht auf ein Lob der Unbrauchbarkeit und somit auf eine einseitige Verklärung des Unbrauchbarseins zur Freiheit, sondern gibt der Seite des Gebrauchs das gleiche Gewicht wie dem Ungebrauch (dem Ohne-Gebrauch). Denn das Gleichnis bedeutet auch, dass es für einen Menschen ohne den Gebrauch eines bestimmten Standpunktes und einer ihm eigenen Subjektposition keine große, weite Welt, keine Weite und Größe der Erde geben kann. Denn um von dem Platz, auf dem ein Mensch mit seinen Füßen steht, Gebrauch machen zu können, bedarf er des Ohne der großen, weiten Welt, von dem er im Moment nicht Gebrauch macht, deren derzeit ungebrauchte Weite aber notwendig ist, um vom jetzigen und von künftigen Standpunkten Gebrauch machen zu können; andererseits existiert das Ohne nicht unabhängig von einem Standpunkt des Menschen, von dem Stück Erde, auf dem er steht: Die große, weite Welt entsteht erst in dem Moment, in dem der Mensch ein Stück Boden zum Stehen in Gebrauch nimmt, um dort für eine kürzere oder längere Zeit zu verweilen.

Etwas abstrakter gesagt: Ich kann von der Stelle, auf der ich stehe, nur Gebrauch machen, wenn es das Ohne gibt, von dem ich aktuell nicht Gebrauch mache, von dem ich aber virtuell immer schon Gebrauch mache, wenn ich die Stelle gebrauche, auf der ich gerade stehe. Wenn ich von einer Stelle Gebrauch mache, entsteht auch das Ungebrauchte, das, was ohne Gebrauch, ungebraucht und in diesem Sinne unbrauchbar ist, dasjenige, von dem aktuell nicht Gebrauch gemacht wird.

4. Krug und Ding

Diese Überlegungen möchte ich nun weiter vertiefen, indem ich mich noch etwas genauer dem elften Kapitel des Buches *Lǎozǐ* zuwende. *Lǎozǐ* 11, wie das Kapitel im Folgenden verkürzt genannt werden soll, enthält eine Bestimmung des Gebrauchs (der Brauchbarkeit) im Verhältnis zum Ohne (-Sein, wú 無). Die Dialektik von Wesen und Gebrauch findet sich darin so formuliert, dass ein Tongefäß oder ein Haus nicht dort gebraucht wird, wo es sichtbar und fassbar ist, sondern dort, wo es un-sichtbar und un-fassbar ist, ohne Etwas.

Die Leere, das Nicht-Seiende oder das Ohne, wie ich sagen möchte, kann als Wesen des Gebrauchs verstanden werden, weil es den Gebrauch des Gefäßes oder des Hauses überhaupt erst ermöglicht, weil darin die Bedingung der Möglichkeit des Gebrauchs liegt. Die gedankliche Provokation dieser Passage besteht in der Verkehrung des Augenmerks vom Etwas (-Sein) (der Materialität des Dings) auf das Ohne (-Sein): beim Gebrauch von Dingen wie Gefäßen und Häusern wird ihr Ohne gebraucht – das, was im *Zhuāngzǐ* Ungebrauch (Unbrauchbarkeit; wú yòng 無用) heißt, im Sinne eines Potentials der Brauchbarkeit.

Wilhelm übersetzt das Kapitel unter der Überschrift „Die Wirksamkeit des Negativen" wie folgt:

> Dreißig Speichen treffen sich in einer Nabe: / Auf dem Nichts daran (dem leeren Raum) beruht des Wagens Brauchbarkeit. / Man bildet Ton und macht daraus Gefäße: / Auf dem Nichts daran beruht des Gefäßes Brauchbarkeit. / Man durchbricht die Wand mit Türen und Fenstern, damit ein Haus entstehe: / Auf dem Nichts daran beruht des Hauses Brauchbarkeit. / Darum: Das Sein gibt Besitz, das Nichtsein Brauchbarkeit.[69]

[69] Laotse, *Tao Te King, Das Buch des Alten vom Sinn und Leben*, aus dem Chinesischen verdeutscht und erläutert von Richard Wilhelm, Jena: Eugen Diederichs 1919, 13.

In dieser Übersetzung gibt Wilhelm das chinesische Zeichen yòng 用 konsequent mit „Brauchbarkeit“ wieder und unterscheidet zwischen Brauchbarkeit und „Besitz“ (lì 利; ich würde übersetzen: Nutzen) – in anderen Übersetzungen findet sich entsprechend der Unterschied zwischen Gewinn und Gebrauch (Victor von Strauss), von Nutzen und Gebrauch (von Strauss/Tonn), von Nützlichkeit und Anwendbarkeit (Rainald Simon). Auch in diesem Zusammenhang wäre es nicht unangemessen, statt Brauchbarkeit Nutzen oder Nützlichkeit zu sagen.

Ich möchte mich zunächst nur auf zwei Sätze konzentrieren, deren Deutung offenbar in Heideggers Überlegungen zum Krug eingeflossen ist. Eine bei Heidegger zu findende Übersetzungsvariante dieser beiden Sätze lautet: „Aus dem Ton ent-stehen die Gefäße, / Aber das Leere in ihnen gewährt das Sein des Gefäßes.“ Und: „Das Seiende ergibt die Brauchbarkeit. / Das Nicht-Seiende gewährt das Sein.“ (GA 75, 43) Die Übersetzungen von Victor von Strauss und von Richard Wilhelm, die Heidegger vermutlich hinzugezogen hat, weisen deutliche Unterschiede auf.

Man erweicht Thon um ein Gefäss zu machen: gemäß seinem Nichtseyn ist des Gefässes Gebrauch. [...] Drum: das Seyn bewirkt den Gewinn, das Nichtseyn bewirkt den Gebrauch.[70]

[70] Victor von Strauss (Übers.), *Lao-Tse's Tao Te King*, aus dem Chinesischen ins Deutsche übersetzt, eingeleitet und commentirt von Victor von Strauss, Leipzig: Friedrich Fleischer 1870, 51. In der von Tonn überarbeiteten Fassung heißt es unter der Überschrift „Gebrauch des Nicht-Seins“: Dreißig Speichen treffen auf eine Nabe: / Gemäß ihrem Nicht-sein ist des Wagens Gebrauch. / Man erweicht Ton, um ein Gefäß zu machen: / Gemäß seinem Nicht-sein ist des Gefäßes Gebrauch. / Man bricht Tür und Fenster aus, um ein Haus zu machen: / Gemäß ihrem Nicht-sein ist des Hauses Gebrauch. / Darum: Das Sein bewirkt den Nutzen, / Das Nicht-sein bewirkt den Gebrauch. (Lao-Tse, *Tao Tê King*, Übertragung und Kommentar von Victor von Strauß, herausgegeben von W. Y. Tonn, Zürich: Manesse 1959, 68.) Tonn hat Übersetzung und Kommentar von Victor von Strauss keineswegs bloß mit „pietätvoller Zurückhaltung“ (9) neu herausgegeben, sondern sowohl in die Übersetzung wie auch in den Kommentar eingegriffen; insbesondere der Kommentar ist von ihm teilweise stark verändert worden.

Man bildet Ton und macht daraus Gefäße: / Auf dem Nichts daran beruht des Gefäßes Brauchbarkeit. / […] Darum: Das Sein gibt Besitz, das Nichtsein Brauchbarkeit.[71]

Wilhelm hat seine Übersetzung mehrfach überarbeitet. In einer erstmals 1925 veröffentlichten Version heißt es:

Man bildet Ton und macht daraus Gefäße: / Auf dem Nichts darin beruht es, / Daß man die Gefäße brauchen kann. […] Darum ist das Sein von Nutzen, / Aber das Nichtsein macht seinen Gebrauch erst möglich.[72]

In diesen Übersetzungen wird das Schriftzeichen wú 無 als Nichtseyn (von Strauss) sowie Nichts und Nichtsein (Wilhelm) wiedergegeben; das Schriftzeichen yòng 用 als Sein (Heidegger), Gebrauch (von Strauss) sowie Brauchbarkeit und Gebrauch (Wilhelm); das Schriftzeichen yǒu 有 als das Seiende (Heidegger), Seyn (von Strauss) und Sein (Wilhelm). Besonders bemerkenswert sind die Verschiebungen, die Heidegger an der Wilhelm-Übersetzung vornimmt: Er setzt Brauchbarkeit an die Stelle von Besitz/Nutzen, Sein an die Stelle von Brauchbarkeit und Leere/das Nicht-Seiende an die Stelle von Nichts/Nichtsein. Ist die Korrespondenz, ja Übereinstimmung von Sein und Gebrauch, die dabei nahegelegt wird, bloß sprachlicher Willkür entsprungen oder verbirgt sich darin ein philosophischer Gehalt, der es erlaubt, das Verhältnis von Gebrauch und Ungebrauch in *Zhuāngzǐ* 26.7 besser zu verstehen? Was bedeutet also die ontologische Vermutung, das Wesen des Dinges sei dessen Ungebrauch, der Gebrauch von dessen Ohne – und das Unwesen des Dinges der Gebrauch von dessen Etwas?

71 Wilhelm (Übers.), Laotse, *Tao Te King, Das Buch des Alten vom Sinn und Leben*, 13.

72 Richard Wilhelm, *Lao-tse und der Taoismus*, Stuttgart: Frommann 1948 (2. Auflage), 96. Die 1957 veröffentlichte und seither weit verbreitete Neuausgabe enthält einen stark veränderten Text: „Man höhlet Ton und bildet ihn zu Töpfen: / In ihrem Nichts besteht der Töpfe Werk. / […] Darum: Was ist, dient zum Besitz. / Was nicht ist, dient zum Werk.“ Ich vermag derzeit nicht nachzuvollziehen, warum Wilhelm in der zweiten Version „Werk“ an Stelle von „Brauchbarkeit“ setzt. Da Heideggers Übersetzung vor allem mit den anderen beiden Versionen korrespondiert, sehe ich hier davon ab, dem nachzugehen.

Für Zhuāngzǐ und Lǎozǐ war eine solche Vermutung keineswegs selbstverständlich, sonst würden sie ihre entsprechenden Einsichten nicht als Verkehrung des naiven Alltagsbewusstseins zur Sprache bringen. Gleichwohl wird durch die Kanonisierung ihrer Texte nahegelegt, dass diese Vermutung seither durchaus zur Selbstverständlichkeit geworden ist. Ganz anders sieht es bei Heidegger aus. Die Rede vom Krug und vom Ding wird zwar in eine Alltagssprache gekleidet, die jene Vermutung als naheliegend und evident behauptet; andererseits jedoch sagt er, dass sie dem „Sprachgebrauch der abendländischen Metaphysik" (GA 79, 16) zuwiderläuft und deshalb im Westen an etwas rührt, das weitgehend ungedacht geblieben ist. Heideggers Überlegungen zum „Wesen des Dinges" haben deshalb häufig zur Frage geführt, ob er im philosophischen Daoismus eine Quelle für die Kritik der „abendländischen Metaphysik" gesehen hat, um daraus zu folgern, die daoistischen Texte selber seien Zeugen eines nicht-metaphysischen Denkens. Entsprechend sind sie vor allem im Westen immer wieder als vor- oder nicht-metaphysische Texte gelesen worden, zumindest als solche, die der westlichen Suche nach Perspektiven nach-metaphysischen oder post-modernen Denkens entgegenkommen. Im Kontext der chinesischsprachigen Gegenwartsphilosophie sind *Lǎozǐ* und *Zhuāngzǐ* hingegen vielfach metaphysisch gedeutet worden mit dem Ziel, ihre Ebenbürtigkeit mit der metaphysischen Tradition des Westens zu rechtfertigen. Diese transkulturelle Verkehrung der Perspektiven lässt den hermeneutischen Kontrast von Metaphysik (Griechenland) und Nicht-Metaphysik (China) irreführend erscheinen.

Im Unterschied zum *Abendgespräch*, in dem Heidegger Wilhelms Übersetzung folgt, zeigt die Übersetzung des „elften Spruchs" in dem kurzen Text „Die Einzigkeit des Dichters" zwar gewisse Ähnlichkeiten mit der Wilhelmschen Übersetzung, zeugt jedoch andererseits von Heideggers Versuch einer eigenständigen Umarbeitung – diese ist wohl eines der wenigen Zeugnisse, die von seinen Versuchen, das Buch *Lǎozǐ* zu übersetzen, überliefert worden sind. Schon ein flüchtiger Vergleich der Übersetzungen von Wilhelm und Heidegger lässt philosophisch bedeutsame Verschiebungen erkennen. Wilhelms Übersetzung lautete:

Man durchbricht die Wand mit Türen und Fenstern, damit ein Haus entstehe: / Auf dem Nichts daran beruht des Hauses Brauchbarkeit. / Darum: Das Sein gibt Besitz, das Nichtsein Brauchbarkeit.

Heideggers Übersetzung ändert diese Stelle wie folgt:

Mauern und Fenster und Türen stellen das Haus dar, / Aber das Leere zwischen ihnen gewährt das Sein des Hauses. / Das Seiende ergibt Brauchbarkeit. Das Nicht-Seiende gewährt das Sein. (GA 75, 43)

Rätselhaft ist vor allem die Ersetzung von Brauchbarkeit durch Sein. Ich möchte versuchen, dies in die von mir nahegelegte Sprache zu übersetzen: Die ontologische Differenz verläuft im *Lǎozǐ* nicht zwischen Sein und Seiendem, sondern durch das in sich gegenwendige Sein hindurch, zwischen Etwas-Sein und Ohne-Sein. Das paradoxe *Wesen* dieses Seins bedarf des *Gebrauchs*, ja ist in sich Gebrauch. So mag sich erklären lassen, warum Heidegger in seiner Übersetzung von *Lǎozǐ* 11 Gebrauch durch Sein ersetzt: „Das Nicht-Seiende gewährt das Sein." (GA 75, 43)

Vermutlich ist Heidegger in der Unterscheidung zwischen Leere und Nicht-Seiendem von Wilhelms Übersetzung in die Irre geführt worden, die am Schluss plötzlich nicht mehr von Nichts, sondern von Nichtsein spricht – im Chinesischen steht durchgehend wú 無. Heidegger ersetzt Wilhelms Brauchbarkeit yòng 用 durch Sein (das Sein des Rades, das Sein des Gefäßes, das Sein des Hauses) und wiederholt den Satz, wonach „das Leere" das Sein des Rades/Gefäßes/Hauses „gewährt". Dann setzt er überall dort, wo Wilhelm von Sein spricht, das Seiende bzw. Nicht-Seiende, was zur Frage führt, welche Bedeutung diese Ersetzung der Brauchbarkeit durch das Sein wohl haben mag. In „Das Seiende ergibt die Brauchbarkeit" scheint „Brauchbarkeit" im Sinne einer konkreten, materialen Nützlichkeit verwendet zu werden, im Sinne von lì 利 als Nutzen, Vorteil, Gewinn, Besitz also. Aber was bedeutet dann „das Sein" in „Das Nicht-Seiende gewährt das Sein"? Worin könnten die Gründe für Heideggers Umarbeitung liegen? Der Vergleich der Übersetzungen und die Erörterung von Heideggers *Abendgespräch* und seiner Deutung des von Wilhelm übersetzten Zhuāngzǐ-Zitats legt die Vermutung nahe, dass das Verhältnis zwischen „Ohne" (wú 無: Leere, Nichtsein, Nicht-Seiendem) und „Gebrauch" (yòng 用) in

Lǎozǐ 11 strukturell dem Verhältnis von Ungebrauch (Unbrauchbarkeit, wú yòng 無用) und Gebrauch (yòng 用) in *Zhuāngzǐ* 26.7 korrespondiert: Die Bedingung der Möglichkeit, die Stelle zu gebrauchen, auf der ein Mensch gerade steht, ist die unbestimmte Weite und Größe, das leere Ohne-Sein der Erde, die er gerade nicht gebraucht, die er je ungebraucht lässt. Heideggers Übersetzung des elften Kapitels sowie seine Überlegungen zur „Notwendigkeit des Unnötigen" lassen allerdings vermuten, dass für ihn Gebrauch, Brauchbarkeit und Nutzen gleichermaßen negativ besetzt waren, ihn also vermutlich eine Übersetzung als *Gebrauch des Unbrauchbaren* oder *Gebrauch des Ungebrauchs* nicht oder ganz anders angesprochen hätte als Wilhelms „Notwendigkeit des Unnötigen". Wäre Wesen und Gebrauch – als Alternative zu Wesen und Erscheinung – als philosophisches Begriffspaar Heidegger fremd geblieben? Oder ist er ihm in seiner Erörterung des Dinges, von Wesen und Gebrauch des Dinges, näher gekommen, als sich auf den ersten Blick vermuten lässt?

Werden Dinge gebraucht, Gegenstände hingegen genutzt, benutzt und vernutzt? Wird das Ding verdinglicht, wenn es zum Gegenstand des Vorstellens und Herstellens wird? Ist es demgegenüber möglich, ein Ding zu gebrauchen, ohne es zu verdinglichen? Ist es möglich, ein Ding zu gebrauchen, ohne es zu verdinglichen, wenn das „Wesen des Dinges" so gedacht wird, dass dieses Wesen darin besteht, das Ding in seiner Leere, in seinem Ohne zu gebrauchen? Mir scheinen dies Fragen zu sein, die geeignet sind, Heideggers rätselhaften Text „Das Ding" so zu deuten, dass verständlicher wird, inwiefern Aspekte daoistischen Denkens für ihn nicht nur exotisches Spiel mit Fernem und Fremdem geblieben sind, sondern seinen Denkweg dazu veranlasst haben, einem „von altersher zu-Denkenden, aber noch Ungedachten" (GA 7, 1) nachzugehen.

Unverkennbar verbergen sich in Heideggers gleichnishafter Rede vom „Krug" die Spuren seiner Beschäftigung mit dem Buch *Lǎozǐ*, insbesondere dem elften Kapitel. Er hält sich nicht lange beim Versuch auf, den Text philologisch zu durchleuchten und seinen Gebrauch hermeneutisch zu rechtfertigen, vielmehr arbeitet er mit dem Text, als sei er ihm unmittelbar zugänglich. Die überragende Bedeutung, die dem Text in der chinesischsprachigen Heidegger-Rezeption zukommt, gibt einen wichtigen Hinweis auf seinen transkulturellen Gehalt: In „Das Ding“ wird das Kommunizieren von Altem und Neuem, Östlichem und Westlichem auf „einen Weg gebracht“, von dem Heidegger nur vermuten konnte, dass dabei „das Ungedachte ein Denken beansprucht“, dass darin ein Autor auf einen noch unbekannten Denkweg weist, „ohne selber ein Weiser“ sein zu wollen und zu können. Heidegger rückt sich damit in die fiktive Position eines Autors, der „nichts auszudrücken und nichts mitzuteilen“ hat, ja noch das Ziel verwirft, Andere „anregen [zu] wollen“, weil „Angeregte ihres Wissens schon sicher sind“ (GA 7, 1). Angeregte, so ließe sich in der Sprache des *Abendgesprächs* sagen, sind schon keine Wartenden mehr. Der Denkweg eines Denkers, wie er Heidegger hier vorschwebt, besteht darin, „sein Wesen rein an das Unnötige verschwenden“ zu können, denn „was ist unnötiger als das Warten, das des Kommens wartet“? Wahrhaft die „Notwendigkeit des Unnötigen zu bedenken“ und „ganz unbrauchbar“ zu werden, bedeutet nicht nur, sich vom Prinzip der Nützlichkeit zu befreien und nicht mehr nach dem zu streben, „was für den Fortschritt und den Anstieg der Leistungskurve und für den flotten Gang der Geschäfte von einem Nutzen sein könnte“ (GA 77, 234). Unbrauchbar zu werden hat deshalb auch nur an der Oberfläche etwas mit dem Lob des Nutzlosen zu tun. Wenn die „Notwendigkeit des Unnötigen“ in den „Gebrauch des Ungebrauchs“ übersetzt wird, tut sich eine Tiefendimension von Heideggers bei Wilhelm geborgter Rede von der „Notwendigkeit des Unnötigen“ auf: Um Ungebrauch zu lernen, ist die Besinnung darauf nötig, dass der Gebrauch des Ohne (des Leeren) das Wesen des Dinges ist. Lernen, unbrauchbar zu werden, ist ein Lernweg, der in eine Lehre vom Wesen führt, eine Ontologie, in der Wesen (tǐ 體) und Unwesen (wú tǐ 無體), Gebrauch (yòng 用) und Ungebrauch (wú yòng 無用) gegenwendig aufeinander verwiesen sind.

5. Weg und Unweg

Inwiefern unbrauchbar zu werden dazu nötigt, den Ungebrauch zu denken, das heißt den Gebrauch des Ohne, des Ohne-seins, bleibt im *Abendgespräch* unklar. In „Das Ding“ wird dies jedoch von Heidegger weiter erkundet. Am Beispiel des Kruges versucht er zu erläutern, warum Platon das „Wesen des Dinges“ so wenig gedacht hat „wie Aristoteles und alle nachkommenden Denker“ bis hin zu Kant, auf dessen Erkenntnistheorie er anspielt, wenn er fragt: „Was ist das Dingliche am Ding? Was ist das Ding an sich? Wir gelangen erst dann zum Ding an sich, wenn unser Denken zuvor erst einmal das Ding als Ding erlangt hat.“ (GA 7, 169; GA 79, 6) Das „Wesen des Dinges“ betrachtet Heidegger als ein Ungedachtes, als etwas, was in der „abendländischen Metaphysik“ ungedacht geblieben ist. Die zitierte Formulierung, die das Nachdenken über den Krug philosophiehistorisch situiert, irritiert allein schon durch die wie beiläufig einfließende Annahme, es sei möglich, zum Ding an sich zu gelangen. Aber wie kann „unser Denken“ denn „das Ding als Ding“ erlangen? In diesen Sätzen verbirgt sich nicht nur eine weitgehende Herausforderung an alte und neue westliche Philosophien, sondern auch ein wertvoller Hinweis zur Beschaffenheit des Weges, auf den Heideggers transkulturelles Experiment mit dem Daoismus weist, ohne ihn begehen zu können.

Es ist offenbar ungenügend, als selber auf Denkwegen wandelnder Schriftsteller nur zu „weisen“, „ohne selbst ein Weiser im Sinne des σοφός zu sein“. Selbst kein Weiser sein zu wollen oder zu können, befreit nicht von der Notwendigkeit, selbst einen Weg zu gehen oder es zumindest zu versuchen. Heidegger hat sich ja auf den Weg gemacht, und es scheint ihm klar gewesen zu sein, dass er dabei auf Holzwege und Irrwege geraten ist und sich weniger als Weiser denn als Unweiser erwiesen hat. Aber wovon ließe sich noch lernen in einem Zeitalter, das ohne Weg zu sein scheint, in einer Zeit, in der Weisheit nicht nur lächerlich, sondern geradezu unmöglich geworden ist – wenn nicht von Unweisheit, vom unweisen Wandeln auf Ab-, Un- und Irrwegen? Ein Weiser vermag auf den richtigen Weg zu verweisen, ein Unweiser verweist auf den falschen: einen Weg ohne Weg, einen Unweg (wú dào 無道). In einem Zeitalter, in dem falsches Leben die Menschheit insgesamt mit der Vernichtung bedroht, in dem der richtige Weg sich verbirgt, was bleibt da anderes übrig, als auf dem falschen Weg nach dem richtigen zu suchen, um im falschen Leben ein richtiges zu leben? Auf dem Unweg so zu gehen, als sei er der richtige Weg? Der Weg nach China, auf den Heidegger sich gemacht hat, ohne zu wollen, dass ihn jemand als Wegweiser ansieht, ist nicht bloß ein Umweg, um nach Deutschland, nach Griechenland, nach Europa zurückzukehren, sondern ein Un-weg, der gleichwohl in sich Weg ist. Es ist ein

Weg, der in die Unheimlichkeit der neuen wie auch der alten Zeit führt. Heideggers Schriften erweisen sich als Weg vielleicht gerade dadurch, dass sie das Denken zur Selbstreflexion, ja Selbstverkehrung nötigen, indem sie die unauflöslich paradoxe Verknotung von Weg und Unweg, von Wesen und Unwesen, von Gebrauch und Ungebrauch durchlaufen.

> Wenn wir den Krug vollgießen, fließt der Guß beim Füllen in den leeren Krug. Die Leere ist das Fassende des Gefäßes. Die Leere, dieses Nichts am Krug, ist das, was der Krug als das fassende Gefäß ist. (GA 79, 7f.; GA 7, 170)

Beim Vollgießen des Kruges und beim Trinken aus ihm gebrauchen Menschen den Krug. Heideggers Erörterung bewegt die Aufmerksamkeit weg von der sicht- und fassbaren Form des Gefäßes, mit der üblicherweise dessen Erfahrung als Ding verbunden wird, und wendet die Aufmerksamkeit auf dessen Ohne, auf „die Leere, dieses Nichts am Krug" oder die „Leere des Kruges" (GA 79, 10). Heideggers Rede von Leere, von Nichts oder von Nicht-Seiendem entspringt der Suche nach einem treffenden Ausdruck für etwas zu-Denkendes, etwas noch Ungedachtes, für einen noch ungegangenen Weg, einen, der noch unbestimmt ist, dessen Bestimmbarkeit aber dennoch angenommen wird.

Der Vorschlag, das Schriftzeichen wú 無 mit „Ohne", „Ohnesein" oder „Un-" zu übersetzen, versucht in diese Richtung weiterzudenken. Während „die Leere" oder „das Nichts" im Deutschen ein Begriff ist, zumindest den Eindruck einer gewissen begrifflichen Bestimmtheit vermittelt, sehe ich einen Vorteil der Übersetzung als *Ohne* darin, dass dieses Wort sofort die Frage nach sich zieht: ohne was? Das *Ohne* lässt an eine Unbestimmtheit denken, die immer schon dazu drängt, in eine Bestimmung als *Etwas* überzugehen, in ein Verhältnis des *Mit*(-Seins). In diesem Sinne ist ein Un(Ohne)-weg ein Weg ohne Bestimmung, das Un(Ohne)-wesen ein Wesen ohne Bestimmung, der Un(Ohne)-gebrauch ein Gebrauch ohne Bestimmung. In ihnen ist jedoch ein bestimmter Weg, ein bestimmtes Wesen, ein bestimmter Gebrauch angelegt. Auch die Herstellung des Kruges ist auf sein Ohne, seine Leere hin angelegt. Der Töpfer „gestaltet die Leere", indem er den Ton gestaltet, wie Heidegger sagt:

Die Leere des Kruges bestimmt jeden Griff des Herstellens. Das Dinghafte des Gefäßes beruht keineswegs im Stoff, daraus es besteht, sondern in der Leere, die faßt. (GA 79, 8)

Das stoffliche, aktuelle *Etwas* (*Mit*) braucht das unstoffliche, virtuelle *Ohne*, um sich für den Gebrauch öffnen zu können und zum „Ding" zu werden – nicht bloß zum „Gegenstand", der vor allem in seiner stofflichen Fülle, als materielles Etwas in Erscheinung tritt. Es ist nicht zunächst ein Ding da, das gebraucht wird, vielmehr bedarf das stoffliche Etwas des Ohne, um zum Ding zu werden: im Gebrauch, oder neutraler gesagt, im Vollzug der Kommunikation zwischen Etwas(-Sein) und Ohne(-Sein) entstehen erst beide Momente als bestimmte und voneinander unterscheidbare. Das Dingwesen (wùtǐ 物體) ist das Ohne, ohne welches das Ding nicht gebraucht werden kann; allerdings kann es nur gebraucht werden, ist es nur offen für einen möglichen Gebrauch, weil und solange dieses Ohne *unwesentlich* oder *unkörperlich* (wú tǐ 無體) ist, solange es also ungebraucht ist oder nach einem aktuellen Gebrauch wieder in den Zustand des Ungebrauchs, der virtuellen Brauchbarkeit übergeht.

Ist eine solche Sprache dem „Jargon der Eigentlichkeit" verfallen? Oder nicht vielmehr dem Jargon der Uneigentlichkeit? Denn bewegt sich nicht die Philosophie der Transformation, die dabei unbeholfen und stammelnd nach Sprache tastet, notwendigerweise zwischen Wesen und Unwesen, zwischen Gebrauch und Ungebrauch, zwischen Eigentlichkeit und Uneigentlichkeit? Denn: „In diesem Inzwischen wohnt der Mensch [...]." (GA 75, 43) Der Mensch wohnt im Un-ort des Auf-dem-Weg-Seins, inmitten der paradoxen Gegenwendigkeit von Stille und Bewegung.

In dem kurzen Text über Friedrich Hölderlin mit dem Titel „Die Einzigkeit des Dichters" von 1943 zitiert Heidegger den „elften Spruch" des *Lǎozǐ*, um ihn wie folgt zu kommentieren:

In diesem Wort ruht der Wink auf das, was als das Zwischen alles erst in sich offen hält und weitet in die Weite der Weile und der Gegend, die uns allzu leicht und oft wie das Nichtige erscheinen möchte. (GA 75, 43)

Die Korrespondenz dieses Satzes mit dem *Abendgespräch*, ja den *Feldweg-Gesprächen* insgesamt, ist unverkennbar. Er liest sich fast wie eine Variante der Antwort, die Zhuāngzǐ (in *Zhuāngzǐ* 26.7) auf Huìzǐs Bemerkung hinsichtlich der Unbrauchbarkeit seiner Worte gibt. Diese Antwort lässt sich nun so verstehen, dass sie an die ontologische Dimension rührt, die chinesische Kommentare seit Wáng Bì in *Lǎozǐ* 11 wahrgenommen haben. In meiner Übersetzung habe ich versucht, diese Dimension hervorzukehren: „Wissen um Ungebrauch ist Voraussetzung dafür, um anfangen zu können, über Gebrauch zu reden." Das Inzwischen, in dem der Mensch wohnt und lebt, ist eine Bewegung zwischen der Weite der Erde einerseits und der Enge jener Stelle andererseits, auf der er je steht. Zhuāngzǐ weist Huìzǐ darauf hin, dass die Weite der Erde „uns allzu leicht und oft wie das Nichtige erscheinen möchte", sobald wir völlig auf den kleinen Gebrauch im Hier und Jetzt fixiert sind und dabei vergessen, dass das, was uns gerade nichtig, unnötig und leer erscheint, ein *Ohne* ist, das als Bedingung der Möglichkeit jeglichen Gebrauchs notwendig ist. Gebrauch hat den Ungebrauch nötig; jeglicher Gebrauch gebraucht das Ohne: Darum müssen wir die Notwendigkeit des Unnötigen oder den Gebrauch des Ungebrauchs wissen lernen (vgl. GA 77, 237).

6. Verrückte Gleichnisse

Das Verhältnis von Himmel, Erde und Mensch taucht im Buch *Zhuāngzǐ* vielfach auf. Schon in Gleichnissen des ersten Kapitels wird dieses auf besonders eindrückliche Weise mit dem Nachdenken über Gebrauch und Ungebrauch (Unbrauchbarkeit) verbunden. Es beginnt mit der phantastischen Transformation des Riesenfisches Kūn in den Riesenvogel Péng. Die Übergröße des Péng weckt den Argwohn kleiner Vögel, für die das Flattern zwischen Büschen und Bäumen die höchste Kunst des Fliegens bedeutet und die den Péng dafür verlachen, in seiner Größe so hoch und weit hinaus zu wollen, um „im Unerschöpflichen zu wandeln", statt sich mit der begrenzten und überschaubaren Welt des Naheliegenden zu begnügen.

Das Buch *Zhuāngzǐ* beginnt somit recht seltsam, nämlich mit phantastischen, absurd klingenden, ja im Text selber als „verrückt" bezeichneten Gleichnissen und Gesprächen. Um großes Wissen zu erreichen, so scheint der Text behaupten zu wollen, ist es notwendig, die vermeintlich festen Grenzen des im Kleinen und Nahen behaupteten Wissens ins Große und Weite zu verrücken –

ohne sich darüber zu bekümmern, deswegen von Anderen gegebenenfalls für verrückt und unbrauchbar gehalten zu werden. Wenn sich im Hinblick auf das Buch *Zhuāngzǐ* von einer argumentativen Strategie sprechen lässt, so ist diese von Anbeginn von einem performativen Selbstwiderspruch gezeichnet, denn in dem Moment, in dem der Text Größe und Weite behauptet, indem er diese von der Kleinheit und Enge der Verhaftetheit im Bestehenden abhebt, scheint er jene Größe und Weite auch schon wieder zu entwerten, indem er nämlich ihre theoretische Abstrusität und praktische Unbrauchbarkeit hervorkehrt.

Hinzu kommt, dass es im ersten Kapitel teilweise so aussieht, als ob sich Zhuāngzǐ im „Streit zwischen Groß und Klein" über die beiden Positionen zu erheben sucht, um das Große und das Kleine als gleichgestellte Perspektiven zu verstehen, denen kein unterschiedlicher Wert zugesprochen werden kann und die von daher auch als gleich-gültig angesehen werden sollten – im zweiten Kapitel wird diese Tendenz zu Perspektivismus, Relativismus und Skeptizismus, auf die das *Zhuāngzǐ* zuweilen reduziert worden ist, an diversen Beispielen weiter entwickelt. Insgesamt ist jedoch nicht zu verkennen, dass Zhuāngzǐ durchaus eine Neigung für das Große und Unbrauchbare hat. Dem Lachen der kleinen Vögel über den großen Vogel entspricht Zhuāngzǐs Kritik an seinem Freund Huìzǐ, den er für unfähig zum Gebrauch des Großen hält, unfähig dazu, etwas groß zu gebrauchen (*Zhuāngzǐ* 1.4). Am Schluss des ersten Kapitels, in einem der denkwürdigen Gespräche zwischen Zhuāngzǐ und Huìzǐ, vergleicht dieser dessen Worte mit einem Baum, dessen Stamm so knorrig und verwachsen ist, dessen Äste so krumm und gewunden sind, dass er von den vorübergehenden Zimmerleuten keines Blickes gewürdigt wird: „Nun sind Eure Worte groß und unbrauchbar [ohne Gebrauch]", so Huìzǐ zu Zhuāngzǐ, und werden „von der Menge einmütig verworfen". Zhuāngzǐs Antwort endet mit den Worten: „Dass etwas ohne Gebrauch ist: warum sich darüber bekümmern?"

Daraus jedoch den Schluss zu ziehen, Zhuāngzǐ verkläre die Unbrauchbarkeit, vertrete gar eine auf die Gegensätzlichkeit von Gebrauch und Ungebrauch gegründete Philosophie der Unbrauchbarkeit, wäre voreilig, denn das Hauptthema des Kapitels, die Dialektik von Groß und Klein, wird gegen Ende auch auf die Erörterung des

Gebrauchs ausgeweitet, indem er den Unterschied zwischen großem und kleinem Gebrauch einführt.

Dafür wird die Geschichte eines Seidenwäschers erzählt, dessen Familie seit Generationen vom Seidenwaschen leben kann, weil sie über das Rezept einer Salbe verfügt, die das Rissigwerden der Hände verhindert. Das gehört in den Bereich der Fähigkeit, „etwas, was Brauchbarkeit hat, zu gebrauchen". Das ist die Fähigkeit, „kleinen Gebrauch" von den Dingen zu machen, sie also für das Erreichen von Kleinem und Naheliegendem in Gebrauch zu nehmen. Als ein Fremder von der Salbe erfährt und dem Seidenwäscher eine hohe Summe für die Rezeptur bietet, wird diese verkauft und spielt sodann eine entscheidende Rolle in einer Wasserschlacht, da der inzwischen als General dienende Käufer von der Salbe auf neuartige Weise Gebrauch macht und für den dadurch erlangten Sieg mit einem Lehen belohnt wird. Während also der Familie des Seidenwäschers die Salbe bloß zum bescheidenen Lebensunterhalt diente, hat die bis dahin unbekannte Anwendung des Mittels zu Kriegszwecken dem General zu politischem Erfolg und sozialem Aufstieg verholfen. Für die Familie der Seidenwäscher sind bereits die hundert Goldstücke, die der Käufer des Rezepts dafür zu zahlen bereit ist, eine bis dahin unvorstellbar große Summe. Der weitsichtige Käufer hingegen vermochte darin das Potential zu noch viel Größerem zu sehen.

Dieser Entdeckung von Möglichkeiten des Gebrauchs steht nun das Beispiel eines Händlers gegenüber, der Menschen in entlegenen Gegenden, die kurzgeschorene Haare tragen und sich tätowieren, Seidenhüte verkaufen möchte, dabei aber die regional verschiedenen Lebensformen verkennt und die mit ihnen verbundenen Marktbedingungen falsch einschätzt, weil er nicht rechtzeitig bemerkt, dass jene Menschen von Seidenhüten keinen Gebrauch zu machen wissen.

Der „Gebrauch des Großen", etwas also groß oder zu Großem zu gebrauchen, verlangt, den Kontext des Gebrauchs zu verändern – vom Seidenwaschen zur Kriegsführung –, um auf diese Weise den Gebrauch eines Dinges so zu transformieren, dass er für den *Gebrauch des Ohne* oder *Ungebrauch* geöffnet wird, was in einem ersten Schritt bedeutet, unausgeschöpfte Gebrauchsmöglichkeiten eines Dinges zu erschließen. Etwas groß zu gebrauchen, ist bereits Gebrauch des Ungebrauchs in dem Sinne, dass etwas (noch) Ungebrauchtes an einem Ding in Gebrauch genommen, also ein in ihm verborgenes Potential verwirklicht wird. Für diejenigen Menschen, die nicht über den kleinen Rahmen des Bestehenden hinauszusehen vermögen, übersteigt schon ein solcher Gebrauch des Ungebrauchs den Rahmen des Vorstellbaren. Deshalb heißt es am Ende des vierten Kapitels zugespitzt: „Die Menschen wissen alle um den Gebrauch des Brauchbaren, aber niemand weiß um den Gebrauch des Ungebrauchs."[73] Die Fähigkeit, etwas groß zu gebrauchen, für (noch) Ungebrauchtes eine mögliche Brauchbarkeit zu erschließen, ist allerdings bloß die erste Stufe der Kunst, den Ungebrauch zu gebrauchen: der schöpferische Gebrauch des dem Unwissenden unbrauchbar Erscheinenden.

Erst auf der nächsten Stufe betritt Zhuāngzǐ die Gegend paradoxen Denkens und Tuns. Erst hier lässt sich ahnen, was die Fähigkeit, den Ungebrauch zu gebrauchen (yòng wú yòng 用無用), mit dem Heimischwerden im Paradoxen zu tun hat, mit dem Wohnen an einem Ort, der kein ständiger, fester Ort ist, mit dem „Wohnen am Unort" (yù yú wú jìng 寓於無竟) und mit der Fähigkeit, das „Unwesen zu wesen" (tǐ wú tǐ 體無體). Den Vorwurf, seine Worte seien unbrauchbar, verkehrt Zhuāngzǐ in einen Ungebrauch, der ein *Gebrauch des Ohne* ist, ein Gebrauch, in dem *Ohne* nicht bloß ein unausgeschöpftes Potential bezeichnet, sondern eine Transformation, die den Bruch mit dem Gebräuchlichen und Gewohnten so zuspitzt, dass ein qualitativer Sprung in den „Gebrauch des Ungebrauchs durch Ungebrauch" (yǐ wú yòng yòng wú yòng 以無用用無用) möglich wird:[74] der Gebrauch eines unbrauchbaren Baums durch einen unbrauchbaren Menschen.

Auf die Kritik, seine Worte seien wie ein großer Baum, dessen Stamm und Äste derart gewunden und verwachsen sind, dass sie sich keinem Maß und keiner Norm fügen wollen und deshalb die

[73] *Zhuāngzǐ* 4.8. In der Übersetzung von Richard Wilhelm (Wilhelm [Übers.]: *Dschuang Dsi*, 36): „Jedermann weiß, wie nützlich es ist, nützlich zu sein, und niemand weiß, wie nützlich es ist, nutzlos zu sein."

[74] Siehe Wáng Fūzhīs Kommentar zu *Zhuāngzǐ* 1.5 in: Wáng Fūzhī 王夫之 (alias Wáng Chuánshān 王船山): *Chuánshān quánshū* 船山全書 (Gesammelte Schriften von Chuánshān), Bd. 13, Chángshā: Yuèlù shūshè 1993, 91f. Dieser Band enthält das Buch *Zhuāngzǐ jiě* 莊子解 (*Erläuterungen des Zhuāngzǐ*).

Zimmerleute an ihm vorübergehen, ohne ihn auch nur eines Blickes zu würdigen, antwortet Zhuāngzǐ wie folgt:

Nun habt Ihr so einen großen Baum und bedauert, dass er ohne Gebrauch [unbrauchbar] ist. Warum pflanzt Ihr ihn nicht in die Gegend des Ohne-wie-Etwas, in eine weite und öde Wildnis? Da könntet Ihr in Untun [Ohne-Tun] in seiner Nähe umherstreifen und in Unbeschwertheit [Muße] unter ihm liegen. Nicht wird ihm bereitet ein vorzeitiges Ende durch Beil noch Axt und die Dinge sind ohne Schaden für ihn. Dass etwas ohne Gebrauch ist: warum sich darum bekümmern![75]

Ein unbrauchbarer Mensch, dessen paradoxe Worte „von der Menge einmütig verworfen" werden, beschreibt den Gebrauch eines unbrauchbaren Dinges. Zunächst fällt auf, dass in dem Vorschlag, den Zhuāngzǐ seinem Freund Huìzǐ unterbreitet, von dem großen Baum ja durchaus Gebrauch gemacht wird, allerdings auf eine seltsame, ja geradezu absurde Weise, die keineswegs mehr in direkter Analogie zur Ausweitung der Gebrauchsmöglichkeiten zu verstehen ist, die im Gleichnis des Seidenwäschers beschrieben wird. Der große Baum wird in dem zitierten Vorschlag nicht einfach nur an Ort und Stelle für Untun und unbeschwertes [müßiges] Darunterliegen gebraucht, vielmehr wird vom (Ver-)Pflanzen des unbrauchbaren Baumes in eine andere Gegend gesprochen, eine Gegend zudem, die selber unbrauchbar ist, also ein heimatlicher Ort, an dem es gleichwohl unmöglich ist, Wurzeln zu schlagen, weil es sich um einen sagenhaften Unort handelt. Den großen Baum in die „Gegend des Ohne-wie-Etwas" (wú hé yǒu zhī xiāng 無何有之鄉) zu verpflanzen, bringt die paradoxe Struktur noch einmal verdichtet zum Ausdruck, die das ganze erste Kapitel durchzieht. Es ist eine leere, offene Gegend des Ohne, in der nichts unmöglich ist, weil alle Dinge noch unbestimmt sind, wie auch eine Gegend des vollen, verschlossenen Etwas, in der alles, was in bestimmten Dingformen

75 In der Übersetzung von Richard Wilhelm (Wilhelm [Übers.]: *Dschuang Dsi*, 7): „Nun habt Ihr so einen großen Baum und bedauert, daß er zu nichts nütze ist. Warum pflanzt Ihr ihn nicht auf eine öde Heide oder auf ein weites leeres Feld? Da könntet Ihr untätig in seiner Nähe umherstreifen und in Muße unter seinen Zweigen schlafen. Nicht Beil noch Axt bereitet ihm ein vorzeitiges Ende, und niemand kann ihm schaden. Daß etwas keinen Nutzen hat: was braucht man sich darüber zu bekümmern!"

verhärtet ist, niemals ohne die Möglichkeit wahrgenommen wird, wieder in die Offenheit des Unbestimmten überzugehen.

Es fällt auf, dass in *Zhuāngzǐ* 1.5 nicht vom einem Wald, sondern von einem individuellen Baum gesprochen wird, dessen knorrige Verwachsenheit und Unbrauchbarkeit ihn von anderen Bäumen unterscheidet und der sodann in eine Weite verpflanzt werden soll, die es ermöglicht, sich um ihn herum in Ohne-Tun aufzuhalten und unter ihm unbeschwert [müßig] zu liegen. Dieses „Verpflanzen" kann jedoch nicht wörtlich gemeint sein. Es liegt nahe, anzunehmen, dass dieser Baum jeder ähnliche Baum sein könnte, dass er also nirgends zu sein scheint, aber in Wirklichkeit überall ist, wo es Bäume gibt – sobald nur Menschen sich von einem beschränkten Gebrauch von *Etwas* lösen, in dem große Natur, Dinge und Menschen ständig auf ihre Nützlichkeit hin abgeschätzt werden, die auf einen endlichen, erschöpfenden *Verbrauch* hinausläuft. Der blinden Vormacht des Nützlichen steht eine Besinnung gegenüber. Deren Ziel ist, in Heideggers Worten: „den Sinn wecken für das Nutzlose".[76]

Wer durch Ungebrauch das Unbrauchbare gebraucht – ohne die Dinge zu verbrauchen und zu erschöpfen, der ist ohne etwas, was nicht gebraucht werden könnte, der ist ohne Ort, an dem er nicht *wandeln* [wandern] könnte: der ist frei, alles zu gebrauchen und überall zu wandeln. Wenn das „Wandeln in Unbeschwertheit" (xiāo yáo yóu 逍遙遊), wie in der chinesischsprachigen Diskussion vielfach vermutet, auf eine Möglichkeit von „Freiheit" (zìyóu 自由) verweist, dann legt die Verbindung von Ungebrauch und unbeschwertem Wandeln ein Verhältnis der beiden nahe, in dem Ungebrauch

[76] In einem Vortrag zitiert Heidegger *Zhuāngzǐ* 1.5. Wie im *Abendgespräch* folgt er der Übersetzung Richard Wilhelms, in der an dieser Stelle von einem „unnützen Baum" die Rede ist. Heideggers Deutung führt ein schon im *Abendgespräch* erörtertes Motiv fort: „Was soll und vermag bei der Vormacht des Nutzbaren noch das Nutzlose? Nutzlos in der Weise, daß sich daraus unmittelbar praktisch nichts machen läßt, ist der Sinn der Dinge. Darum wirft die Besinnung, die ihm nachsinnt, zwar keinen praktischen Nutzen ab, gleichwohl ist der Sinn der Dinge das Nötigste. Denn ohne diesen Sinn bliebe auch das Nützliche sinnlos und daher nicht einmal nützlich." (Martin Heidegger, *Überlieferte und technische Sprache*, herausgegeben von Hermann Heidegger, St. Gallen: Erker 1989, 7.)

verstanden werden kann als die Bedingung der Möglichkeit von Freiheit im Sinne unblockierter, gelingender Kommunikation eines Menschen mit sich selbst, zwischen Menschen und Menschen, zwischen Menschen und Dingen. Ungebrauch wäre dann weder ein Zustand unbrauchbaren Nichtstuns, noch das kreative Ausschöpfen ungeahnter Möglichkeiten, vielmehr ein Weg der Kommunikation, durch den Menschen und Dinge sich füreinander öffnen, um einer auf verbrauchenden Gebrauch gerichteten Vergegenständlichung zu widerstehen. Solche Kommunikation gibt eine Ahnung vom normativen Gehalt, der sich im Paradigma des transformativen Subjekts verbirgt.[77]

7. Die Fadheit des Wassers

Die Philosophie der Transformation, die aus dem *Zhuāngzǐ* entsprungen ist, kennt weder ein unveränderliches Wesen der Dinge noch reine Veränderlichkeit. Sie geht davon aus, dass Transformation zeitweilige Unveränderlichkeit, Beständigkeit, Bestimmtheit oder Positionalität braucht: ohne Formation keine Trans-formation. Jede Formation ist ein Wesen, welches das, was es nicht mehr oder noch nicht ist, in sich enthält: Jedes Wesen (tǐ 體) enthält sein Un-wesen (wú tǐ 無體). Jedes Wesen kann nur Wesen sein, indem es zugleich sein Ohne, sein Unwesen, sein Ungeheures, sein Unheimliches ist. Der sich zwischen Wesen und Unwesen, Verfestigung und Verflüssigung, Erstarrung und Auflösung, Verdinglichung und Vergeistigung bewegenden Transformation entspricht auf der Seite des Tuns die Bewegung zwischen Gebrauch und Ungebrauch – die negative Dialektik von Wesen und Gebrauch erweist sich als unverzichtbar für die Erörterung der Transformationsphilosophie des *Zhuāngzǐ*.

Transformation ist trans-positional. Sie ist niemals bloß die Veränderung einer Form oder Position in sich. Transformation kommt nur in Bewegung, kann nur in Bewegung kommen, wenn eine bestimmte Formation oder Position an die eigene Begrenztheit stößt, an die konstitutive Begrenztheit einer bestimmten Dingwerdung

77 Zum Begriff des transformativen Subjekts siehe Heubel, *Chinesische Gegenwartsphilosophie zur Einführung*, Kapitel V.

oder „Verdinglichung“ (wù huà 物化): In einem Leben ist ein Mensch darauf beschränkt, ein Mensch zu sein und kann nicht nach Belieben ein anderer Mensch, ein Schmetterling oder ein Baum werden. Andererseits ist Subjektivität niemals auf die Bestimmtheit und damit auf die fixierte Identität einer Subjektposition beschränkt. Das transformative Subjekt ist ein *Trans-Subjekt*, ein Subjekt, dessen Leben die transpositionale Wandlung und Wanderung durch verschiedene Positionen ist, für das aber zugleich der Aufenthalt in einer Position nicht bloß das mehr oder weniger gekonnte Spiel einer Rolle ist, mit der zu identifizieren sich vermeiden lässt. Entscheidende Voraussetzung transformativer Subjektivität ist damit einerseits die Fähigkeit, aus der in sich begrenzten identitären Bestimmtheit zurückzugehen in eine Unbestimmtheit, aus der die Bestimmtheit einmal hervorgegangen ist; andererseits die Fähigkeit, den Übergang von nicht-identitärer Unbestimmtheit in eine zeitweilige Bestimmung als Notwendigkeit zuzulassen und anzuerkennen. Im *Zhuāngzǐ* ist deshalb Transformation sowohl verknüpft mit dem Übergang von Bestimmtheit (eines Dinges, einer Lebensform, einer bestimmten Perspektive, einer unhintergehbaren Position) in Unbestimmtheit, von der Differenz in Indifferenz (Un-differenz), wie auch mit dem Übergang von Unbestimmtheit in Bestimmtheit, von Indifferenz in Differenz.

Bestimmtheit fixiert ein Ding oder einen Menschen innerhalb einer mehr oder weniger klar begrenzten Stellung. Aus solcher Bestimmung gewinnt ein Ding seinen Gebrauch. Die (erneute) Öffnung für das Unbestimmte und Unbestimmbare verdeutlicht Zhuāngzǐ durch Gleichnisse, in denen einem bestimmten, begrenzten und potentiell selbstzerstörerischen Gebrauch der Hinweis auf das Unbrauchbare entgegengesetzt wird. Dabei wird nicht einfach der schlechten Brauchbarkeit die gute Unbrauchbarkeit entgegengesetzt. Vielmehr scheinen die um den Gebrauch des Ungebrauchs kreisenden Gleichnisse einen Gebrauch anzustreben, der sich inmitten seiner unvermeidlichen Fixiertheit und Fokussierung der Unbestimmtheit und Unbrauchbarkeit erinnert, aus der er hervorgegangen ist. Anhand des Verhältnisses von Groß und Klein, von Gebrauch und Ungebrauch versucht Zhuāngzǐ eine Lebenshaltung zu beschreiben, der es gelingt, sich zwischen Bestimmung und Unbestimmtheit, zwischen Gebrauch und Ungebrauch, zwischen Wesen und Unwesen, zwischen Identität und Nicht-Identität frei zu bewegen. Transformation ist solche Bewegung.

Das Trans-Subjekt ist ein Subjekt, das sich auf die paradoxen Verkehrungen solcher Transformation zu besinnen vermag und mit ihnen im Tun umgeht und immer auch umzugehen lernt. Worin besteht jedoch solche Besinnung? Zhuāngzǐ scheint das Gelingen solcher Subjektivität an das Lernen und die Übung von etwas zu knüpfen, was ich die Fähigkeit zur *Fadheit im Paradoxen* nennen möchte.[78] Um im Paradoxen heimisch werden zu können, ist es nötig, selber fade zu werden: fade und durchlässig wie das Wasser, das verschiedenen Geschmack anzunehmen vermag, aber selbst an seiner Quelle immer wieder ohne Geschmack ist und nur durch die Qualität solchen Ungeschmacks alles Lebendige auf Erden nährt und belebt. „Des edlen Menschen Verkehr ist fade wie Wasser, des kleinen Menschen Verkehr ist süß wie Most", heißt es im *Zhuāngzǐ* (*Zhuāngzǐ* 20.5). Um in Zhuāngzǐs und Lǎozǐs paradoxen Reden und Sprüchen einen Weg der Kultivierung wahrnehmen zu können, scheint das Motiv der *Fadheit* von besonderer Bedeutung zu sein. Die durchweg negative Konnotation dieses Wortes im Sinne von Geschmacklosigkeit, Abgeschmacktheit und Langeweile im Deutschen steht dem keineswegs entgegen, denn das ist auch der Bedeutungshintergrund, vor dem das Zeichen dàn 淡/澹 in klassischen chinesischen Texten seinen Sinn entfaltet.

Heideggers Deutung von Hölderlins Strom-Dichtungen – vor allem von „Der Ister" – mit dem Motiv der Fadheit des Wassers verknüpfend, kann der Weg (dào 道) als Wasserweg verstanden werden, als paradoxer Strom, der zugleich „Ortschaft" und „Wanderschaft" bedeutet: das Wohnen an einem bestimmten Ort (topos, τόπος) und das Gehen im Un-ort (a-topos, ἀ-τόπος, 無竟) des Zwischen. Der Strom ermöglicht es, sich an seinen Ufern niederzulassen und Ortschaften zu bilden, in denen Menschen wohnen können. Zugleich verbindet der Strom aber auch verschiedene Ortschaften und macht die Bewegung von einem Ort zum anderen

[78] Zum Motiv der Fadheit siehe Fabian Heubel, „Aistethik oder Transformative Philosophie und Kultur der Fadheit", in: *Polylog, Zeitschrift für interkulturelles Philosophieren*, Nr. 22 (2009), 35–53.

möglich. Der Strom trennt die Ortschaften voneinander und verbindet sie gleichzeitig auch miteinander. Das aber selbstverständlich nur, solange der Strom Wasser führt, solange er fließt und von seiner Quelle her mit immer neuem Wasser versorgt und genährt wird. Kann die Kultivierung des Weges verstanden werden als ein unerschöpflicher Strom, ein Strom der Wandlung, der es ermöglicht, an bestimmten Orten stehenzubleiben und mehr oder weniger dauerhaft zu wohnen, der zugleich aber in seinem Strömen aus der Ferne in die Nähe und aus der Nähe in die Ferne darauf verweist, dass der Platz, auf dem ich gerade stehe, die Ortschaft, die ich gerade bewohne, nur eine von vielen Ortschaften ist, die der Strom zu nähren vermag. Solange ich nur um einen Ort weiß, weiß ich nicht, was der Strom ist. Dafür ist es notwendig, auch andere Orte kennen zu lernen: zu wandern und zu wandeln (yóu 遊).

Diese Erläuterung des Weges ist hilfreich für das Verständnis des Verhältnisses von Geschmack und Geschmacklosigkeit. Das ist ein Schritt, der näher an die metaphorische Welt der daoistischen Texte heranführt, die mich hier interessieren. In ihnen wird der Geschmack des Weges (dào) und das kommunikative Verhalten der Menschen, die ihn verkörpern, als fade und geschmacklos bezeichnet. Die Annäherung an das seltsame Ideal des faden Menschen wird durch die Metapher der Fadheit des Wassers, vom Geschmack des Wassers erleichtert. Wasser vermag vielerlei Geschmäcke anzunehmen und zu tragen. Nimmt es einen bestimmten Geschmack an, verschwindet es in diesem, es „identifiziert" sich mit ihm, wird identisch mit ihm. An seiner Quelle, als Quell- und Trinkwasser, ist es jedoch immer und immer wieder natürlich und ganz von selbst fade und geschmacklos. Es wird somit wieder offen dafür, eine gewisse Zeit einen bestimmten Geschmack anzunehmen, sich mit diesem zu vermischen und mit ihm zu verschmelzen.

Im Kapitel 35 des *Lǎozǐ* heißt es:

> Musik und Leckerei / vorbeigehender Gast bleibt stehen. / Des Weges gehen aus dem Mund, / fade in seinem Ungeschmack [ohne Geschmack], / blicken es nicht genügt zum Sehen, / vernehmen es nicht genügt zum Hören, / gebrauchen es nicht genügt zum Verbrauchen [Erschöpfen].

Mit sinnlichen Reizen sind Menschen leicht anzuziehen, zu vergnügen und zu verführen. Anders verhält es sich mit dem Weg: Für ihn

„bleibt man nicht steh'n, wendet sich ab, findet ihn fade, geschmacklos und ist unempfänglich für ihn"[79]. Die gewöhnliche Sinneswahrnehmung ist für den Weg unempfänglich, weil dieser eine Wahrnehmung erwartet, die unter der Reizschwelle liegt, über der Schmecken, Sehen und Hören zumeist erst in Gang kommt. Fadheit als ästhetische Erfahrung ähnelt dem Eintreten in einen dunklen Raum: Aus der Helligkeit kommend ist zunächst fast nichts zu sehen; erst indem die Augen sich allmählich an die Dunkelheit gewöhnen, beginnen die Dinge im Raum wahrnehmbar zu werden. Die so verstandene Kultivierung des Weges eröffnet einen sehr eigentümlichen Gebrauch der Sinne, führt jedoch nicht zu deren grundsätzlicher Ablehnung und Missachtung. Es muss nicht eigens betont werden, dass ohne Sinn für den ins Fade zurückgenommenen Gebrauch der Dinge maßgebliche Zeugnisse chinesischer Literatenkultur weitgehend verschlossen und unwahrgenommen bleiben müssen.

Wer den kräftigen Geschmack üblichen Schwarztees oder Kaffees gewöhnt ist, wird für die unaufdringlichen und unmerklichen Schattierungen vieler chinesischer Teesorten kaum empfänglich sein und die meisten einfach geschmacklos finden – ganz zu schweigen vom Kosten des Wassers und der Suche nach besonders geeignetem Quellwasser. Wer in der Tuschemalerei nach starken visuellen Reizen sucht, wird sich enttäuscht finden, weil *fast nichts* zu sehen zu sein scheint, weil diese Malerei un-scheinbar ist und die Bilder durch ihre Farblosigkeit, ja durch ihr Grau-in-Grau wie unsichtbar wirken;[80] wer sich, gewöhnt an die unentrinnbare Gewalt

[79] Viktor von Strauss (Übers.), *Lao-Tse's Tao Te King,* aus dem Chinesischen ins Deutsche übersetzt, eingeleitet und commentirt von Victor von Strauss, Leipzig: Friedrich Fleischer 1870, 167.

[80] Die Herausbildung transkultureller Verbindungslinien und Knoten verläuft zuweilen seltsam, unerwartet und schwer erklärlich. Eine der Intuitionen, die mich zur chinesischen Literatenmalerei hingezogen hat, war nicht nur die Begeisterung für die Kultivierung des Verhältnisses von Mensch und Natur, sondern noch etwas anderes. Ich dachte mir: das ist *die* Malerei „nach Auschwitz", denn sie arbeitet „asketisch" ohne Farbe und mit der Unendlichkeit der Schattierungen zwischen Weiß und Schwarz, zwischen Ohne und Mit. Diese beiden Momente sind „das Selbe". – Günter Grass beschreibt, wie er sich Adornos Satz „Nach Auschwitz ein Gedicht zu

und Aufdringlichkeit akustischer und musikalischer Reize, der Musik der Zither Qín zuwendet, wird leicht den Eindruck haben, *fast nichts* zu hören, weil es sich um eine Art der Musik handelt, die zwischen Hörbarkeit und Unhörbarkeit, zwischen Hören und Un-hören wandert und wandelt. Mit der Besinnung auf jene subtile Sinnlichkeit, die Fadheit als ästhetische Qualität wahrnehmbar macht, eröffnet sich erst ein Weg, dessen Gebrauch nicht erschöpft werden kann: ein gewundener Weg zum Gebrauch des Ohne in der Kultivierung von Tee, Malerei und Musik. Erst wenn Fadheit nicht länger mit Langeweile und Gleichgültigkeit verwechselt wird, vermag eine Ahnung von der Kommunikation aufzukommen, deren Bedingungen jener „Edle" zu nähren sucht, von dem in *Zhuāngzǐ* 20.5 gesprochen wird: eine paradoxe Kommunikation, die nur möglich ist, wenn sie sich immer wieder aus einem Weg speist, der fade und unerschöpflich ist wie das Wasser.

Dem Motiv der Fadheit des Wassers folgend, führt Kommunikation weg aus der Sphäre intersubjektiver Verhältnisse: hin zum intrasubjektiven Verhältnis von Menschen zu sich selbst, zur asketischen Arbeit des Selbst an sich selbst; zudem auch hin zum Verhältnis von Menschen zur außermenschlichen Natur, zu Himmel und Erde. An der Fadheit des Wassers orientierte ästhetische Askese ist keineswegs sinnenfeindlich, sondern durchaus „spielerisch". Sie lebt immer auch vom „Spielen mit dem Geschmack" (wánwèi 玩味). Allerdings ist das ein Spiel, das untrennbar ist von der Kultivierung des Geschmackssinns (wèijué 味覺),

schreiben ist barbarisch […]" als Vorschrift nahm: „Und diese Vorschrift verlangte Verzicht auf reine Farbe; sie schrieb das Grau und dessen unendliche Abstufungen vor." Und weiter: „Es galt, den absoluten Größen, dem ideologischen Weiß und Schwarz abzuschwören, dem Glauben Platzverweis zu erteilen und nur noch auf Zweifel zu setzen, der alles und selbst den Regenbogen graustichig werden ließ. Und obendrein verlangte dieses Gebot Reichtum neuer Art: mit den Mitteln beschädigter Sprache sollte die erbärmliche Schönheit aller erkennbaren Graustufungen gefeiert werden." (Günter Grass, „Schreiben nach Auschwitz. Frankfurter Poetik-Vorlesungen", in: Petra Kiedaisch (Hg.), *Lyrik nach Auschwitz. Adorno und die Dichter*, Stuttgart: Reclam 2012, 142.) Chinesische Tuschekunst feiert die Schönheit der Graustufungen und löst sich dadurch von der Erbärmlichkeit alles Grau in Grau.

der Besinnung auf das Verhältnis von Geschmack und Geschmacklosigkeit, auf das Schmecken des Ungeschmacks (wèi wú wèi 味無味). Was individuellen Geschmack überhaupt erst ermöglicht, ist die Fadheit des Wassers, des Wasser-Weges, dessen Qualität darin besteht, „fade und ohne Geschmack" zu sein (dàn rán wú wèi 淡然無味). Die Kultivierung des Sinns für die Fadheit des Wassers ist wiederum nur möglich, solange der fortgesetzte Gebrauch des Wassers dieses nicht verbrauchend erschöpft, solange also Himmel und Erde immer wieder neu unverbrauchtes Wasser bereitstellen, indem beide ihre „Kinder", die Quellen, Ströme und Meere erzeugen.

Lässt sich Fadheit definieren oder vermag sie alleine durch ästhetische Praktiken der Kultivierung hindurch eine gewisse, vorläufige Bestimmung zu erlangen? Kann ich nur verstehen, was Fadheit „ist", indem ich selber fade „werde"? Indem ich etwa den Teeweg praktiziere, indem ich Wasser auf getrocknete Teeblätter gieße, es durch verschiedene Teegeräte fließen lasse und dann das sich ergebende Teewasser (cháshuǐ 茶水) trinke? Tee zuzubereiten bedeutet, die Fadheit des Wassers für den in Teeblättern angesammelten Geschmack der Natur zu öffnen. Nun ist diese Verbindung eine, durch die der Ungeschmack des Wassers nicht von Geschmack bis zur Unkenntlichkeit überdeckt und überwältigt wird, vielmehr bewahrt das „Teewasser" die Qualität der Fadheit auch dort, wo das Wasser den Teegeschmack annimmt. Zu Beginn des aus wiederholtem Aufgießen der Teeblätter bestehenden Teetrinkens ist der Geschmack des Tees schwach, dann wird dieser durch erneutes Aufgießen stärker, um dann wieder allmählich schwächer zu werden, bis die Blätter keinen Geschmack mehr abgeben und der Tee sich schließlich wieder dem Geschmack des Wassers annähert. Somit erfahre ich die Fadheit des Teetrinkens, indem dieses „mich nährt" (yǎng jǐ 養己). Fadheit „nährt".

Der Ungeschmack der Fadheit ist nicht wie die „fünf Geschmäcke" (wǔ wèi 五味) – sauer, salzig, bitter, süß, scharf. Deren Vielfalt wird durch die Fadheit des Wassers überhaupt erst ermöglicht: Die Vielfalt verweist auf die unerschöpfliche Einfalt des Wassers. Mit den Worten, die „fünf Geschmäcke bewirken menschlichen Mundes Stumpfheit" (*Lǎozǐ* 11), wird behauptet, dass die Neigung zu kräftigem Geschmack den Geschmackssinn abstumpft. Das führt dazu, den „Gebrauch des Mundes zu verlieren" (shī kǒu zhī yòng 失口之用), dazu, von den Dingen versklavt zu werden, statt sich durch die Dinge zu nähren, wie es im Kommentar von Wáng Bì heißt – und damit zur Unfähigkeit, den *Weg des Geschmacks* (wèi dào 味道) zu gehen: den faden Ungeschmack wahrzunehmen, in dem alle Geschmäcke angelegt sind und in den sie zurückkehren. Mit der dichterischen Begeisterung gesagt, die vielfach im Buch *Zhuāngzǐ* spricht: Fader Ungeschmack eröffnet Zugang zur seltsamen Welt „fader Unbegrenztheit, aus der alles Schöne folgt" (dàn rán wú jí ér zhòng měi cóng zhī 澹然無極而眾美從之), zum „Weg des Himmels und der Erde" und zur „Tugend der heiligen Menschen" (*Zhuāngzǐ* 15).

Die Metapher der Fadheit des Wassers hat offenbar nicht nur ästhetisch-asketische und naturphilosophische Bedeutung, sondern eröffnet auch eine kritische Perspektive auf zwischenmenschliche Verhältnisse. Öffnet Fadheit als Ethos den Zugang zum normativen Gehalt paradoxer Kommunikation? Fadheit verweist dann auf eine kommunikative Offenheit, die als Bedingung der Transformation seiner selbst und der Anderen verstanden werden kann: „Des Edlen Verkehr ist fade wie Wasser, des kleinen Menschen Verkehr ist süß wie Most. Des Edlen Fadheit führt zu Nähe [Verwandtschaft/Liebe], des kleinen Menschen Süße führt zum Bruch." (*Zhuāngzǐ* 20.5) Diese Sätze sind Teil eines jener Gespräche, in denen Konfuzius ironisch belehrt wird. Er wird dazu angehalten, sich zu verändern und sich zu fragen, ob er nicht mit der eigenen Lehre einen falschen Weg eingeschlagen hat. Tatsächlich bricht er am Schluss des Gesprächs „mit dem Lernen und verschenkt seine Bücher"; er verzichtet auf die rituellen Bekundungen des Respekts durch seine Schüler – nur um dadurch deren Liebe zu mehren und zu fördern (qí ài yì jiā jìn 其愛益加進). Fadheit bedeutet nun paradoxerweise nicht Kälte und Unnahbarkeit, sondern führt zu Nähe und Liebe, die auch im Angesicht von „Bedrängnis, Misserfolg, Unglück, Leid und Schaden" nicht abbricht. Weil ein „himmlisches Band" die Menschen verbindet, kann der Wegfall des Nutzens als bindendes Moment die Tiefe und Dauerhaftigkeit fader Kommunikation zwischen Menschen auch nicht gefährden.

In einem anderen Gespräch (*Zhuāngzǐ* 7.3) wird das Motiv der Fadheit ins Politische ausgeweitet. Es ist eine von jenen Stellen, in denen das Spiel mit paradoxen Wendungen einmal mehr ins dichterisch Verrückt-Entrückte umzuschlagen scheint. Über das Regieren der Welt, das ordnende „Tun des Himmelunten", wird auf eine

Weise gesprochen, in der paradoxes Denken und Tun sich als Kunst der geordneten Un-ordnung, der anarchischen Harmonie zeigt. Das Regieren ist etwas, worüber der „Mensch ohne Namen“ nur ungerne spricht. Himmelgrund, der zufällig mit ihm zusammengetroffen ist, erhält erst nach wiederholtem Fragen folgende Antwort: „Du lass wandeln [wandern] das Herz im Faden, sammle den Atem [die Atem-Energie] im Öden, folge der Dinge Von-selbst [Natürlichkeit] und sei ohne Selbstisches darin, und das Himmelunten regiert sich.“[81] Fadheit gehört hier zu einem ästhetischen Ethos des Lassens, der Zurückgenommenheit und des Nicht-Eingreifens, in dem das Regieren seiner selbst und das Regieren Anderer, Selbsttransformation und Transformation anderer Menschen miteinander kommunizieren: Die Dinge der Welt werden oder sind dadurch nicht regiert oder geordnet – wie die meisten Übersetzungen nahelegen –, sondern regieren oder ordnen *sich* von selbst, aus sich heraus (zì rán 自然). Im Kapitel 25 des *Lǎozǐ* heißt es entsprechend: „Der Weg hat zum Gesetz das Von-selbst [die Natürlichkeit]“ (dào fǎ zì rán 道法自然). Was bedeutet es jedoch, das natürliche „Von-selbst“ zum „Gesetz“ zu haben? Daraus erwächst die Frage, wie in paradoxer Kommunikation das Verhältnis von Ästhetik und Ethik, von ästhetischer und normativer Ordnung gedacht werden kann. Es stellt sich zudem die Frage nach den Grenzen der in diesem Kapitel skizzierten daoistischen Version paradoxen Denkens. Im folgenden Kapitel möchte ich versuchen, eine mögliche Antwort zu erkunden.

Am Schluss des vierten Kapitels steht der bereits zitierte Satz: „Die Menschen alle kennen den Gebrauch des Brauchbaren, aber niemand kennt den Gebrauch des Ungebrauchs.“ (*Zhuāngzǐ* 4.8) Den paradoxen Gebrauch des Ungebrauchs zu denken und zu tun, geschieht keineswegs wie von selbst. Ganz im Gegenteil: Solcher Gebrauch ist schwer und schwierig. Er gelingt nur im Schatten des Misslingens und des Scheiterns.

[81] Wilhelm übersetzt (Wilhelm [Übers.], *Dschuang Dsi*, 59): „Laß deine Seele wandeln jenseits der Sinnlichkeit, sammle deine Kraft im Nichts, laß allen Dingen ihren freien Lauf und dulde keine eigenen Gedanken: und die Welt wird in Ordnung sein.“

IV. Vom Heimischwerden im Paradoxen

„Daß das weiche Wasser in
Bewegung
Mit der Zeit den mächtigen Stein besiegt.
Du verstehst, das Harte unterliegt.“ [82]

Bertolt Brecht

1. Im Unmöglichen Wurzeln schlagen

Die Ausweitung des Hölderlin-Modells auf das Verhältnis von Deutschtum und Judentum ist eines der rätselhaftesten und schmerzlichsten Kapitel deutscher Kulturgeschichte im 20. Jahrhundert. Die Liebe zur deutschen Sprache, die weitreichende, geradezu schwärmerische Identifikation mit Deutschland als Heimat und Vaterland hat jüdische Deutsche und deutsche Juden zu einer kaum mehr verständlichen Anhänglichkeit an Deutschland und deutsche Kultur geführt. Im Rückblick scheint dabei eine ungeheuerliche Selbsttäuschung am Werk gewesen zu sein. Die Bibel-Übersetzung von Martin Buber und Franz Rosenzweig etwa ist eines der großen Zeugnisse des utopischen Glaubens an die historische Korrespondenz zwischen Judentum und Deutschtum. An Buber gewendet, hat Gershom Scholem in einer Rede aus dem Jahre 1961 auf das bittere Scheitern der Übersetzung hingewiesen:

> Und welches Gastgeschenk der Juden an Deutschland konnte historisch sinnvoller sein als eine Übersetzung der Bibel? Aber es ist anders gekommen. […] Historisch gesehen ist sie nicht mehr ein Gastgeschenk der Juden an die Deutschen, sondern – und es fällt mir nicht leicht, das zu sagen – das Grabmal einer in unsagbarem Grauen verloschenen Beziehung. Die Juden, für die Sie übersetzt haben, gibt es nicht mehr. Die Kinder derer, die diesem Grauen entronnen sind, werden nicht mehr Deutsch lesen. […] Was die Deutschen mit Ihrer Übersetzung anfangen werden, wer möchte

82 Bertolt Brecht, „Legende von der Entstehung des Buches Taoteking auf dem Weg des Laotse in die Emigration“, in: ders., *Gesammelte Werke* 9, Frankfurt am Main: Suhrkamp 1967, 660–663.

sich vermessen, es zu sagen? Denn den Deutschen ist mehr widerfahren als der Dichter voraussah, als er sagte:

und nicht Übel ist, wenn einiges
verloren gehet, und von der Rede
verhallet der lebendige Laut.

Der lebendige Laut, auf den Sie die deutsche Sprache angesprochen haben, ist für das Gefühl von vielen von uns verhallt. Werden sich die finden, die ihn aufnehmen?[83]

Ist es Zufall, dass Scholem an dieser Stelle Hölderlins Gedicht „Patmos" zitiert? Vermag aus der Gefahr, in die das Deutsche gestürzt ist, noch Rettendes zu wachsen? Oder ist der „lebendige Laut" der deutschen Sprache unrettbar verhallt? Welchen Sinn hat es noch, von Korrespondenzen zwischen deutscher und griechischer oder deutscher und hebräischer oder deutscher und chinesischer Sprache zu sprechen? Und ist nicht die Eindringlichkeit, mit der Heidegger Hölderlins Sprache anruft, sogar noch ein überzeugender Grund mehr, sich vor der Anziehungskraft ihrer gar nicht mehr so verführerischen Klänge zu schützen?

Als dem unsagbaren Grauen Entronnene haben sich sowohl Adorno als auch Scholem entschieden, weiter deutsch zu schreiben. Aber es ist ihnen nicht leicht gefallen. Adorno hat seine Absage an die deutsche Sprache in die Behauptung gefasst, nach Auschwitz Gedichte zu schreiben sei barbarisch. Später hat er sie teilweise zurückgenommen mit dem Hinweis, dass einem Dichter so wenig das Recht auf Ausdruck verweigert werden kann wie einem Gemarterten das Brüllen (GS 6, 355). Weiterhin in der Sprache der Täter zu schreiben, war für ihn „drastische Schuld des Verschonten" (GS 6, 356). „Die Kinder derer, die diesem Grauen entronnen sind, werden nicht mehr Deutsch lesen", hat Scholem gesagt. Aber was machen jene Deutschen, die – vielleicht gar als Kinder und Kindeskinder der Täter und Mitläufer – an die deutsche Sprache als Mutter- oder Vatersprache gebunden bleiben? Tun sie gut daran, das Deutsche als Sprache des Dichtens und des Denkens geringzuschätzen oder aufzugeben, um sich Sprachen wie dem Englischen oder dem Chinesischen zuzuwenden, die international weiter verbreitet sind?

[83] Gershom Scholem, „An einem denkwürdigen Tage" (Rede bei der Feier zum Abschluss der Buberschen Bibelübersetzung in Jerusalem im Februar 1961), in: ders., *Judaica*, Frankfurt am Main: Suhrkamp 1963, 215.

Oder bleibt ihnen sowieso nichts anderes übrig, als sich in dieses Schicksal zu fügen, weil mit dem Gespür für Hölderlins Begeisterung auch die Sprachutopie des Hölderlin-Modells verloschen ist? Mit Adorno kann es keinen Ausweg aus diesem durch geschichtliche Ereignisse auferlegten geistigen Tod der deutschen Sprache geben. Er hat ihr letztlich nur aus Bedürfnis und Lebensnot die Treue gehalten und sich mit ihr auf ambivalente Weise solidarisch gezeigt: im Augenblick ihres Sturzes.

Diese Ambivalenz spricht aus den „Meditationen zur Metaphysik". In diesem Kapitel seiner *Negativen Dialektik* bringt Adorno die Schwierigkeiten des Denkens nach Auschwitz besonders radikal und ungeschützt zum Ausdruck. Aber untergräbt er damit nicht seine eigene Kritik an Heidegger? Denn wenn die deutsche Sprache für Dichten und Denken unmöglich geworden ist, wird dann nicht auch die Kritik an einem bestimmten ideologischen Gebrauch dieser Sprache sinnlos, den Adorno „Jargon der Eigentlichkeit" genannt hat? Setzt Adornos immanente Kritik der Ontologie (siehe GS 6, 104) nicht die Möglichkeit voraus, der deutschen Sprache doch noch einen Weg aus dem Abgrund ihrer Unmöglichkeit weisen zu können? Oder umgekehrt gefragt: Wenn Adornos Kritik an Heideggers Ontologie sinnvoll ist, kann dann nicht mit gleicher Berechtigung angenommen werden, dass Heideggers Versuche, die deutsche Sprache zu retten, nicht einfach als schuldbehaftete Nostalgie abgeschoben werden können, sondern eine ernsthafte Auseinandersetzung verdienen? Mit der von Adorno umkreisten Paradoxie „deutscher Nicht-Identität" drängen sich solche Fragen auf. Der schon 1923 aus Deutschland nach Palästina ausgewanderte Scholem war in dieser Hinsicht konsequenter. Aus der Perspektive desjenigen, der früh an der wundersamen Korrespondenz zwischen der hebräischen und der deutschen Sprache gezweifelt hat, kann er zunächst gegenüber Buber bemerken, es sei „eine wunderbare Fügung, daß Sie ein Werk solcher Reife, solcher exegetischen und sprachlichen Weisheit und Treue beendigen konnten", um eben diesem Ergebnis von jahrzehntelanger mühevoller Arbeit sodann die zweifelhafte Ehre zukommen zu lassen, als „Grabmal einer in unsagbarem Grauen verloschenen Beziehung" dazustehen. War Buber bloß auf naive Weise beharrlich? Oder hat er seine Arbeit im Wissen ihrer Unmöglichkeit getan? Ist es ihm gelungen, im Unmöglichen Wurzeln zu schlagen?

Buber hatte nicht nur eine herausragende Bedeutung für die Renaissance jüdischen Denkens und jüdischer Mystik zu Beginn des 20. Jahrhunderts. Gleichzeitig mit seinem wachsenden Interesse am Judentum hat sich Buber auch mit chinesischer Philosophie beschäftigt, insbesondere mit dem philosophischen Daoismus. Von ihm stammt die erste Übersetzung ausgewählter Gleichnisse aus dem Buch *Zhuāngzǐ* ins Deutsche, die 1910 unter dem Titel *Reden und Gleichnisse des Tschuang-Tse* veröffentlicht worden ist. Judentum, Deutschtum und Chinesentum hat Buber in einer Weise aufeinander bezogen, an die zu erinnern so bedeutsam wie irritierend ist, weil überraschende Ähnlichkeiten zu Heideggers Interesse an chinesischer Philosophie sichtbar werden, aber auch jäh aufblitzende Möglichkeiten, die der spätere Lauf der Geschichte übergangen hat.

„Ich habe sie empfangen und neu erzählt. Ich habe sie nicht übertragen wie irgendein Stück Literatur, ich habe sie nicht bearbeitet, wie irgend einen Fabelstoff, ich habe sie neu erzählt als ein Nachgeborener.“[84] Was Buber von seinem „Erzählen der chassidischen Legende“ des „Baalschem“ sagt, hat auf sein Erzählen der Reden und Gleichnisse des *Zhuāngzǐ* unverkennbar abgefärbt. Die Sprache seiner Übersetzung wie auch diejenige seines Nachworts zeugen von der unerwarteten Korrespondenz, die er zwischen Daoismus und jüdischer Mystik wahrgenommen und hergestellt hat, und zwar weitgehend intuitiv, nahezu ohne jede philologische Absicherung.

Ein Aspekt dieser Korrespondenz betrifft das Verständnis von Ding und Dingen, von dem im vorherigen Kapitel die Rede war. Buber beginnt seine Einführung in die „Grundlehren“ des Baalschem wie folgt:

> Gott, so lehrt der Baalschem, ist das Wesen jedes Dinges. Wer, ungeblendet vom Scheine, in das Wesen der Dinge schaut, der schaut Gott. Gott spricht nicht aus den Dingen, sondern er denkt in den Dingen; und so kann er nur mit der innersten Kraft der Seele empfangen werden. Ist diese Kraft freigemacht, dann ist es dem Menschen an jedem Ort und zu jeder Zeit gegeben, sich mit Gott zu vereinigen. Jede Handlung, die in sich geweiht ist,

[84] Martin Buber, *Die Legende des Baalschem*, Frankfurt am Main: Rütten & Loening 1908, II.

mag sie noch so niedrig und sinnlos erscheinen dem von außen Herankommenden, ist der Weg zum Herzen der Welt. In allen Dingen, auch den scheinbar völlig toten, wohnen Funken des Lebens, die in die bereite Seele fallen.[85]

Im fast gleichzeitig veröffentlichten Nachwort seiner *Reden und Gleichnisse des Tschuang-Tse* heißt es in einer ebenso emphatischen Sprache:

So macht die Einheit jedes Dinges in sich selbst die Art und das Wesen dieses Dinges aus, das ist das Tao dieses Dinges, dieses Dinges Bahn und Ganzheit. ‚Kein Ding kann Tao erzeugen, und doch hat jedes Ding Tao in sich und erzeugt es ewig von neuem'. Das bedeutet: jedes Ding offenbart Tao durch den Weg seines Daseins, durch sein Leben; denn Tao ist die Einheit in der Wandlung, die Einheit, die sich, wie an der Vielheit der Dinge, so an der Vielheit der aufeinanderfolgenden Momente im Leben jedes Dinges bewährt. Darum ist nicht der Mensch, dessen Weg ohne Wandlungen verläuft, die vollkommene Offenbarung Taos, sondern der Mensch, der mit der stärksten Wandlung die reinste Einheit vereint. Es gibt zwei Arten von Leben. Das eine ist das bloße Hinleben, die Abnutzung bis zum Verlöschen; das andere ist die ewige Wandlung und deren Einheit im Geiste. Wer in seinem Leben sich nicht verzehren läßt, sondern sich unablässig erneut und gerade dadurch, in der Wandlung und durch sie, sein Selbst behauptet – das ja nicht ein starres Sein, sondern eben Weg, Tao ist – der gewinnt die ewige Wandlung und Selbstbehauptung.[86]

Die „Einheit der Welt", die Einheit von Himmel, Erde und Mensch, besteht jedoch, so Buber weiter, „nur für den Vollendeten". Dessen Bedeutung fasst er wie folgt zusammen:

Tao verwirklicht sich im wahrhaften Leben des Vollendeten. In seiner reinen Einheit wird es aus Erscheinung zu unmittelbarer Wirklichkeit. Das Unerkennbare und das geeinte Menschenleben, das Erste und das Letzte berühren sich. Im Vollendeten kehrt Tao von seiner Weltwanderung durch die Erscheinung zu sich selbst zurück. Es wird Erfüllung, wird die Ewigkeit.[87]

85 Martin Buber (Hg.), *Die Geschichten des Rabbi Nachman, ihm nacherzählt von Martin Buber*, Frankfurt am Main: Rütten & Loening ohne Jahr, 15.
86 Martin Buber, *Reden und Gleichnisse des Tschuang-tse*, deutsche Auswahl von Martin Buber, Leipzig: Insel 1918 (neubearbeitete Ausgabe), 105f.
87 Ebd., 110.

Im Hinblick auf die Erörterung des Gebrauchs von Dingen im vorherigen Kapitel erscheint Bubers starke Betonung der „Einheit" problematisch. Die Idee einer „Weltwanderung durch die Erscheinung zu sich selbst zurück" macht stutzig. Es taucht die Frage auf, wie Buber denn zu einer solchen Interpretation gekommen ist. Er schreibt, dass man „Tao im Abendlande zumeist als einen Versuch der Welterklärung aufgefaßt hat". Allerdings „fiel die Welterklärung, die man darin erblickte, stets mit den Neigungen der jeweiligen Zeitphilosophie zusammen [...]".[88] Nun liegt die Annahme nicht fern, dass dies auch für Buber selbst gilt. Einmal abgesehen von der Korrespondenz zwischen Daoismus und jüdischer Mystik, welche zeitbedingte Welterklärung ist denn in Bubers Deutung der „Tao-Lehre" eingeflossen?

2. Die Seele Asiens wird gemordet

Buber ergeht sich in weitschweifenden Visionen zum Verhältnis von Ost und West, von Orient und Okzident. Sein Vortrag „Der Geist des Orients und das Judentum" ist zwischen 1912 und 1914 entstanden und endet mit der Idee einer „weltgeschichtlichen Mission" des „deutschen Volkes": Es ist dazu berufen, als „Mittlervolk" zwischen Asien und Europa zu dienen. Die von Buber in weitausgreifenden Strichen gezeichnete Perspektive erregt mehr als hundert Jahre später vor allem Staunen und Verstörung. Ihr Pathos streift einerseits Gedanken über die Einheitlichkeit des „orientalischen Geistes", die „asiatische Antike" und den Gegensatz von orientalischem und abendländischem Menschentypus – wobei er zugesteht, dass er dafür „Vermischtes rein, Fließendes starr, Verknüpftes einsam machen muß, um das Wesentliche aufzuzeigen".[89] Andererseits zeugt Bubers Vortrag von scharfer Einsicht in den „vergewaltigenden Einfluß Europas" auf Asien, der zuläuft auf eine düstere Diagnose der „asiatischen Krisis":

[88] Ebd., 103.

[89] Martin Buber, „Der Geist des Orients und das Judentum", in: *Vom Geist des Judentums*, Leipzig: Wolff 1916, 11f.

Die führenden Völker des Orients sind teils unter die äußere Gewalt, teils unter den innerlich vergewaltigenden Einfluß Europas gekommen; sie haben ihre heiligsten Güter, die großen Traditionen ihres Geistes nicht gewahrt, ja sie haben sie zuweilen selber preisgegeben. Die Unterjochung Indiens, die Selbsteuropäisierung Japans, die Schwächung Persiens, zuletzt die Zerrüttung Chinas sind einige Stadien dieses Prozesses. Die Seele Asiens wird gemordet, und es selber tut bei diesem Morde mit. Die Welt ist im Begriff, das unersetzlichste Gut zu verlieren und kümmert sich nicht darum, vielmehr, sie spendet den Nationen Beifall, die es zerstören. Selbstbesinnung, Einkehr, Umkehr tut not.[90]

Auch wenn es nicht mehr üblich ist, wie Buber von der „Seele Asiens" oder wie Richard Wilhelm von der „Seele Chinas" zu sprechen, kann nicht genug betont werden, wie wichtig das Verständnis von Erfahrungen ist, die in diesen wenigen Sätzen knapp umrissen werden. Der nicht nur westlichen Beobachtern allzu willig erscheinenden Verwestlichung zum Trotz sind die brutalen Erfahrungen von Vergewaltigung und (Selbst-) Zerstörung in Asien unvergessen und ihre traumatischen Nachwirkungen leben auch dort mehr oder weniger unterschwellig fort, wo unverhohlen mit geschichtsphilosophischem Selbstbewusstsein vom Wiederaufstieg Asiens gesprochen wird, durch den die zweihundertjährige Vorherrschaft westlicher Moderne an ein Ende kommt.[91] In (West-) Europa hingegen herrscht Skepsis oder gar Ablehnung gegenüber geschichtsphilosophischen und geopolitischen Spekulationen vor. Zu dem selbstgefälligen Glauben, das europäische Projekt der Moderne sei der normative Höhepunkt der Menschheitsgeschichte, gehört ein sehr geringes Bewusstsein von den dunklen Seiten des europäischen Einflusses in Asien.

In Ostasien, vor allem in China, dessen moderne Revolutionen auf radikal unsentimentale Weise jene Teile der „Seele Chinas" zu morden versucht haben, die der Nötigung zur Modernisierung hinderlich schienen, wird das, was Buber „Selbsteuropäisierung" nennt, inzwischen gemeinhin als Bedingung der Möglichkeit des Wiederaufstiegs aus der Asche einer in der chinesischen Geschichte beispiellosen (Selbst-) Zerstörung und (Selbst-) Verkeh-

90 Ebd., 46.

91 Siehe dazu etwa Kishore Mahbubani, *The New Asian Hemisphere: The Irresistible Shift of Global Power to the East*, New York: Public Affairs 2008.

rung anerkannt. Deswegen spielen auch postkoloniale Empfindlichkeit und das mit ihr verbundene Klagen über den bösen Westen im gegenwärtigen philosophischen Diskurs Chinas keine dominierende Rolle. Stattdessen bilden Selbstentäußerung und Selbstenteignung, „Selbsteuropäisierung" und „Selbstamerikanisierung" den unhintergehbaren Horizont, vor dem eine erneute Selbstsinisierung gedacht werden kann. Nach langen und gewundenen Wegen des Lernens vom Westen, nachdem unzählige Chinesen verschiedene Wege des Europäer-Werdens, Amerikaner-Werdens, Franzose-Werdens, Japaner-Werdens oder auch Deutscher-Werdens gegangen sind, stellt sich nun die Frage nach chinesischer Identität neu: Was bedeutet es, Chinese zu sein, wenn doch das Chinese-Werden ein unabschließbarer Transformationsprozess ist? Es ist sinnlos, die Existenz *kultureller Identität* zu leugnen, aber sie lässt sich nicht feststellen und verewigen, ist vielmehr immer im Werden, auch dort, wo sie sich entweder identitär an ein bestimmtes Mitsein bindet oder wo sie sich genötigt sieht, bestimmte Identifizierungen zu durchbrechen, um wandelbar zu bleiben oder es wieder zu werden. Kulturelle Transformation lebt und atmet im unabschließbaren Hin-und-Her zwischen Verschließung und Öffnung, Aneignung und Enteignung, Identität und Nicht-Identität. Auf dem gewundenen Weg transformativer Bewegung kommen Menschen jedoch keineswegs immer freiwillig und selbstgewählt, vielmehr nötigt sie vielfach die Lebensnot zu Gängen, auf denen sie Gewalt und Grausamkeit ausgesetzt sind oder auch Gewalt und Grausamkeit ausüben, ohne die paradoxen Folgewirkungen vorhersehen zu können.

Merkwürdigerweise hat Martin Buber seine Suche nach einem vergessenen und verlorenen Judentum, sein Jude-Werden mit einer Öffnung für ausgewählte Aspekte chinesischer Kultur verbunden, die so weit ging, dass es nicht übertrieben erscheint, von einem gleichzeitigen Chinese-Werden zu sprechen. Sein Freund Franz Rosenzweig stand Bubers China-Begeisterung mit großem Misstrauen gegenüber. Buber sah im Deutschland des frühen 20. Jahrhunderts gute Voraussetzungen für das Kommunizieren von jüdischem und chinesischem Denken:

Selbstbesinnung, Einkehr, Umkehr tut not. Das Volk, das in dieser vorangehen muß, ist das, dessen Leben im Geiste und dessen metaphysische Schöpfung einzig im modernen Europa denen der großen orientalischen Völker verwandt ist, das deutsche Volk. Es muß sich unterfangen, eine neue

Ära der Erhaltung des Orients und des Einvernehmens zwischen ihm und dem Abendland zu gegenseitiger Förderung und gemeinsamer menschheitlicher Arbeit zu begründen, eine Ära, in der Asien durch Europa nicht vergewaltigt, sondern aus seinen eignen Keimkräften heraus entfaltet, und Europa durch Asien nicht bedroht, sondern zu den großen Lebenswahrheiten hingeführt wird. Für diese weltgeschichtliche Mission bietet sich Deutschland [als] ein Mittlervolk dar, das alle Weisheit und Kunst des Abendlands erworben und sein orientalisches Urwesen nicht verloren hat, das berufen ist, Orient und Okzident zu fruchtbarer Gegenseitigkeit zu verknüpfen, wie es vielleicht berufen ist, den Geist des Orients und den Geist des Okzidents in einer neuen Lehre zu verschmelzen.[92]

Versionen dieses Textes und Übersetzungen, die nach 1945 veröffentlicht wurden, sind stark gekürzt, und der Bezug auf Deutschland und das deutsche Volk wurde gestrichen – an deren Stelle ist „Europa" getreten. Das verleiht dem Text eine bemerkenswerte Wendung, macht ihn zugleich jedoch weitgehend unverständlich. Während Heidegger 1945 zumindest kurzzeitig den Gedanken von Deutschland als „Mittlervolk" zwischen Ost und West auf seltsam verkehrte Weise noch einmal zum Ausdruck bringt, konnte Buber, aus naheliegenden Gründen, an seiner Vision einer „weltgeschichtlichen Mission" des deutschen Volkes nicht festhalten. Heidegger hat den Gedanken weiterverfolgt, indem er davon träumte, die Deutschen möchten lernen, ein „unbrauchbares Volk" zu werden. Dieser Traum ist philosophisch unausgearbeitet geblieben – er steht nun da als ein abwegig erscheinendes Gedankenexperiment, das ihm von historischer Not in einem einzigartigen Moment eingegeben worden ist. Gleichwohl möchte ich noch ein wenig bei Bubers Gedanken von Deutschen als geistigen Mittlern „zwischen Orient und Okzident", „zwischen China und Europa" verweilen.[93] Denn mit diesem Gedanken scheint es sich ähnlich zu verhalten wie mit der paradoxen Situation des Hölderlin-Modells, das zugleich unmöglich geworden ist – oder immer schon unmöglich war – und doch unverzichtbar bleibt: Es ist unmöglich, von ihm zweckorientiert Gebrauch zu machen, aber ebenso unmöglich, von ihm ungerührt abzulassen – vorausgesetzt, die „Hölderlinschen Korrespondenzen" betreffen nicht nur das Verhältnis von Griechenland und

92 Buber, „Der Geist des Orients und das Judentum", 46f.

93 Siehe Salome Wilhelm (Hg.), *Richard Wilhelm. Der geistige Mittler zwischen China und Europa*, Düsseldorf-Köln: Eugen Diederichs 1956.

Deutschland, sondern vermögen in einer für Hölderlin und Heidegger noch undenkbaren Weise auch außereuropäische Gegenden zu erreichen.

Aber verführt eine solche Spekulation nicht zu einer falschen, selbst wiederum ideologischen Übersteigerung der geschichtlichen Rolle Deutschlands und seines vergangenen und künftigen Verhältnisses zu China? Wird hier eine philosophische Geschichte erzählt, die auch ganz anders erzählt werden könnte? Buber und Heidegger haben, je für sich, an einer solchen Geschichte gearbeitet. Aber was geschieht, wenn die beiden Erzählstränge miteinander verflochten werden? Was wird aus der *Mission Unbrauchbarkeit*, die Heidegger dem deutschen Volk am 8. Mai 1945 aufgibt, wenn Bubers Perspektive hinzutritt? Dann taucht auch die Überlegung auf, Heidegger könnte in seiner Intuition einer transkulturellen Korrespondenz zwischen dem Lernen der Deutschen, unbrauchbar zu werden, und Zhuāngzǐs paradoxem Motiv vom Gebrauch des Ungebrauchs etwas Entscheidendes ausgelassen haben: die Mittlerfunktion jüdischen Denkens. Dass die Gleichnisse des *Zhuāngzǐ* zunächst auf Buber und dann – durch Bubers und Richard Wilhelms Übersetzungen vermittelt – auch auf Franz Kafka starken Eindruck gemacht haben, scheint zunächst eine von jenen Korrespondenzen zu sein, durch die Entlegenes und Unverbundenes auf überraschende Weise zusammenzukommen vermag.[94] Dieses Zusammentreffen hat indes kaum Spuren hinterlassen, was nicht verwunderlich ist, aber doch bedenklich. Denn es handelt sich um eine Korrespondenz, die entscheidend dabei helfen könnte, die geistige Situation einer Gegenwart zu bedenken, in der tiefgreifende Veränderungen im Verhältnis von Ost und West im Gange sind.

Diese Überlegungen werden von der Überzeugung geleitet, dass die im *Abendgespräch* eröffnete Korrespondenz zwischen Heidegger und Zhuāngzǐ zum Scheitern verurteilt ist, solange keine kritische

[94] Gustav Janouch berichtet von einem Gespräch mit Kafka, in dem dieser folgende Bemerkung gemacht hat: „Ich habe mich – soweit dies in der Übersetzung überhaupt möglich ist – ziemlich tief und lange mit dem Taoismus beschäftigt. Ich besitze fast alle Bände der deutschen Übersetzung dieser Richtung, die bei Diederichs in Jena herauskamen." (Gustav Janouch, *Gespräche mit Kafka. Aufzeichnungen und Erinnerungen*, Frankfurt am Main: Fischer 1961, 171)

Kraft hinzutritt, welche das verklärende oder zumindest beschönigende Verhältnis von Heidegger und dem Daoismus durcheinanderbringt. Diese hinzutretende Kraft ist in diesem Buch Adorno. Es beginnt sich ein gewundener, gleichwohl aber doch noch gangbarer Weg abzuzeichnen, sobald jene Korrespondenz durch dessen Eingreifen gestört und verändert wird. Die Korrespondenz zwischen Heidegger und dem paradoxen Denken des Daoismus vermag erst dann Orientierung auf einem gewundenen Weg nach China zu geben, wenn mit Heideggers „seinsgeschichtlichem Antisemitismus" gebrochen wird.[95] Durch diesen hat er sich und die Nachwelt von den noch weitgehend verborgenen Quellen der philosophischen Korrespondenz zwischen deutscher und chinesischer Sprache abgeschnitten. Heideggers transkulturelle Kehre hat einen neuen Weg der Kommunikation zwischen China und Europa eröffnet. Die völkisch-antisemitische Begleitmusik, die in seinen Schriften immer wieder durchklingt, ist derjenige Teil in Heideggers Denken, gegen den Adornos Denkbarriere vor allem errichtet worden ist. Als unbeabsichtigte Nebenwirkung blockiert nun die gegen Heideggers Antisemitismus gerichtete Barriere auch den Weg nach China, den dieser versuchsweise eingeschlagen hat. Mehr als das: Nicht nur Heideggers, sondern auch Bubers Beschäftigung mit dem Daoismus scheint unter dem Bannstrahl der Kritik zu zerfallen.

Gleichwohl möchte ich vermuten, dass die Rückbesinnung auf Bubers von der Perspektive jüdischer Mystik und des jüdischen Messianismus durchdrungene Aneignung des Daoismus die Blockade Adornos gegen Heidegger an jener Stelle durchlässiger machen kann, an der dieser sich für bestimmte Aspekte chinesischer Philosophie geöffnet hat. Demgegenüber ist zwischen Heideggers transkultureller Öffnung und seinem „seinsgeschichtlichen Antisemitismus" ein scharfer Schnitt zu machen. Durch das *Abendgespräch* fällt auf den philosophischen Daoismus der düstere Schatten des völkischen Antisemitismus. In Bubers Daoismus-Rezeption erweist sich dieser Verdacht allerdings als durchaus willkürlich und unbegründet, ja gewaltsam. Gleichwohl liegt er in der Luft und kann als Warnung und Mahnung dienen, die nicht überhört werden sollte.

95 Siehe dazu Peter Trawny, *Heidegger und der Mythos der jüdischen Weltverschwörung*, Frankfurt am Main: Klostermann 2015, besonders 119–123.

Deshalb ist die Frage nicht unwichtig, wie denn die Auseinandersetzung mit Heideggers Gebrauch und Missbrauch des Daoismus zum beständigen Begleiter selbstbesonnenen Wanderns zwischen China und Europa werden kann.

3. Daoismus und jüdischer Messianismus

Die Wirkungsgeschichte des *Zhuāngzǐ* im deutschsprachigen Raum zeigt deutlich, dass es zu Heideggers Aneignung chinesischer Philosophie Alternativen gibt, die der kritischen Selbstbesinnung zugutekommen können. Auch wenn Bubers Versuch, sich den Daoismus anzuverwandeln, letztlich weit weniger Stoff enthält, mit dem sich weiterarbeiten lässt, als derjenige Heideggers, so weist seine in der deutschen Sprache vollzogene Verbindung von Judentum und philosophischem Daoismus doch einen Weg nach China, dessen Bedeutung nicht unterschätzt werde sollte. Für Buber führt dieser Weg von West nach Ost und zurück unvermeidlich durch „Jerusalem“: durch den jüdischen Messianismus.[96] Kurz bevor Buber den Vortrag gehalten hat, dem diese Sätze entnommen sind, wurde seine Teilübersetzung des *Zhuāngzǐ* veröffentlicht. Das Nachwort zu den *Reden und Gleichnissen des Tschuang-tse* und andere Äußerungen Bubers zur „Tao-Lehre“ und zur „Lehre des Nichttuns“ zeigen,

[96] Buber, „Der Geist des Orients und das Judentum“, 45–48: „Unter allen Nationen Europas hat die deutsche am stärksten auf den wandernden Juden eingewirkt, sie hat seine Sprache und seine Lebensformen dauernd beeinflußt, unverlierbar gehört ihr seine Liebe; und unter allen Nationen Europas hat die deutsche die stärksten Eindrücke vom Judentum empfangen: die Bibel ist einzig in Deutschland, durch Luthers unerhörtes Werk, wie ein autochthones Buch angenommen worden, Spinoza wurde einzig in Deutschland ein tiefer und fruchtbarer Besitz der entscheidenden Geister und der Sozialismus Marxens und Lassalles konnte nirgendwo sonst so völlig assimiliert werden. Das ist nicht Zufall, sondern sinnvoller Zusammenhang. Der Augenblick scheint mir nahe zu sein, wo er sich in einem Zusammenhang der Aktivität erproben kann. Wie dies geschehen mag, ist heute noch nicht zu umgrenzen. Aber dies eine sei gesagt, daß Jerusalem immer noch, ja mehr als je das ist, als was es im Altertum galt: das Tor der Völker. Hier ist der ewige Durchgang zwischen Orient und Okzident. […] Es gilt das Heil Jerusalems zu suchen, welches das Heil der Völker ist.“

dass er sich keineswegs darauf beschränkt, in diese ideengeschichtlich einzuführen, sondern vielmehr unverkennbar dazu neigt, die „Tao-Lehre" messianisch aufzuladen: als wollte er ihr zumindest eine „*schwache* messianische Kraft mitgeben",[97] einen Durchbruch in die Transzendenz, die dem daoistischen, ja allgemein dem chinesischen Verständnis von Welt und Natur nicht nur im Westen häufig abgesprochen worden ist.

Für Buber kann die Kraft für die Erneuerung des Judentums nur aus dem „Osten" kommen. Nur von dort her kann die „am tiefsten ursprüngliche Kraft des Judentums, der Messianismus" gewahrt werden,[98] nicht hingegen von den emanzipierten und „angepaßten Juden", die „ihre Gedanken und Formen den Musterbüchern des europäischen Aufklärertums und den sogenannten fortgeschrittenen Religionen entnahmen", durch die „im Judentum der letzte alte Aufbau des orientalischen Geistes erschüttert" worden ist.[99] In prophetischem Ton schreibt Buber eine dramatisch zugespitzte Geschichte, deren kritische Spitze gegen das „offizielle Judentum" gerichtet ist, gegen „eine von dem Wurzelgrund des natürlichen Lebens und von den Funktionen des echten Geisteskampfes abgelöste Geistigkeit", die sich „neutral, substanzlos, dialektisch" allen Gegenständen hingeben kann, „ohne auch nur einem wirklich schauend-triebhaft anzugehören".[100] Buber sieht den Grund der messianischen Kraft des Judentums aufbewahrt in dessen „orientalischem Geist", von dessen unerschüttertem Fortbestehen – etwa im osteuropäischen Chassidismus – er überzeugt ist:

> Dieser Grund ist die Seele der Juden selbst. Denn der Jude ist Orientale geblieben. Er ist aus seinem Land getrieben und über die Länder des Abendlandes geworfen worden; er hat unter einem Himmel wohnen müssen, den er nicht kannte; er hat das Martyrium erduldet und, was noch schlimmer ist, das Leben in der Erniedrigung; die Sitten der Völker, bei denen er wohnte, haben ihn angerührt, und er hat die Sprachen der Völker gesprochen; und in alldem ist er Orientale geblieben.[101]

97 Benjamin, „Über den Begriff der Geschichte", 694.
98 Buber, „Der Geist des Orients und das Judentum", 38.
99 Ebd., 42.
100 Ebd., 41f.
101 Ebd., 43.

Und Buber scheut nicht davor zurück, seinen Glauben „an eine neue geistig-religiöse Schöpfung des Judentums" auf diesem „offenbaren oder latenten Orientalismus, diesem unter allen Einflüssen erhaltenen Seelengrund der Juden" zu bauen.[102] Vielfach evoziert Buber dabei einen geschichtsphilosophischen Gegensatz zwischen Ost und West, der gegen die westliche Aufklärung gerichtet ist, durch die „asiatische Gewalt und asiatische Innerlichkeit" verkümmert und verzerrt worden sein soll. Entsprechend erwartet er jene „neue geistig-religiöse Schöpfung des Judentums" nicht von der „Abgelöstheit und Aufgelöstheit seiner abendländischen Existenz", in der er nur zu „Stückwerk" gelangen kann, vielmehr bedarf jene Schöpfung einer Synthese, „die die Kontinuität jüdischer Schöpfung wieder aufnimmt und dem unsterblichen jüdischen Einheitstrieb wieder adäquaten Ausdruck gewährt".[103] Schließlich verleiht er dieser Vision eine zionistische Perspektive:

> Der Jude [...] ist durch alle Himmel und Höllen des Abendlandes gegangen und hat an seiner Seele Schaden gelitten; aber seine Urkraft ist unversehrt geblieben, ja sie ist geläutert worden. Wenn sie ihren mütterlichen Boden berührt, wird sie wieder schöpferisch sein.

Seinen „Beruf unter den Völkern", seine weltgeschichtliche Mission, kann „der Jude" erfüllen, so Buber weiter, wenn er mit jener Urkraft daran geht

> zu verwirklichen, was seine Religiosität ihn in der Vorzeit lehrte: die Einwurzelung im heimatlichen Boden, die Bewährung des rechten Lebens in der Enge, die vorbildliche Gestaltung einer Menschengemeinschaft auf der schmalen kanaanitischen Erde."[104]

An dieser Stelle wendet sich Bubers Text dann abschließend der „asiatischen Krisis" zu.

Aber was hat das nun mit den Gleichnissen des *Zhuāngzǐ* zu tun? Wie stellt Buber eine „Hölderlinsche Korrespondenz" zwischen dem jüdischen Messianismus und der „Tao-Lehre" her? Das Nachwort zu den *Reden und Gleichnissen des Tschuang-tse* verweist auf einen

[102] Ebd., 44.
[103] Ebd., 44f.
[104] Ebd., 45.

Zusammenhang, dessen Betonung in der Regel in den Umkreis von fragwürdigen Deutungen des *Zhuāngzǐ* gehört: Einheit – Buber spricht auch von der Schöpfung einer „Synthese“ oder einem „Einheitstrieb“. Einheit ist das Schlüsselwort von Bubers Interpretation der „Tao-Lehre“. Dabei zeigt sich sogleich ein paradoxes Moment, in dem dann doch wieder ein vertrauterer Zhuāngzǐ zum Vorschein kommt. Denn die Einheit, die Buber beschwört, ist keine gegebene Einheit, keine Einheit, die festen Boden unter den Füßen gibt, sondern eine, die nur „Vollendeten“ zugänglich ist, sich damit aber für die Unvollendeten als nahezu unzugänglich und unmöglich erweist: ein Mensch, der Einheit in diesem Sinne sucht, macht sich auf einen Weg der ständigen Wanderung und Wandlung, auf dem er immer wieder „in dem Unmöglichen Wurzel schlägt“.[105]

4. Die Not des abendländischen Menschen

Auf der Herbsttagung des Jahres 1928, veranstaltet vom Frankfurter China-Institut, hat Richard Wilhelm einen Vortrag mit dem Titel „Bildung und Sitte in China“ gehalten. Der ebenfalls in Frankfurt lebende Martin Buber wurde gebeten, den Vortrag zu kommentieren.[106] Dabei prallten Wilhelms vor allem konfuzianisch beeinflusste Perspektive und Bubers daoistisch inspirierte auf eine Weise aufeinander, die es ermöglicht, sich zumindest ein wenig in dem transkulturellen Wirrwarr zu orientieren, in dem Buber sich wie mit schlafwandlerischer Sicherheit zu bewegen scheint.

Erstaunlich direkt bezweifelt Buber gegenüber Wilhelm die Möglichkeit, „von der chinesischen Kultur im eigentlichen Sinn, von der konfuzianischen Kultur, etwas zu übernehmen“. Er nennt zwei Gründe für diesen Zweifel: den „Ahnenkult“ (die Sittlichkeit

105 Siehe Buber (Hg.), *Die Geschichten des Rabbi Nachman*, 8.

106 Richard Wilhelm, „Bildung und Sitte in China“, in: *Chinesisch-Deutscher Almanach* (1929/30), Frankfurt am Main: China-Institut, 27–35; Martin Bubers überschriftloser Kommentar findet sich auf den Seiten 40–43; er ist später unter dem Titel „China und Wir“ gesondert veröffentlicht worden („China und Wir“, in: *Martin Buber Werkausgabe*, Band 2.3, *Schriften zur chinesischen Philosophie und Literatur*, herausgegeben, eingeleitet und kommentiert von Irene Eber, Gütersloh: Gütersloher Verlagshaus 2013, 285–289).

der Familie) und „das Vertrauen zum ursprünglichen Sein der menschlichen Substanz", das „Vertrauen zum Urzustand", also das Vertrauen in die Anschauung, dass der Mensch „gut in seinem eigentlichen Wesenskern" ist, wie Wilhelm an anderer Stelle sagt.[107] Buber behauptet nun: „Eine organische Beziehung zwischen Toten und Lebenden wie in der chinesischen Kultur ist im Abendland nicht da und, wie mir scheint, nicht möglich" und: das „Vertrauen zum Ursein geht dem abendländischen Menschen ab".[108] Entsprechend fragt er sich, „ob wir von dem großen Zusammenhang Chinas, seiner Kontinuität, von der Verbürgung des Institutionellen, das die chinesische Kultur darstellt, etwas in unser Leben aufzunehmen vermögen".[109] Der „Großen Struktur der konfuzianischen Kultur" stellt er „etwas Revolutionäres, Protesthaftes, freilich im Grunde Uraltes" gegenüber:

> Ich glaube, daß wir von China lebensmäßig etwas annehmen können von der taoistischen Lehre des Nichttuns, von der Lehre des Laotse.[110]

Und der Grund, den er dann nennt, verweist auf ein Leitmotiv der deutschen, ja der westlichen Daoismus-Rezeption insgesamt: „Und zwar deshalb, weil wir mit unserer Last, auf unserem Weg, nur eben negativ, sozusagen auf der umgekehrten Seite etwas Analoges gelernt haben."[111] Dieser Hinweis lässt zumindest erahnen, dass eine „wirkliche Aufnahme"[112], nämlich eine Aufnahme von den Wurzeln und von der Vitalität her – oder eine „Aufnahme eines Lebendigen mit den Kräften des eigenen Lebens", wie Buber es in einer Korrektur des Textes ausdrückt[113] – voraussetzt, dass „wir" (im Westen) bereits auf „unsere" Weise „etwas Analoges gelernt haben".[114] Das muss für Buber „mit unserer Last, auf unserem Weg,

[107] Richard Wilhelm, „Licht aus Osten", in: ders., *Der Mensch und das Sein*, Jena: Eugen Diederichs 1931, 153.
[108] Buber, „China und Wir", 286f.
[109] Ebd., 288.
[110] Ebd.
[111] Ebd.
[112] Ebd., 286.
[113] Buber, *Martin Buber Werkausgabe*, Band 2.3, 43.
[114] Buber, „China und Wir", 288.

nur eben negativ, sozusagen auf der umgekehrten Seite"[115] geschehen.

Am Schluss des kurzen Textes kommt Buber deshalb auf die Notwendigkeit zurück, sich der daoistischen Philosophie von einer anderen Seite her zu nähern und den Weg umgekehrt, gegenläufig zu gehen:

> Dieses Tun ohne zu tun, dieses Tun durch Nichttun, diese Mächtigkeit des Daseins, das ist, glaube ich, etwas, in deren anhebender Erkenntnis wir uns mit der großen Weisheit Chinas berühren. Bei uns ist das nicht als Weisheit entstanden, sondern eher als Narrheit. Wir haben es auf die bitterste Weise zu schmecken bekommen, ja, auf eine geradezu närrische Weise. Aber da, wo wir stehen, oder da, wo wir bald stehen werden, da werden wir unmittelbar an die Wirklichkeit rühren, die Laotse vertritt.[116]

Wie das Verhältnis von Weisheit und Narrheit an dieser Stelle zu verstehen ist, wird nicht recht deutlich. Klar scheint zu sein, dass sich Buber damit gegen den „typischen modernen abendländischen Menschen"[117] wendet, dessen Auffassung von „geschichtlichem Erfolg" ihn misstrauisch macht:

> Wir haben nämlich begonnen zu erfahren, daß es mit dem Erfolg nichts auf sich hat. Wir haben begonnen, an der Bedeutung des geschichtlichen Erfolgs zu zweifeln, d.h. an der Gültigkeit des Menschen, der sich Zwecke setzt, der Machtmittel ansammelt und diese Machtmittel auswirkt, der eingreift, ändert, organisiert – des typisch modernen abendländischen Menschen.[118]

In der bitteren Narrheit, von der Buber spricht, ist bereits der tiefe Zweifel darüber ausgesprochen, der „moderne abendländische Mensch" könnte sich ganz grundsätzlich auf einem Irrweg befinden, einem wahnwitzigen Abweg, der „uns" aber in eine Gegend führen wird, in der die Narrheit als Narrheit – und nicht als geschichtlicher Erfolg – erkennbar wird und in welcher der Übergang in die „Weisheit" des „Tuns ohne zu tun" vollzogen werden kann.

[115] Ebd.
[116] Ebd., 289.
[117] Ebd., 288.
[118] Ebd.

Es ist die Besinnung auf den Irrweg, den der moderne Mensch – nicht bloß der abendländische – eingeschlagen hat, und auf die dadurch eingeleitete Kehrtwende: Ein Schritt weg vom Menschen, der Zwecke setzt und sie eingreifend durchzusetzen versucht, hin zu einem Menschen, der „wirkt, ohne einzugreifen“[119] und in diesem Sinne Untun tut, tut ohne zu tun.

Das ist auch eine Kehrtwende weg von der Narrheit der Durchsetzung von Zwecken – die rational und richtig erscheinen, aber längst den „Charakter des offenen Wahnsinns“ (GS 3, 73) angenommen haben, wie es in der *Dialektik der Aufklärung* heißt – hin ins Paradoxe, das närrisch erscheint, aber „große Weisheit“ enthält. In der Möglichkeit, ja historischen Notwendigkeit, einer solchen Kehrtwende „berühren wir uns“, so Buber weiter,

> mit etwas echt und tief Chinesischem, obwohl es nicht konfuzianisch ist: mit der Lehre, daß das echte Wirken nicht das Eingreifen ist, nicht das Auspuffen der Macht, sondern das Insichverhalten, das In-sich-selber-ruhen, das mächtige Dasein, das nun freilich nicht den geschichtlichen Erfolg einbringt, d.h. den in dieser Epoche und in ihrer Sprache auswertbaren, registrierbaren Erfolg; sondern nur die zunächst unscheinbare, ja unsichtbare Wirkung, die in die Geschlechter hinüberdauert und dort plötzlich, nicht etwa als solche wahrnehmbar wird, sondern selbstverständlicher Bestandteil des Lebens der Menschheit geworden ist, so selbstverständlich, daß man nach ihren historischen Ursachen kaum noch fragt.[120]

„Tun ohne zu tun“ zeichnet sich, in dieser Deutung, durch eine „zunächst unscheinbare, ja unsichtbare Wirkung“ aus, einen Erfolg, der zunächst wie „Nichterfolg“[121] aussieht, während der geschichtliche Erfolg des „modernen abendländischen Menschen“ zwar zunächst als spektakulär beeindruckt, sich aber auf lange Sicht als Misserfolg entpuppt.

Für Buber ist jene Lehre vom Tun ohne Tun „nicht konfuzianisch“, sondern daoistisch.[122] Heidegger teilt offenbar Bubers

[119] Ebd., 289.
[120] Ebd., 288.
[121] Ebd., 289.
[122] An dieser etwas sperrigen Entgegensetzung scheinen Zweifel angebracht, denn auch das konfuzianische Lernen kennt die Idee des „Nicht-

Überzeugung, dass es der Daoismus und nicht der Konfuzianismus ist, welcher der historischen Not des „modernen abendländischen Menschen“ entgegenkommt, der nach Perspektiven der Kritik an der Haltung zweckorientierten, willensgetriebenen Eingreifens sucht. Es ist eine ganz bestimmte historische Situation im „Westen“, die das Lernen vom „Osten“ nahelegt, ja Menschen dazu treibt, eine „Hinkehr zum Osten“ zu vollziehen, „die so weit geht, daß viele sich unbefriedigt von der eigenen Vergangenheit abwenden, alles Heil im Osten suchend, und daß diese östliche Flutwelle sich in unserem gesamten Geistesleben bemerkbar macht“.[123] Während die „östliche Flutwelle“ im Westen alsbald wieder abebben sollte, war im Osten die „energische Abwehrstellung gegen die Kulturart des Westens“ und Bemühungen, sich vor dem „zudringenden Abendland“ behutsam abzuschließen, nur von kurzer Dauer.[124] Denn nun war es in China umgekehrt gerade der zweck- und willensorientierte Charakter des „modernen abendländischen Menschen“, für den es sich zu öffnen galt, um sich den nach außen gewandten, expansiven „europäischen Geist“ anzueignen – in Wilhelms Verständnis ist der „asiatische“ oder „östliche Geist [...] vorwiegend nach innen gewandt und daher mehr intensiv als expansiv“.[125] Mit Blick auf die so weitreichenden wie schwer überschaubaren Konsequenzen, die diese ungeheure Lernbewegung von West nach Ost mit sich bringt, beginnt Wilhelms Vortrag mit einer Reflexion, aus der seine lange Lebenserfahrung in China spricht:

tuns“. In der Betonung einer zunächst unscheinbaren, ja unsichtbaren Wirkung waren sich die beiden Denkströmungen durchaus einig, wie insbesondere das von Wilhelm als „Maß und Mitte“ übersetzte Kapitel aus dem *Buch der Sitte* zeigt, das mit den Worten endet: „Der Meister sprach: Die hörbaren und sichtbaren Mittel, um das Volk zu gestalten, sind die letzten (die angewendet werden dürfen). [...] ‚Der Himmel schafft / lautlos und ohne Spur.‘ Das ist das Höchste.“ (Richard Wilhelm [Übers.], *Li Gi. Das Buch der Sitte des älteren und jüngeren Dai: Aufzeichnungen über Kultur und Religion des Alten China*, aus dem Chinesischen verdeutscht und erläutert von Richard Wilhelm, Jena: Eugen Diederichs 1930, 20.

123 Wilhelm, „Licht aus Osten“, 141.

124 Ebd.

125 Ebd., 146.

Wir befinden uns in Europa an einem Zeitpunkt der Selbstbesinnung. […] Historisch merkwürdig ist es, daß, während wir im Osten suchen, was wir ihm entnehmen können, derselbe Osten eine innere Wandlung nach Westen hin vollzogen hat. Die Güter des Ostens, die uns wertvoll erscheinen, beginnen dort dem Anschein nach vor dem Vordringen westlicher Kultur zurückzuweichen und in der Schätzung der Menschen zu verblassen. Diese Fragen sind tief genug, um uns zum Nachdenken anzuregen über Mittel und Wege, die uns aus dem Dilemma herausführen können.[126]

Diese tiefgründige Bemerkung führt viel weiter als Bubers pathetische Klage über den imperialistischen Mord an der Seele Asiens.

Der Kommentar von Kurt Riezler zu Wilhelms Vortrag spricht ebenfalls von dem überaus seltsamen Zusammentreffen „zwischen der Überwältigung Chinas und Ostasiens durch den Ansturm Europas und dem gleichzeitigen Eindringen chinesischen und asiatischen Seelentums in das seelenbedürftige, weil seelenlos gewordene Europa". Inmitten seiner Trümmer „stürzen wir uns mit einem gewissen Heißhunger auf die seelischen Fragmente aller Länder, Völker und Zeiten". Jeder scheint zu glauben, so Riezler weiter,

er könne sich seinen Privatbuddha nach eigener Auswahl holen. Ich glaube aber, daß die Zeit dieses Sammelns und dieser privaten Auswahl irgendwelcher fremder seelischer Fragmente […] schon wieder im Abklingen ist […]. So stehen wir heute dem Chinesischen schon wieder anders gegenüber als vor zehn oder zwanzig Jahren. Wir sehen in ihm wieder ein Ganzes und ein Fremdes.

Aber auch von diesem Fremden können die fragmentarisch auseinandergerissenen Europäer etwas lernen:

Was dies Fremde uns geben kann, das sind nicht mehr Seelenfragmente für unsere Laune, sondern das Beispiel einer Welt, wo der Einzelne wirklich mit dem Boden und seiner umgebenden Welt wurzelhaft zu einem Ganzen sich verbunden fühlt […].[127]

126 Wilhelm, „Bildung und Sitte in China", 27.

127 *Chinesisch-Deutscher Almanach* (1929/30), Frankfurt am Main: China-Institut, 47f.

Wilhelm ist nicht bei derartigen Klischees stehengeblieben. Er war sich bewusst, dass das Europäische in China längst viel mehr geworden war als Seelenfragmente für ein launisches Modebedürfnis. Bereits im späten 19. Jahrhundert beginnt dort die selektive Aneignung westlicher Techniken und Diskurse jenen systematischen Charakter anzunehmen, dessen Folgewirkungen im Westen erst zu Beginn des 21. Jahrhunderts wirklich als Herausforderung spürbar werden. Weil Wilhelm geahnt hat, dass gewaltige Kräfte durch diesen Lern- und Transformationsprozess freigesetzt werden würden, taucht in seinen Schriften die Idee auf, in Europa an die Stelle kurzzeitiger Phasen der Sinophilie oder Sinophobie ebenfalls ein langfristiger Lernprozess treten zu lasen. Ein solcher ist auch hundert Jahre später nicht in Sicht. Der Chinakenner Wilhelm hat die Vielschichtigkeit und Schwierigkeit transkulturellen Lernens durchaus unbeschönigt wahrgenommen. Er hat sich aber über den Charakter jenes wechselseitigen Lernens gleichwohl Vorstellungen gemacht, die nicht nur den Osten idealistisch verklärt haben, sondern in eben jenem Dualismus von West und Ost, von Materialität und Spiritualität stecken geblieben sind, dessen Überwindung doch zugleich sein Ziel war. Für Wilhelm sollte das Lernen von Ost nach West vor allem ein spirituelles sein und weniger ein materielles wie dasjenige von West nach Ost. Er hing der Vision eines wechselseitigen Lernens zwischen Ost und West an, das dazu führen sollte, dass diese „beiden Hälften der Kulturmenschheit", die „sich verhältnismäßig unabhängig voneinander in ihren Sonderarten entwickeln konnten", einander ergänzen.

Wilhelm trägt die Züge eines umgekehrten Missionars, weil er nicht das Christentum nach China, sondern chinesische Kultur und Philosophie nach Deutschland gebracht hat. Seine Vermittlungsarbeit versprüht jedoch keineswegs die geradezu messianische Zuversicht, die aus Bubers Schriften dieser Zeit spricht. Wilhelm empfiehlt stattdessen, „ruhig zu warten, bis das Hilfreiche, das Ergänzende emportaucht aus den Tiefen der Geschichte".[128] Während Buber die jüdische Mystik Osteuropas als Heilmittel für das aufgeklärte, aber seelenlos gewordene „offizielle Judentum" beschwört, sieht Wilhelm in den chinesischen Klassikern des Konfuzianismus und Daoismus wichtige Quellen der Selbstbesinnung:

128 Wilhelm, „Licht aus Osten", 148f.

[…] das Heil wird auch für Europa darin bestehen, daß die Selbstbesinnung, die wir brauchen, bewirkt, daß neben der Außenwelt, den Dingen, der Technik, den Institutionen wieder die Innenwelt, die Menschen, die Lebenskunst, die Organisierung in den Blickpunkt des Bewußtseins treten. Das ist Licht aus Osten, dessen wir bedürfen.[129]

Anregungen für die europäische Selbstbesinnung sieht Wilhelm weniger in der „taoistischen Lehre des Nichttuns" als in der konfuzianischen Lehre von der „Bildung der Persönlichkeit", der Selbstkultivierung.

Diese erörtert er nun aber doch sehr im Geiste der Zeit, wenn er die Bildung der Persönlichkeit als Entwicklung zur „Führerpersönlichkeit" versteht, unter deren Einfluss sich „die Sitte" (die konfuzianischen Riten) entwickelt. Seiner Auffassung nach unterscheidet sich der Konfuzianismus „prinzipiell von modernen Weltverbesserungstheorien, die durch eine Majorität von Einzelnen neue Einrichtungen beschließen wollen, von denen sie das Heil erwarten. Konfuzianismus erwartet nichts von Einrichtungen als solchen, aber alles von den Persönlichkeiten, die hinter den Einrichtungen stehen und sie mit der Kraft ihres Geistes beseelen."[130] Die gebildeten Persönlichkeiten ermöglichen, ähnlich wie die „Vollendeten" bei Buber, die Vereinung einer „Vielheit von Einzelwesen" zu einem „einheitlichen Organismus", „der vom selben Blut durchströmt wird". Und Wilhelm fasst sein Verständnis der politischen Bedeutung konfuzianischer Persönlichkeitsbildung wie folgt zusammen:

Denn nur wenn die Führerpersönlichkeit im Volkskörper wurzelt, wenn sie mit dem Volke fühlt und denkt, wenn sie populär ist im höchsten Sinne des Worts, nur dann vermag sie durch ihre Anregungen zu wirken. Daher die Ehrfurcht vor dem Volk, vor den armen niedrigen Massen, in deren Instinkten die Stimme des Himmels sich äußert. Man kann nichts gegen das Volk, sondern muß in Fühlung mit ihm sein, um zu wirken. Dieses Gefühl der Solidarität war denn auch in China in allen Blütezeiten sehr stark, und […] war der Grund für die ungeheure Dauer dieser in sich gefestigten Menschenkultur.[131]

129 Ebd., 154.
130 Ebd., 151f.
131 Ebd., 153f.

Der Text, in dem diese Sätze stehen, ist 1921 veröffentlicht worden, in einer Zeit, in der das Verlangen nach einer „Führerpersönlichkeit" bereits in der Luft lag.

5. Die Weisheit Kafkas

Chinesische Philosophie, insbesondere die daoistische, ist nicht nur für Heidegger und Buber an Wendepunkten ihres Denkens bedeutsam gewesen. Auch Bertolt Brecht ist von der daoistischen Welle der 1920er Jahre ergriffen worden. In Gedichten und Theaterstücken hat er wiederholt Bezüge zum Daoismus hergestellt. In den Aufzeichnungen von seinem Aufenthalt bei Brecht in Svendborg im Sommer 1934 berichtet Walter Benjamin von einer Diskussion über seinen Text *Franz Kafka. Zur zehnten Wiederkehr seines Todestages.* Brecht kleidet seine Kritik Kafkas in ein fiktives *Gespräch von Laotse [Lǎozǐ] mit dem Schüler Kafka.* Benjamin gibt dieses Gespräch wie folgt wieder:

> Laotse sagt: „Also, Schüler Kafka, dir sind die Organisationen, Rechts- und Wirtschaftsformen, in denen du lebst, unheimlich geworden? – Ja. – Du findest dich in ihnen nicht mehr zurecht. – Nein. – Eine Aktie ist dir unheimlich? – Ja. – Und nun verlangst du nach einem Führer, an den du dich halten kannst, Schüler Kafka." Das ist natürlich verwerflich. Ich lehne ja Kafka ab.

Und er kommt auf das „Gleichnis eines chinesischen Philosophen über ‚die Leiden der Brauchbarkeit'" zu sprechen – dabei bezieht sich Brecht auf eine Stelle aus Richard Wilhelms Übersetzung von *Zhuāngzǐ* 4.6, die „Das Leiden der Brauchbarkeit" überschrieben ist.[132]

132 Walter Benjamin, „Aufzeichnungen 1933–1939", Aufzeichnung vom 5. August 1934; in: *Benjamin über Kafka. Texte, Briefzeugnisse, Aufzeichnungen*, herausgegeben von Hermann Schweppenhäuser, Frankfurt am Main: Suhrkamp 1981, 151. In Wilhelms Übersetzung lautet die Stelle: „In Sung ist ein Platz namens Dornheim. Dort gedeihen Katalpen, Zypressen und Maulbeerbäume. Die Bäume nun, die ein oder zwei Spannen im Umfang haben,

Und Benjamin fährt mit einer freien Wiedergabe von *Zhuāngzǐ* 4.6 fort, in die auch eine von Wilhelm „Der Krüppel“ überschriebene Geschichte aus *Zhuāngzǐ* 4.7 eingeht:

Im Walde gibt es verschiedenartige Stämme. Aus den dicksten werden Schiffsbalken geschnitten; aus den weniger soliden aber immer noch ansehnlichen Stämmen macht man Kistendeckel und Sargwände; die ganz dünnen verwendet man zu Ruten; aus den verkrüppelten aber wird nichts – die entgehen den Leiden der Brauchbarkeit.

Brecht bezieht sich, laut Benjamins Aufzeichnung, auf Zhuāngzǐs Gleichnis von den Leiden der Brauchbarkeit, allerdings um sich damit gegen Kafkas „vielfache Nichtsnutzigkeit“ zu wenden. Er geht von einem affirmativen Verständnis der Brauchbarkeit aus und nicht, wie im Sinne des Gleichnisses und in verwandten Textstellen des *Zhuāngzǐ*, von einem Lob der Unbrauchbarkeit. „In dem, was Kafka geschrieben hat“, so gibt Benjamin Brechts Auffassung wieder, „muß man sich umsehen wie in solchem Wald. Man wird dann eine Anzahl sehr brauchbarer Sachen finden. Die Bilder sind ja gut. Der Rest ist eben Geheimniskrämerei. Der ist Unfug. Man muß ihn beiseite lassen. Mit der Tiefe kommt man nicht vorwärts.“[133] Brecht schlägt demnach vor, in Kafkas Schriften nach den „brauchbaren Sachen“ zu suchen, also das Brauchbare vom Unbrauchbaren zu unterscheiden. Das Unbrauchbare charakterisiert er mit den Worten: Geheimniskrämerei, Unfug, Tiefe. Benjamin geht auf die Kritik ein, indem er sagt, es sei ihm klar, dass „da viel Schutt und Abfall stecke, viel wirkliche Geheimniskrämerei“.

Brecht bleibt jedoch nicht bei dem Vorwurf der Geheimniskrämerei stehen, kommt vielmehr auf den politischen Gehalt des fiktiven Gesprächs zwischen Lǎozǐ und Kafka zurück. Benjamin berichtet: „Vorgestern eine lange und erregte Debatte über meinen

die werden abgehauen von den Leuten, die Stäbe für ihre Affenkäfige wollen. Die, die drei, vier Fuß im Umfang haben, werden abgehauen von denen, die nach Balken suchen für prächtige Häuser. Die mit sieben, acht Fuß Umfang werden abgehauen von den vornehmen und reichen Familien, die Bretter für ihre Särge suchen. So erreichen sie alle nicht ihrer Jahre Zahl, sondern gehen auf halbem Wege zugrunde durch Axt und Beil. Das ist das Leiden der Brauchbarkeit.“ (Wilhelm [Übers.], *Dschuang Dsi*, 35)

133 Benjamin, *Benjamin über Kafka*, 151.

Kafka. Ihr Fundament: die Anschuldigung, daß er dem jüdischen Faszismus Vorschub leiste. Er vermehre und breite das Dunkel um diese Figur aus statt es zu zerteilen. Dem gegenüber komme alles darauf an, Kafka zu lichten, das heißt, die praktikabeln Vorschläge zu formulieren, welche sich seinen Geschichten entnehmen ließen." Merkwürdig ist, dass Brecht in Kafkas Werk das Brauchbare vom Unbrauchbaren trennen möchte, wobei brauchbar bedeutet: brauchbar für den Widerstand gegen den Faschismus und gegen das kleinbürgerliche „Verlangen nach dem Führer", das ihn trägt. Das Verlangen nach einem Führer, wie schon in dem kurzen Gespräch zwischen Lǎozǐ mit seinem Schüler Kafka angedeutet, hat damit zu tun, dass das moderne Großstadtleben mit seinen „unübersehbaren Vermittlungen, Abhängigkeiten, Verschachtelungen"[134] Angst macht und ein tiefes Gefühl des Unheimlichen und Unsicheren erzeugt. Für Brecht ist jener Teil in Kafka unbrauchbar, ja gefährlich, weil er das Verlangen nach einem Führer verstärkt, statt ihm zu widerstehen; weil bei ihm jene Unheimlichkeit dunkel und geheimiskrämerisch so nachgezeichnet wird, dass die Ohnmacht des Einzelnen zu einer Ergebenheit nötigt, die nun mit dem Dunkel mystischer Tiefe umgeben wird, anstatt das Dunkel zu zerteilen und zu lichten. Der brauchbare Teil Kafkas, so lässt sich Brechts Sicht zusammenfassen, besteht in der Aufklärung „der großen allgemeinen Übelstände", die der „heutigen Menschheit" zusetzen, der unbrauchbare Teil hingegen in der Verklärung der Unheimlichkeit modernen Lebens zu mystischer Tiefe.[135]

Kafkas Perspektive ist „die des Mannes, der unter die Räder gekommen ist". Während, so referiert Benjamin Brechts Auffassung weiter, „der heutige geläufige Typ des Kleinbürgers – der Faszist also – beschließt, angesichts dieser Lage seinen eisernen, unbezwinglichen Willen einzusetzen, widersetzt sich Kafka ihr kaum; er

134 Ebd., 152f.

135 „Kafkas Werk ist eine Ellipse, deren weit auseinanderliegende Brennpunkte von der mystischen Erfahrung (die vor allem die Erfahrung von Tradition ist) einerseits, von der Erfahrung des modernen Großstadtmenschen andererseits, bestimmt wird." (Brief von Benjamin an Scholem vom 12. Juni 1938, in: Walter Benjamin, *Briefe* 2, herausgegeben und mit Anmerkungen versehen von Gershom Scholem und Theodor W. Adorno, Frankfurt am Main 1978, 760.)

ist weise".[136] Das ist eine Wendung, die nicht nur Benjamins späterer Bemerkung zu widersprechen scheint, dass „bei Kafka von Weisheit nicht mehr die Rede" sei.[137] Sie spricht Kafka zwar vom faschistischen Heroismus frei, mit dem der geläufige Typ des Kleinbürgers vermeiden will, unter die Räder einer zerstörerischen Modernisierung zu kommen, die ihm keinerlei feste Sicherheit mehr bietet. Brecht hingegen scheint der Auffassung zu sein, dass auch Kafkas Weisheit noch kleinbürgerlich ist, nämlich der verzweifelten Suche nach Sicherheiten und Garantien verfallen, die unmöglich geworden sind. Benjamin gibt Brechts Einwand gegen Kafka wie folgt wieder:

> Wo der Faszist mit Heroismus einsetzt, setzt er mit Fragen ein. Er fragt nach Garantien für seine Lage. Diese ist aber so beschaffen, daß Garantien über jedes vernünftige Maß hinausgehen müssen. Es ist eine Kafkasche Ironie, daß der Mann Versicherungsbeamter war, der von nichts überzeugter erscheint als von der Hinfälligkeit sämtlicher Garantien.[138]

Daraus entsteht für Brecht Kafkas Verlangen nach einem Führer: „Und nun verlangst du nach einem Führer, an den du dich halten kannst, Schüler Kafka." Brecht betont einerseits die „prophetische Seite" von Kafkas Werk, in dem „die Angst vor dem nicht enden wollenden und unaufhaltsamen Wachstum der großen Städte"[139] zum Ausdruck kommt, wirft ihm jedoch andererseits vor, keine Lösung gefunden und aus seinem „Angsttraum"[140] nicht aufgewacht zu sein. Während Brecht sich für seine Beurteilung, so Benjamin, vor allem an den *Prozess* gehalten hat, liegt es nahe, auch auf Kafkas *Beim Bau der chinesischen Mauer* zu verweisen, in der die paranoide Angst vor einem unbekannten Feind sich mit einer organisierten Betriebsamkeit verbindet, die von der „Führerschaft" geleitet wird.

136 Benjamin, *Benjamin über Kafka*, 153.

137 Benjamin, *Briefe 2*, 763.

138 Benjamin, *Benjamin über Kafka*, 153.

139 Ebd., 152.

140 Ebd., 150. In einem Brief Kafkas an Milena Jesenská heißt es: „Angst ausgedehnt auf alles, Angst vor dem Größten wie Kleinsten, Angst, krampfhafte Angst vor dem Aussprechen eines Wortes." (Franz Kafka, *Briefe an Milena*, erweiterte und neu geordnete Ausgabe, herausgegeben von Jürgen Born und Michael Müller, Frankfurt am Main: S. Fischer 1986, 310.)

6. Daoismus als poetische Heilslehre?

Mit seiner *Legende von der Entstehung des Buches Taoteking auf dem Weg des Laotse in die Emigration* hat Brecht auf wunderbare Weise den daoistischen Philosophen Lǎozǐ in den ideologischen Strudel des 20. Jahrhunderts hineingezogen. Ist es indes sinnvoll, Brecht mit der Alternative „Lenin oder Laotse“ zu konfrontieren:

> Der Lauf des Wassers und das revolutionäre Handeln bezeichnen […] zwei grundverschiedene Modelle. An dieser Schwierigkeit hat Brecht selber sich lange abgearbeitet […]?[141]

Brechts „Legende“ führt zweifellos in eine Spannung zwischen Marxismus und Daoismus, die zeigt, dass es nicht nur auf der rechten, sondern auch auf der linken Seite des ideologischen Spektrums Versuche gab, sich ausgewählte Aspekte daoistischer Philosophie anzueignen. Allerdings handelt es sich sowohl bei Heideggers *Abendgespräch* als auch bei Brechts „Legende“ ja keineswegs um ideologische Pamphlete, vielmehr um Texte von hohem philosophischem und literarischem Anspruch, von selbstreflexiver Eindringlichkeit und sprachlicher Nuanciertheit, die auf tiefgreifende politische Umbrüche reagieren. In Brechts 1934 entstandene „Legende“ fließt seine Erfahrung des Exils in Dänemark ein, während sich Heidegger im Mai 1945 dem paradoxen Denken Zhuāngzǐs wie einer rettenden Vision gegenüber öffnet, der er sich über Hölderlin annähert und die dann einfließt in die Rede vom „unbrauchbaren Volk“, zu dem die Deutschen werden sollen. Der Gebrauch des Ungebrauchs (die Notwendigkeit des Unnötigen) wird in Heideggers Deutung im *Abendgespräch* erläutert durch das „Tun, das ein Lassen ist“. Indem er die Weichheit des Lassens der Härte des Willens gegenüber stellt, distanziert er sich von einem Grundzug nationalsozialistischer Ideologie. Für Alfred Rosenberg, einen der maßgeblichen Vertreter dieser Ideologie, war denn auch die „Freude an Lao-tses Weisheit“ nicht mehr als die verwerfliche Sehnsucht nach „einem seelischen und geistigen Gegenpol“. In Worten wie „Schwaches zwingt Starkes. Weiches zwingt Starres“ sah Rosenberg „die Stimmung einer ganzen Kultur, die Seele der chinesischen Rasse“ verkörpert und bemerkt, dass diese Stimmung „zu uns

141 Detering, *Bertolt Brecht und Laotse*, 71.

spricht wie ein müder Weiser von heute“: „nichts ist falscher, als uns die Weisheit des Ostens als auch uns gemäß oder gar als eine uns überlegene zu preisen, wie es müde und innerlich rhythmuslos gewordene Europäer heute zu tun belieben.“[142]

Die deutsche Niederlage ließ Heidegger von einem Sieg über die Sieger träumen, der aber nun nicht mit Hilfe von Willensstärke und heroischer Härte erreicht werden soll und kann, sondern mit Hilfe paradoxer Weichheit und Weisheit, welche die „Notwendigkeit des Unnötigen wissen gelernt hat“ (GA 77, 221). Benjamins Deutung von Brechts „Legende“ geht von einer entgegengesetzten politischen Position aus. Die vom Daoismus nahegelegte Verheißung ist jedoch eine ähnliche: „Du verstehst, das Harte unterliegt.“ Sind der Lauf des Wassers und das revolutionäre Handeln wirklich „zwei grundverschiedene Modelle“? Oder gibt es eine revolutionäre Kraft des Wassers, die einer revolutionären Praxis entspricht, die kein „Handeln“ mehr wäre, sondern ein Untun (Ohne-Tun), das nicht Nicht-Tun ist?

Während Heidegger sich ein geschichtliches Wunder vom Unbrauchbarwerden des deutschen Volkes verspricht, vergleicht Benjamin das Wasser mit der „Sache der Unterdrückten“, denn diese ist „eine unscheinbare Sache für die Herrschenden, eine nüchterne für die Unterdrückten, und, was ihre Folgen angeht, die unversieglichste“.[143] Damit taucht zumindest die Möglichkeit auf, dass die transformative Kraft des Wassers und die Macht revolutionärer Umbrüche sich in der daoistischen Philosophie viel näher sind, als es jener „zur poetischen Heilslehre überhöhte Taoismus“ (Detering) vermuten lässt, der im Deutschland der 1910er und 20er Jahre in Mode war. Er war stark geprägt durch den hermeneutischen Kontrast von West und Ost, von Revolution und Transformation, Bruch und Wandlung, Härte des Willens und Weichheit der Wandlungsfähigkeit.

142 Alfred Rosenberg, *Der Mythus des 20. Jahrhunderts. Eine Wertung der seelisch-geistigen Gestaltenkämpfe unserer Zeit*, München: Hoheneichen-Verlag 1934, 264f. „Schwaches zwingt Starkes. Weiches zwingt Starres.“ ist ein Zitat aus Kapitel 78 des Buches *Lǎozǐ* in der Übersetzung von Alexander Ular.

143 Walter Benjamin, „Kommentare zu Gedichten von Brecht“, in: ders., *Schriften II*, herausgegeben von Th. W. Adorno und Gretel Adorno, Frankfurt am Main: Suhrkamp 1955, 367.

Dieser Kontrast erweist sich jedoch als irreführend, wenn bedacht wird, dass Revolution und Transformation aufeinander verwiesen sind wie die Härte des Steins und die Weichheit des Wassers, wie die Unbeweglichkeit eines Standpunktes und die Bewegung auf der weiten Erde. Die Wahrnehmung des Unsteten und Wandelbaren der Dinge korrespondiert mit der „Lehre vom Fluß der Dinge"[144] als einer dialektischen Lehre, die „jede gewordene Form im Flusse der Bewegung" (Marx) auffasst. Indem Dialektik genötigt wird, paradox zu denken, weil Fluss und Ding, Bewegung und Stillstand, Weichheit und Härte, Nichtidentität und Identität einander entgegenstehen und doch untrennbar aufeinander bezogen sind, trifft sie sich mit dem philosophischen Daoismus.

Lǎozǐs Antwort auf eine unheimliche, beängstigende Zeit ist jedenfalls – so legt es auch Brechts Gedicht nahe – paradox, denn sie rührt an die irritierende Möglichkeit, dass es eine angemessene Antwort auf die Unheimlichkeit der Moderne sein könnte, ihrer Härte und Gewalt durch Weichheit und Gewaltlosigkeit zu begegnen. Die Geschichte *Das nächste Dorf*[145], über die sich Benjamin und Brecht in diesem Zusammenhang auch noch unterhalten haben, verweist allerdings auf die Schwierigkeit, dass die Rätselhaftigkeit paradoxen Denkens nicht befreit, sondern leicht in eine pessimistische Blockade des Denkens und Tuns führt. In Kafkas Vorliebe für Dunkelheit und Tiefe hat das Blockiertsein in moderner Angst einen bis zur Undurchdringlichkeit dichten Ausdruck gefunden.

War also Kafka wirklich „der einzige, seinem Wesen nach chinesische Dichter, den der Westen aufzuweisen hat"?[146] Oder bildet Kafkas angstvoller Pessimismus durchaus auch einen Gegenpol zur

144 Siehe Detering, *Bertolt Brecht und Laotse*, 72f.

145 „Mein Großvater pflegte zu sagen: ‚Das Leben ist erstaunlich kurz. Jetzt in Erinnerung drängt es sich mir so zusammen, daß ich zum Beispiel kaum begreife, wie ein junger Mensch sich entschließen kann, ins nächste Dorf zu reiten, ohne zu fürchten, daß – von unglücklichen Zufällen ganz abgesehen – schon die Zeit des gewöhnlichen, glücklich ablaufenden Lebens für einen solchen Ritt bei weitem nicht hinreicht.'" (Franz Kafka, *Die Erzählungen*, Frankfurt am Main: S. Fischer 1996, 342.)

146 Elias Canetti, *Der andere Prozeß. Kafkas Briefe an Felice*, München: Hanser 1984, 89.

„heiteren" Weisheit des Daoismus, die Brecht und Benjamin beschreiben? Eine Antwort deutet sich in Kafkas Bezug zu *Zhuāngzǐ* 26.7 an, den er in einem rätselhaften Satz hergestellt hat:

> Das Glück begreifen, daß der Boden, auf dem du stehst, nicht größer sein kann, als die zwei Füße ihn bedecken.[147]

Wie ist diese Stelle zu deuten? Ist sie, einmal mehr, Ausdruck äußerster Hilflosigkeit und Verzweiflung: denn ist es nicht das größte Unglück, durch die weite und große Welt wandern zu müssen, ohne je ein Stück Erde unter den Füßen zu finden, auf dem sich beständig stehen lässt? Sollten wir uns nicht auf die Suche nach einem solchen Stück Erde machen? So gelesen, bestünde eine erstaunliche Korrespondenz zwischen Kafkas Verkehrung von *Zhuāngzǐ* 26.7 und Martin Bubers Version des Zionismus. In Anlehnung an Brechts Vorbehalte gegenüber Kafka kann vermutet werden, dass Kafka *Zhuāngzǐ* 26.7 hier in ein seltsames Credo vom Glück in der Enge, in ein zwiespältiges Lob von Bescheidenheit, Fügsamkeit und Selbstgenügsamkeit verkehrt. Im Gespräch zwischen Huìzǐ und Zhuāngzǐ wird die Beschränkung auf den Gebrauch des Bodens, den die zwei Füße bedecken, ja gerade als ungenügend bezeichnet und die Notwendigkeit einer Perspektive hervorgehoben, die über die Enge hinausweist: die Weite und Größe der Erde, die hier und jetzt ungebraucht bleibt, ist unverzichtbar für den Gebrauch des Bodens, auf dem ich stehe.

Adorno behauptet: „Kafka verherrlicht nicht die Welt der Unterordnung, er widerstrebt ihr durch Gewaltlosigkeit." (GS 10.1, 285) Allerdings müht sich Adorno dann mit der Schwierigkeit ab, dass bedingungslose Unterordnung und messianisch aufgeladene Gewaltlosigkeit einander bis zur Ununterscheidbarkeit ähneln können. Das Gelingen von Kafkas Rettungsplan, der auf die Möglichkeit wundersam paradoxer Verkehrung des Unwahren ins Wahre, des Unglücks ins Glück setzt, ist höchst unwahrscheinlich. Der oben zitierten Stelle lässt Kafka diese folgen: „Wie kann man sich über die Welt freuen, außer wenn man zu ihr flüchtet." Adornos

[147] Franz Kafka, „Aphorismen", in: ders., *Gesammelte Werke in zwölf Bänden*, nach der Kritischen Ausgabe herausgegeben von Hans-Gerd Koch, Band 6 (*Beim Bau der chinesischen Mauer und andere Schriften aus dem Nachlaß*), Frankfurt am Main: S. Fischer 2006, 232.

Erläuterung von Kafkas „Gewaltlosigkeit“ beschreibt die Schwierigkeit sehr genau:

> Vor dieser muß die Macht sich als das bekennen, was sie ist, und darauf allein baut er. Dem eigenen Spiegelbild soll der Mythos erliegen. Schuldig werden die Helden von Prozeß und Schloß nicht durch Schuld – sie haben keine –, sondern weil sie versuchen, das Recht auf ihre Seite zu bringen. [...] Kafka will durch die Verdinglichung des Subjekts, die ohnehin von der Welt verlangt wird, diese womöglich noch überbieten: Totenhaftes wird zur Botschaft der sabbatischen Ruhe. (GS 10.1, 285–286)

Der rettende Ausweg soll darin bestehen, dass der Rechtlose darauf verzichtet, Recht haben zu wollen? Darin, dass der von der Härte der Gewalt Bedrohte der Hoffnung anhängt, jene durch Weichheit und Beweglichkeit unschädlich machen zu können? Mit solchen Fragen wächst die Vermutung, Kafkas „Glück“ könnte darauf hinauslaufen, zwar unentwegt die Möglichkeit von richtigem Leben und wahrem Weg zu bestreiten, sich aber gleichwohl im falschen Leben so selbstgenügsam wie möglich einzurichten. Die messianische Rettung ist das Ziel, aber es gibt keinen Weg, der dorthin führen würde: „Es gibt ein Ziel, aber keinen Weg; was wir Weg nennen, ist Zögern.“[148] Den Grund für dieses Zögern benennt Kafka in einem anderen rätselhaften Gleichnis:

> Der wahre Weg geht über ein Seil, das nicht in der Höhe gespannt ist, sondern knapp über dem Boden. Es scheint mehr bestimmt stolpern zu machen, als begangen zu werden.[149]

Kafkas Verständnis des „wahren Weges“ ist geprägt von Zögern und Stolpern, von der Unmöglichkeit, sich auf den Weg zu machen, ihn zu gehen, obwohl das Ziel bekannt zu sein scheint. Der paradoxe Weg, den Gebrauch des Ungebrauchs, das Tun des Untuns zu lernen, führt bei Kafka in die Weglosigkeit, in einen *Unweg*, der keinen Weg mehr enthält, der keinen Weg mehr enthalten kann. Ohne Weg jedoch erscheint die „Rettung der Dinge“, die „nicht länger in den Schuldzusammenhang verflochten, die untauschbar, unnütz

148 Ebd.
149 Ebd., 228.

sind“ (GS 10.1, 286), sinnlos. Der Unweg wird radikalisiert zur Unmöglichkeit des Gehens und damit auch jeglichen „wahren Weges“, zur Unmöglichkeit des richtigen Lebens im falschen. An dieser Stelle mag es sinnvoll sein, an die Möglichkeit einer paradoxen Verkehrung zu denken: Es gibt einen Weg, aber kein Ziel; was wir Ziel nennen, ist Gehen.

7. Revolutionäre Weichheit

Heideggers Kritik des Willens und seine Rede vom „Tun, das ein Lassen ist“ geraten leicht in den Verdacht geheimnisvoller Wortspielerei. Ein Blick auf Adornos Kritik des autoritären Charakters eröffnet jedoch die Besinnung auf eine interne Korrespondenz zwischen Adorno und Heidegger, die durch die Einbeziehung „daoistischer“ Sprache besser verständlich wird. In Adornos Beschwörung einer *Erziehung nach Auschwitz* kommt der Kritik an der „Erziehung zur Disziplin durch Härte“ herausragende Bedeutung zu:

> [Das] Erziehungsbild der Härte, an das viele glauben mögen, ohne darüber nachzudenken, ist durch und durch verkehrt. Die Vorstellung, Männlichkeit bestehe in einem Höchstmaß an Ertragenkönnen, wurde längst zum Deckbild eines Masochismus, der – wie die Psychologie dartat – mit dem Sadismus nur allzu leicht sich zusammenfindet. Das gepriesene Hart-Sein, zu dem da erzogen werden soll, bedeutet Gleichgültigkeit gegen den Schmerz schlechthin. Dabei wird zwischen dem eigenen und dem anderer gar nicht einmal so sehr fest unterschieden. Wer hart ist gegen sich, der erkauft sich das Recht, hart auch gegen andere zu sein, und rächt sich für den Schmerz, dessen Regungen er nicht zeigen durfte, die er verdrängen mußte. (GS 10.2, 682)

Die nationalsozialistische Gewalt ist für Adorno von der „autoritätsgebundenen Struktur“ des autoritären Charakters nicht zu trennen, der sich durch „traditionelle Erziehung“ herausbildet, die sich am Ideal der Härte orientiert. (GS 10.2, 681–682) Während Adorno dem Teil der Studentenbewegung von 1968 skeptisch, ja ablehnend gegenüberstand, der mit Ideen kommunistischer Revolution sympathisierte, hat er jenen Teil nach Kräften unterstützt, der in den

Gebieten von Erziehung und Sexualität darauf zielte, die traditionellen Ideale einer Erziehung zu Härte und Selbstbeherrschung zu entwerten und zu untergraben. Während gewaltsame Versuche der Bewegung, einen politischen Umsturz herbeizuführen, gescheitert sind, war sie als eine *weiche Revolution* der Diskursordnung und der Lebensform in hohem Maße erfolgreich. Die Verstrickung politischer Praxis in die autoritären Strukturen von Härte und Gewalt hat Adorno sowohl auf der Rechten wie auf der Linken abgelehnt – für ihn ist Selbstkritik immer auch die Kritik an der Notwendigkeit zur Verhärtung des Selbst, zur Einnahme eines festen Standpunktes, einer selber der Kritik entzogenen Subjektposition. Damit sind wichtige Voraussetzungen für eine kritische Reaktualisierung sowohl von Heideggers als auch von Brechts Deutung daoistischer Philosophie geschaffen.

Im fiktiven Gespräch zwischen Lǎozǐ und Kafka scheint Brecht dem Daoisten eine Weisheit zuzusprechen, welche über die seiner Auffassung nach kleinbürgerlich verstrickte Weisheit Kafkas hinausgeht. Nun verkehrt sich das Verlangen nach einem Führer, der mit seinem Gefolge durch den Kult eisernen Willens geeint wird, in eine anti-heroische Weisheit, die schon im Gespräch anzuklingen scheint, in dem allerdings Lǎozǐ dem Verlangen nach einem Führer, an den man sich halten kann, ironisch eine Absage erteilt. Es taucht die Möglichkeit auf, dass es „weise" sein könnte, die moderne Unsicherheit und Unbestimmtheit nicht durch die Härte des Heroismus zu bekämpfen, sondern durch eine Weichheit, die „das Unstete und Wandelbare der Dinge" nicht aus den Augen verliert. Denn Weisheit ist nicht zu trennen von der Besinnung darauf: „Daß das weiche Wasser in / Bewegung / Mit der Zeit den mächtigen Stein besiegt. / Du verstehst, das Harte unterliegt." „Du verstehst, das Harte unterliegt": Benjamin zitiert in dem Text *Kommentare zu Gedichten von Brecht* diese Zeile, in der er ein „Minimalprogramm der Humanität" sieht, und fügt hinzu:

> Das Gedicht ist zu einer Zeit geschrieben, wo dieser Satz den Menschen als eine Verheißung ans Ohr schlägt, die keiner messianischen etwas nachgibt. Es enthält aber für den heutigen Leser nicht nur eine Verheißung, sondern auch eine Belehrung. ‚Daß das weiche Wasser in Bewegung mit der Zeit den mächtigen Stein besiegt' belehrt darüber, daß es geraten ist, das Unstete und Wandelbare der Dinge nicht aus den Augen zu verlieren

und es mit dem zu halten, was unscheinbar und nüchtern auch unversieglich ist wie das Wasser. Der materialistische Dialektiker wird dabei an die Sache der Unterdrückten denken.[150]

An dieser Stelle erfährt das Verhältnis von Daoismus und Messianismus, das in Bubers Tendenz, den Daoismus messianisch aufzuladen, bereits aufgetaucht ist, eine denkwürdige Wendung. Benjamins Formulierungen lassen sogleich an ähnliche in dem Text *Der Begriff der Geschichte* denken, der ebenfalls in dieser Zeit entstanden ist. Während Buber jedoch an eine seelische Korrespondenz von Daoismus und Judentum denkt, die auf Einheit und Kontinuität setzt, verweist die Korrespondenz, die Benjamin vorschwebt, auf einen revolutionären Messianismus, der den Mut zum „Tigersprung ins Vergangene" aufbringt und davon träumt, „das Kontinuum der Geschichte aufzusprengen",[151] um den Unterdrückten zu ihrem Recht zu verhelfen – und sei es nur um der Erinnerung willen, um „sich einer Erinnerung zu bemächtigen, wie sie im Augenblick einer Gefahr aufblitzt", um „ein Bild festzuhalten, wie es sich im Augenblick der Gefahr dem Subjekt unversehens einstellt".[152] Ist das nicht ebenfalls eine Sprache der kämpferischen Härte und gerade nicht der wandelbaren Weichheit? Kann es überhaupt eine revolutionäre Kraft geben, die nicht hart und scharf, sondern weich und ohne Geschmack ist? Und feiert nicht Benjamin in Baudelaires Dichtung eine solche „heroische Haltung"?[153] Was könnte Weichheit auch politisch anderes bedeuten als Konformismus? Entzieht sich aber die „schwache messianische Kraft", die „uns" mitgegeben ist, nicht gerade der zugreifenden Bemächtigung und bedarf eines mimetischen „Eingedenkens" vergangener Katastrophen, um die Gegenwart so wahrzunehmen, als sei „jede Sekunde die kleine Pforte, durch die der Messias treten" könnte?[154] Bedarf solches Eingedenken damit nicht einer Zeitwahrnehmung, in der sich höchste Aufmerksamkeit für die Gegenwart mit einer Gelassenheit verbindet, die zu einem schier unendlichen, radikal ziel- und zwecklosen Warten fähig ist?

150 Benjamin, „Kommentare zu Gedichten von Brecht", 367.
151 Benjamin, „Über den Begriff der Geschichte", 701.
152 Ebd., 695.
153 Benjamin, „Zentralpark", in: ders., *Gesammelte Schriften* I.2, 676.
154 Benjamin, „Über den Begriff der Geschichte", 704.

Der Messias kann zwar jede Sekunde eintreten, zugleich ist jedoch gänzlich unvorhersehbar, wann dies sein wird. Der revolutionäre Messianismus, den Benjamin skizziert, ist paradox, weil er des Muts zum Aufsprengen der Geschichte, zum waghalsigen Springen in ihr, ebenso bedarf wie jener gelassenen „Freundlichkeit", die sein Brecht-Kommentar der „Weisheit des Laotse" zuschreibt. Dieser verbreitet Heiterkeit, „wo er geht und steht". Benjamin zitiert weiterhin einen wiederum namenlos bleibenden „alten chinesischen Philosophen", der gesagt haben soll: „Die Klassiker [...] lebten in den blutigsten, finstersten Zeiten und waren die freundlichsten und heitersten Leute, die man jemals sah." Und das soll dann die „Moral" sein, die aus dem Gedicht hervorgeht: „Wer das Harte zum Unterliegen bringen will, der soll keine Gelegenheit zum Freundlichsein vorbeigehen lassen"?[155] Freundlich und heiter leben in den blutigsten und finstersten Zeiten? Sollte das „Weisheit" sein? Und hat nicht Brecht in seinem „Gegenlied zu ‚Von der Freundlichkeit der Welt'" eine harte Haltung gegenüber den „Leidenstiftern" empfohlen:

> Besser scheint's uns doch, aufzubegehren / Und auf keine kleinste Freude zu verzichten / Und die Leidenstifter kräftig abzuwehren / Und die Welt uns endlich häuslich einzurichten![156]

Die „Forschungsergebnisse des Laotse"[157] über das Verhältnis von Härte und Weichheit, von Stein und Wasser scheinen auf geschichtliches Vergessen hinauszulaufen, auf ein Lob nicht nur der Selbstvergessenheit, sondern auch der Geschichtsvergessenheit. Werden hier „Weisheit" und die Notwendigkeit zur Aufarbeitung der Vergangenheit einander entgegengesetzt? Aber ist nicht das Vergessen blutiger und finsterer Geschichte Brecht wie Benjamin nicht nur fremd gewesen, sondern geradezu das Gegenteil dessen, was sie durch ihr Denken und Schreiben zu erreichen gesucht haben?

Eine kurze Passage aus Brechts *Die Antigone des Sophokles*, die sich

155 Benjamin, „Kommentare zu Gedichten von Brecht", 367.

156 Bertolt Brecht, „Gegenlied zu ‚Von der Freundlichkeit der Welt'", in: ders., *Gesammelte Werke* 10, Frankfurt am Main: Suhrkamp 1967, 1032.

157 Benjamin, „Kommentare zu Gedichten von Brecht", 366.

nicht in Hölderlins Übersetzung findet, auf die sich Brechts Bearbeitung stützt, geht in diese Richtung:

Ismene: „Laß das Vergangene!"
Antigone: „Jünger bist du doch, weniger Schreckliches / Hast du gesehn. Vergangenes, gelassen / Bleibt nicht vergangen."[158]

Erweist sich die Weigerung, Vergangenes vergangen sein zu lassen, bei Sophokles nicht als Ausgangspunkt einer tragischen Entwicklung, in der Härte mit Härte zusammenprallt – so lange, bis alle im gemeinsamen Untergang enden? Mit Blick auf das Gleichnis vom „Engel der Geschichte",[159] der in Anbetracht geschichtlicher Katastrophen verweilen möchte, um die Toten zu wecken und das Zerschlagene zusammenzufügen, gibt Benjamins Beschreibung der Weisheit des Lǎozǐ Rätsel auf:

[...] wozu wäre seine Weisheit gut, wenn er, der das Tal, das ihn noch eben erfreut, an der nächsten Wegbiegung schon vergessen hat, nicht die Sorgen um das Künftige, kaum verspürt, schon vergessen hätte.[160]

Unter welchen Umständen ist Vergessen gut und wünschenswert? Paradoxer gefragt: Gibt es ein Vergessen, das dem Erinnern zugutekommt, und ein Erinnern, das Vergessen bewirkt und heraufbeschwört? Könnte es nicht zuweilen nötig sein, das Erinnern zu vergessen, Vergessen ohne Vergessen zu üben, um aus dem Erinnern wirklich lernen zu können? Um nicht nur mit dem Bewusstsein zu lernen, sondern auch mit dem Un-bewusstsein? Ist es möglich, von der paradoxen Un-Struktur (Verborgenheit-Unverborgenheit, Gebrauch-Ungebrauch, Tun-Untun) auf das Verhältnis von Vergessen und Erinnerung oder vielmehr Vergessenheit und Un-vergessenheit zu kommen? Eine Erinnerung, die dem Lassen der Erinnerung wie von selbst entspringt, unabsichtlich, ungezwungen, aus der Tiefe spontaner, intuitiver Erinnerung?

158 Bertolt Brecht, *Die Antigone des Sophokles*, in: ders., *Gesammelte Werke* 6, Frankfurt am Main: Suhrkamp 1967, 2282.

159 Benjamin, „Über den Begriff der Geschichte", 697.

160 Benjamin, „Kommentare zu Gedichten von Brecht", 367.

Aus daoistischer Perspektive wird Lernen und Üben erst dann tiefgehend wirksam, wenn es in das unbewusste Tun des transformativen Subjekts eingesickert ist. Solche Unvergessenheit ist schwer zu denken für einen auf Bewusstmachung und vernunftorientierte Aufarbeitung zielenden Umgang mit individueller und kollektiver Geschichte.

Ist in der daoistischen „Belehrung", dass „das weiche Wasser in Bewegung / Mit der Zeit den mächtigen Stein besiegt", etwas jenem jüdischen Messianismus Ähnliches enthalten, der auch Benjamins Reflexionen über den Begriff der Geschichte durchzieht? Angenommen, dass es überhaupt sinnvoll ist, mit Bezug auf den Daoismus von Messianismus zu sprechen, wäre es dann nicht angemessener, diesen von dem *religiösen Messianismus* in Judentum und Christentum zu unterscheiden und stattdessen von „poetischer Heilslehre" oder *ästhetischem Messianismus* zu sprechen? Daran schließt sich dann jedoch sogleich die Frage an, wie denn eine aus der Naturästhetik von Berg und Wasser, von hartem Stein und von weichem Wasser erwachsende messianische Verheißung geschichtlich oder gar revolutionär wirksam werden könnte. Und würde nicht eine solche ästhetische Transformation des Messianismus Benjamins Daoismus-Verständnis in die Nähe von Heideggers Annäherung an den philosophischen Daoismus rücken?

Zu Beginn von einem der späteren *Schwarzen Hefte* zitiert Heidegger aus Kapitel 43 des *Lǎozǐ*: „Der Erde Sanftestes / verwindet der Erde Starrstes."[161] Für ihn berühren sich darin das Hölderlinsche Vertrauen auf die heilenden Kräfte der „heiligen Natur" und eine poetisch-politische Vision, in der das geschlagene deutsche Volk lernt, dem gescheiterten Glauben an Härte und Willen zu entsagen, um sich „gelassen auf das Warten einzulassen" (GA 77, 237): um *Gelassenheit* zu lernen und zu lehren. Ist die Schule der Gelassenheit nicht immer auch hart, schmerzhaft und unheimlich?

161 Hinweis von Peter Trawny. Soweit ich sehe, zitiert Heidegger an dieser Stelle nicht einfach eine ihm bekannte Übersetzung, sondern macht einen eigenen Übersetzungsvorschag. Ähnlich heißt es an anderer Stelle: „Das Sanfte verwindet die Härte […]." (GA 100, 105)

V. Nach Auschwitz: Gelassenheit?

„Das eben, Lieber! ist das Traurige,
daß unser Geist so gerne die Gestalt des irren Herzens annimmt,
so gerne die vorüberfliehende Trauer festhält,
daß der Gedanke, der die Schmerzen heilen sollte,
selber krank wird [...].“[162]

Friedrich Hölderlin

„The situation is paradoxical:
the attempt to change a situation is what entrenches it,
while a radical acceptance is the first step toward transforming it.”[163]

Brook A. Ziporyn

1. Das Schweigen des Philosophen

Hat Paul Celan auf ein öffentliches und reuevolles „Wort“ Heideggers zur Vernichtung der europäischen Juden gewartet, auf ein Schuldbekenntnis? Im Jahr 1967, nach einem Besuch in Martin Heideggers Berghütte im Schwarzwald, spricht er im Gedicht *Todtnauberg* von „einer Hoffnung, heute, / auf eines Denkenden / kommendes / Wort / im Herzen“.[164] Da Celan eine große Nähe seines eigenen Verständnisses von Sprache zu demjenigen Heideggers empfand, scheint er mit der Hoffnung auf ein solches Wort nach

162 StA 3, 39.

163 Brook A. Ziporyn, *Emptiness and Omnipresence: An Essential Introduction to Tiantai Buddhism*, Bloomington: Indiana University Press 2016, 235.

164 Paul Celan, *Gesammelte Werke in fünf Bänden*, Band II, Frankfurt am Main: Suhrkamp 1986, 155. Otto Pöggeler hat dazu bemerkt: „Wenn die Begegnung mit Heidegger nicht zu jenem Wort führte, auf das Celan gehofft hatte, dann wich Celan nicht in ein Gedicht aus, sondern überlieferte uns mit diesem Gedicht eine Aufgabe, die auch dann gesehen werden müßte, wenn sie nicht zu lösen wäre.“ Otto Pöggeler, *Spur des Worts. Zur Lyrik Paul Celans*, Freiburg/München: Alber 1986, 271.

Todtnauberg gereist zu sein. Seine Hoffnung wurde enttäuscht. Heidegger hat alle Forderungen nach einer öffentlichen Entschuldigung für seine Verstrickung in die nationalsozialistische Bewegung abgewiesen. Aber was bedeutet das „hartnäckige Schweigen des Philosophen“?[165]

> Heidegger schweigt vom nicht zu verschweigenden Ereignis. Wenn das Schweigen, Verschweigen, Tote noch einmal töten kann, dann hat Heideggers Schweigen diesen dunkelsten Schatten auf dieses Denken gelegt.[166]

Gehören Heideggers viel kritisiertes Schweigen und seine Öffnung für daoistisches Denken zusammen? Hat vielleicht gerade dieses krude Totschweigen die Öffnung für eine paradoxe „Sprache ohne Sprache und aus dem Ohne der Sprache“[167] ermöglicht und bewahrt, die unverzichtbarer Bestandteil von Heideggers Öffnung für den Daoismus war? Und fällt, wenn dies so ist, nicht etwas von jenem „dunkelsten Schatten“ auch auf klassische Texte des Daoismus, in denen seit langem versucht worden ist, aus dem Ohne der Sprache zu sprechen – das erste Kapitel des *Lǎozǐ* ist in dieser Hinsicht nur der naheliegendste Bezugspunkt.

Hat Heidegger geschwiegen? Inwiefern ist in dem, was er gesagt hat, ein Sprechen ohne zu sprechen, und in dem, was er nicht gesagt hat, ein Schweigen ohne zu schweigen? Hat er vielleicht jenes Wort auf eine Weise zu sagen versucht, die dem Geständnis von Schuld ausgewichen ist, gleichwohl aber von weitreichender Selbstbesinnung zeugt? Die folgenden Überlegungen gehen davon aus, dass sich in Heideggers Schriften ein solches Wort finden lässt. Es ist die paradoxe Wendung von der „Notwendigkeit des Unnötigen“ –

[165] Peter Trawny, „Celan und Heidegger. Noch einmal“, in: *Heidegger, die Juden, noch einmal*, herausgegeben von Peter Trawny und Andrew J. Mitchell, Frankfurt am Main: Klostermann 2015, 236.

[166] Ebd., 251. Holger Zaborowski schreibt dazu: „Auch Heidegger fiel einer verbreiteten Tendenz zum Verschweigen und Verdrängen zum Opfer – und war gleichzeitig auch zumindest teilweise dafür verantwortlich, dass diese Tendenz so erfolgreich sein konnte.“ Holger Zaborowski, *„Eine Frage von Irre und Schuld?“ Martin Heidegger und der Nationalsozialismus*, Frankfurt am Main: S. Fischer 2010, 708.

[167] Hamacher, „Versäumnisse. Zwischen Theodor W. Adorno und Paul Celan“, in: *Keinmaleins. Texte zu Celan*, 85.

dem Gebrauch des Ungebrauchs – oder einfach das Wort: Gelassenheit. Heideggers Antwort auf die von der Kriegszeit angerichtete „Verwüstung“ der Welt soll Gelassenheit gewesen sein? Aber kann denn ein derart alltägliches und schwächliches Wort als Antwort auf Auschwitz und die Vernichtung der europäischen Juden irgend als angemessen und überzeugend gelten? Einerseits verstehe ich dieses Wort nun aus der daoistischen Perspektive, die in den vorhergehenden Kapiteln dargelegt worden ist; andererseits ist der Maßstab, mit Hilfe dessen es im Folgenden weiter erörtert werden soll, jene Antwort, die Adorno auf Hitler und Auschwitz gegeben hat: negative Dialektik – verstanden als Form des Denkens, des Lebens und der philosophischen Übung.[168] Ausgehend von dieser Doppelperspektive sei die Frage gestellt, ob nicht Heideggers gegenwendiges Verständnis von Gelassenheit so interpretiert werden kann, dass sie sich als eine Lebensform und Übungspraxis zeigt, die mit negativer Dialektik auf unerwartete Weise kommuniziert. Mehr noch, ich frage mich, inwiefern die paradoxe Kommunikation zwischen Gelassenheit und negativer Dialektik, zwischen Heidegger und einem seiner schärfsten Kritiker, eine Perspektive zu eröffnen vermag, die für beide Seiten bedeutungsvoll ist, weil mit ihr eine wichtige Transformation von Philosophie auf den Weg gebracht werden könnte.

Celan stand sowohl mit Heidegger als auch mit Adorno in Kontakt. Sein Gedicht *Todtnauberg* gibt bereits einen deutlichen Hinweis auf die Barriere, die eine gelingende Kommunikation der beiden Positionen verhindert hat: die Wand zwischen dem Heilsamen der Natur einerseits, das Heidegger in seinen Überlegungen zum Lassenkönnen anspricht und mit dem auch Celans Gedicht beginnt („Arnika, Augentrost, der / Trunk aus dem Brunnen mit dem Sternwürfel drauf“), und andererseits der Verstrickung von Natur als „Heimatboden“, als gewachsener „Bodenständigkeit“, mit einer konservativen Ideologie, die von antisemitischen Ressentiments gegen alles Boden- und Wurzellose befeuert worden ist. Indem sich Natur in Celans Gedicht von einer heilsamen in eine unheilvolle verkehrt, durchläuft es diese beiden Momente. Durch die Reihenfolge der Momente scheint indes eine unvermeidliche Wertung vor-

168 Siehe Heubel, „Kritik als Übung. Über negative Dialektik als Weg ästhetischer Kultivierung“, 67–70.

genommen zu werden: Das Vertrauen in eine heilsame und unschuldige Natur wird als ideologisch verworfen. Offenbar neigt auch Adorno zu ähnlichen Schlussfolgerungen. Und hat nicht Brecht in *An die Nachgeborenen* – einem seiner Svendborger Gedichte –, dessen Inhalt nur scheinbar in schroffem Kontrast zur „Weisheit“ steht, die in der *Legende von der Entstehung des Buches Taoteking* beschrieben wird, das heillose Verhältnis von Natur und Politik auf den Punkt gebracht:

Was sind das für Zeiten, wo
Ein Gespräch über Bäume fast ein Verbrechen ist
Weil es ein Schweigen über so viele Untaten einschließt![169]

Gibt es ein Schweigen über Untaten, das kein Verbrechen ist, vielmehr weise wäre?

Zweifellos zeigt sich die Tendenz zur Politisierung der Natur bei Heidegger ganz unverhohlen. In *Schöpferische Landschaft: Warum bleiben wir in der Provinz?* von 1933 beschreibt Heidegger das Verhältnis zwischen „philosophischer Arbeit“ und seinem „Hüttendasein“:

Wenn in tiefer Winternacht ein wilder Schneesturm mit seinen Stößen um die Hütte rast und alles verhängt und verhüllt, *dann* ist die hohe Zeit der Philosophie. Ihr Fragen muß *dann* einfach und wesentlich werden. Die Durcharbeitung jedes Gedankens kann nicht anders denn hart und scharf sein. Die Mühe der sprachlichen Prägung ist wie der Widerstand der ragenden Tannen gegen den Sturm. (GA 13, 10)

Und:

Zuweilen ist jetzt die Arbeit dort oben für längere Zeit unterbrochen durch Verhandlungen, Vortragsreisen, Besprechungen und die Lehrtätigkeit hier unten. Aber sobald ich wieder hinaufkomme, drängt sich schon in den ersten Stunden des Hüttendaseins die ganze Welt der früheren Fragen heran, und zwar ganz in der Prägung, in der ich sie verließ. Ich werde einfach in die Eigenschwingung der Arbeit versetzt und bin ihres verborgenen Gesetzes im Grunde gar nicht mächtig. (GA 13, 11)

169 Brecht, *Gesammelte Werke* 9, 723.

Das *Abendgespräch* ist ein Text, mit dem sich die Verbindung des Wortes Gelassenheit zu Heideggers Reflexionen auf das katastrophale Scheitern des Nationalsozialismus aufdrängt. Auch dieser Text beginnt mit einer Naturszene: „Als wir heute früh zu unserem Arbeitsplatz marschierten, überkam mich plötzlich aus dem Rauschen des Waldes etwas Heilsames. Den ganzen Tag hindurch sann ich darüber nach, worin wohl dieses Heilsame beruhen könnte." (GA 77, 205) Im Verlauf des Gesprächs wird eine Erklärung für die Erfahrung der „schöpferischen Landschaft", für die Erfahrung einer eigentümlich schöpferischen und zugleich heilenden Kraft beim Arbeiten in der Natur gegeben: Landschaft stellt die Bedingung der Möglichkeit bereit, auf paradoxe Weise schöpferisch zu werden, nämlich indem sie in eine „Eigenschwingung der Arbeit" versetzt, der wir „gar nicht mächtig" sind, insofern in ihr nämlich ein „seltsames Tun, das ein Lassen ist" (GA 77, 234) wirksam zu werden vermag.

Im *Jargon der Eigentlichkeit* bezieht Adorno sich auf Heideggers Motiv der schöpferischen Landschaft mit humorloser Ironie. Die Beschreibung des Philosophierens in tiefer Winternacht kommentiert er wie folgt: „Ob Fragen wesentlich sind, darüber lässt allenfalls nach der Antwort sich urteilen, es lässt sich nicht vorwegnehmen und schon gar nach dem Maß einer meteorologischen Ereignissen nachgebildeten Einfachheit." (GS 6, 448) Heideggers Natur- und Heimatverbundenheit hält er für eine zu bekämpfende „deutsche Ideologie". Deren heuchlerische Falschheit zeigt sich für ihn im Blick auf das städtische Leben einer modernen Tauschgesellschaft. In einer solchen kann Heimat nicht mehr sein als die reaktionäre Verklärung jener Unbeweglichkeit und lokalen Verhaftetheit bäuerlicher und kleinbürgerlicher Existenz. Diese sieht sich der modernen Auflösung alles Festen und Sicheren ohnmächtig ausgesetzt und reagiert auf den Verlust heimatlicher Bodenständigkeit mit ressentimentgeladenem Trotz. Adornos Kritik, vorgetragen im Ton großbürgerlich-urbaner Geringschätzung des Landlebens, fällt es leicht, die absurde Rückständigkeit von Heideggers Beschwörung der Bodenständigkeit philosophischer Arbeit aufzuspießen. Seine ironische Ideologiekritik hinterlässt indes das ungute Gefühl, er habe es sich allzu einfach gemacht mit der Einordnung Heideggers in die bäuerlich-kleinbürgerliche Reaktion.

Heideggers Selbstbeschreibung gibt zu einer solchen Charakterisierung sicherlich einigen Anlass. Die Todtnauberger Hütte hat jedoch eine Bedeutungsschicht, die sich bei einem Besuch aufdrängt: Es handelt sich keineswegs nur um eine „kleine Skihütte" (GA 13, 9), sondern weit mehr um eine philosophische Einsiedelei, um einen Ort der philosophischen Asketik, „für die Übung des Denkens",[170] für ästhetische Kultivierung in der Natur. Die Hütte ist in der Tat klein, asketisch klein und frei von Zeichen bürgerlich-professoralen Wohlstands. Heideggers Denken zeigt sich darin schroff von seiner radikal anti-bürgerlichen Seite. Sein Lob der Einsamkeit sprengt den einfachen Gegensatz von ländlichem und städtischem Leben:

Die Städter wundern sich oft über das lange, eintönige Alleinsein unter den Bauern zwischen den Bergen. Doch es ist kein Alleinsein, wohl aber *Einsamkeit.* In den großen Städten kann der Mensch zwar mit Leichtigkeit so *allein* sein, wie *kaum* irgendwo sonst. Aber er kann dort nie einsam sein. Denn die Einsamkeit hat die ureigene Macht, daß sie uns nicht *vereinzelt*, sondern das ganze Dasein *loswirft* in die weite Nähe des Wesens aller Dinge. (GA 13, 11)

Das klingt mehr nach der archaischen Naturerfahrung eines zurückgezogen lebenden Eremiten als nach bürgerlicher Naturromantik.

2. Arnika und Waldwasen

Adornos Kritik setzt ein beim Ressentiment der von moderner Mobilität Abgeschnittenen:

Wer durch die Gestalt seiner Arbeit zum lokalen Verharren gezwungen ist, macht gerne aus der Not eine Tugend und sucht sich und andere davon zu überzeugen, seine Gebundenheit sei eine in höheren Ordnungen. [...] Der Haß des gesellschaftlich Unbeholfenen, womöglich nicht Zugelassenen auf den Geschliffeneren und Umgänglicheren als dem Hans Dampf in allen Gassen eint sich mit dem Widerwillen gegen den Agenten, vom Viehhändler bis zum Journalisten. (GS 6, 450)

[170] Günther Figal, *Zu Heidegger. Antworten und Fragen*, Frankfurt am Main: Klostermann 2009, 229.

Adorno legt den Finger auf das antizivilisatorische und antisemitische Klischee vom weltgewandten Städter und kapitalistischen Agenten, das in Ressentiments der zu Beweglichkeit und Wanderschaft Unfähigen oder sich ihr Verweigernden Ausdruck fand. So überzeugend die Zurückweisung von Heideggers Bezug auf heimatliche Naturerfahrung auch zunächst erscheinen mag, so liegt in dieser doch auch ein Moment der Berechtigung, das Adornos bürgerlich-städtischer Hohn verfehlt. Die Gegensätze von Provinzialität und Urbanität, Land und Stadt, Natur und Zivilisation werden von Adorno an dieser Stelle allzu fix und selbstsicher gegen Heidegger ausgespielt. Er antwortet so, als ob sich dessen naturästhetische Versuche nicht mit jenem „Eingedenken der Natur im Subjekt" verbinden ließen, auf das sich Adornos Kritik aufklärerischer Vernunft normativ bezieht. Allerdings wird schon die leiseste Möglichkeit solcher Kommunikation einander ideologisch entgegengesetzter Positionen in Adornos Polemik ausgeschlossen, ja geradezu verdrängt. Die heilende Bedeutung der Natur, die in Celans *Todtnauberg* zunächst anklingt, wird nicht weiter in Betracht gezogen.

Aber kann das verwundern? Lässt doch auch Celans Gedicht das Heilende der Natur auf höchst eindringliche Weise ins Unheilvolle umschlagen („Waldwasen, uneingeebnet", „die halb- / beschrittenen Knüppel- / pfade im Hochmoor"[171]): Leben und Tod, Heil und Unheil, Wesen und Unwesen („Wasen") sind im menschlichen Verhältnis zur Natur auf unauflösliche Weise ineinander verknotet. Entsprechend liest Jean Bollacks Deutung des Gedichts den Namen des Ortes *Todtnauberg* als Figur von Tod, Finsternis und Schrecken, verborgen in einer idyllischen Berg- und Wiesenlandschaft des „schwarzen Waldes": Es ist ein Berg, der etwas birgt und verbirgt, nämlich eine „Toten-au", „wobei die Silbe ‚au' das Vernich-

[171] „[...] diese *Pfade* [...] heißen die *halb- / beschrittenen* nicht nur auf Grund einer Reminiszenz an eine abgebrochene Wanderung, sie brechen selbst ab und beschreiten das Moor nur zur Hälfte, weil es in seiner ganzen Länge oder Tiefe zu beschreiten paradox hieße, es – das Moor *mort* – nicht zu beschreiten. Die Rede vom Tod ist aporetisch, sie ist ein Weg im Weglosen, ein Weg, der notwendig einer und keiner ist, deshalb ein immer nur halber." (Hamacher, „WASEN. Um Celans Todtnauberg", in: *Keinmaleins. Texte zu Celan*, 128–129)

tungslager Auschwitz in die Gegenwart des Gedichts einbezieht".[172] *Todtnauberg* wird somit zum mahnenden Ausdruck für Heideggers Schweigen über die Toten von Auschwitz. In dieser Deutung steckt große polemische Kraft, jedoch nicht minder eine selbstquälerische Atemlosigkeit, die sich die Möglichkeit zum Atemholen verstellt, die Möglichkeit zur „Atemwende": Als wollte sich jemand nachträglich noch zu einem Erstickungstod verdammen, dem er entronnen ist. Wo sonst sollte es frische Luft zum Atmen, zur Heilung von moderner Atemnot geben, wenn nicht in Wäldern und Wiesen, in Bergen und Auen, in der Natur?[173] Sind die Berge von Todtnauberg schuldiger als die Berge von Sils-Maria, in denen Adorno gerne die Sommerfrische verbrachte, ohne die assoziative Nähe zu Nietzsche zu scheuen, der bei nationalsozialistischen Ideologen doch in weit höherem Ansehen stand als Heidegger. Nietzsche jedenfalls zog es in die Natur, und er hatte die für Stadtmenschen und akademische Stubenhocker nicht leicht verständliche Gewohnheit, „im Freien zu denken", „am liebsten auf einsamen Bergen und dicht am Meere, da wo selbst die Wege nachdenklicher werden".[174]

In Celans Gedicht wird Todtnauberg zum Inbegriff unheilvoller Natur, zum Schauplatz unsichtbarer Leichenfelder und verborgener Grausamkeiten. In diesem seltsam naturfeindlichen Diskurs gibt es keine unschuldigen Felder und Wege, Wälder und Quellen, Bäume und Blumen, Kräuter und Wiesen: Zum Wesen der Wiesen wird das menschliche Unwesen. In „WASEN. Um Celans Todtnauberg" hat Werner Hamacher eine philosophisch tiefgründige Deutung von Celans Gedicht, insbesondere der Zeile „Waldwasen, uneingeebnet" entfaltet. Diese scheint mir jedoch in einer entscheidenden Hinsicht das Verhältnis von Celans Dichtung und Heideg-

[172] Jean Bollack, „Todtnauberg. Vor dem Gericht der Toten", in: ders., *Dichtung wider Dichtung. Paul Celan und die Literatur*, herausgegeben von Werner Wögerbauer, Göttingen: Wallstein 2006, 378.

[173] Um „Atemwende" und „Atemnot" drehen sich Überlegungen von Philippe Lacoue-Labarthe zur Konstellation von Heidegger, Hölderlin, Celan und Auschwitz. In dem Dokumentarfilm *The Ister* (2009) von David Bariston und Daniel Ross fasst er seine Deutung auf eindrucksvolle Weise zusammen.

[174] Nietzsche, *Die fröhliche Wissenschaft*, 366.

gers Denken zu verfehlen. Hamacher setzt beide in einer Weise einander entgegen, die nur möglich ist, weil er Heidegger zu einem unfreien und ortsgebundenen Seins- und Heimatphilosophen vereinfacht. Ein solcher war er aber nicht, zumindest wenn die Bewegungen zwischen Heidegger, Daoismus und Adorno berücksichtigt werden, die ich in den vorherigen Kapiteln dieses Buches vollzogen habe. Der Sprach- und Seinsbegriff des transkulturell transformierten, für vielerlei Denkwege und Gedankenexperimente offenen Heidegger, der dabei wahrnehmbar wird, ist demjenigen Celans näher als Hamachers kritische Analyse vermuten lässt. Mit großem philologischem und spekulativem Aufwand versucht diese nachzuweisen, dass Celans Gebrauch des Wortes „Wasen" so auf Heideggers Verständnis des Wortes „Wesen" bezogen werden kann, dass dessen vermeintliche Enge und Bodenständigkeit sich auflöst:

> Denn *Wasen* sind modrige Feuchtgelände ohne feste Grenzen und verlässlichen Grund, in denen Lebendiges nicht so sehr west als verwest, amorphe Fäulnis- und Wucherbecken, in denen Kadaver von Tieren und, so konnte Celan vermuten, von Menschen verrotten […]. Wesen, von Heidegger auf den Bereich des Daseins und seiner Möglichkeiten beschränkt, trifft in *Wasen* auf das, was ihm als das für es schlechthin Un-mögliche zuvorkommt und bevorsteht. Sie sind dem Moor verwandt und dem Hochmoor seines Gedichts benachbart, in dessen Namen Celan das französische *mort* gehört haben mag.[175]

Celans „Wasen" konfrontiert Heideggers „Wesen" mit dem in ihm verborgenen, von Heidegger aber angeblich verleugneten „Un-wesen", „Ohne-Wesen", „Wesen-ohne-Wesen".[176] Und vermutlich ist ein derart morbides, ausschließlich von Verwesung her gedachtes Verständnis von Un-wesen oder Ohne-Wesen mit einem paradoxen Verhältnis von Wesen und Un-Wesen nicht vereinbar, das Heideggers Überlegungen zur vorsokratischen „*Un*-"Sprache und die sich daran anschließende Erörterung der daoistischen *Ohne*-Sprache nahelegen. Aus dieser Perspektive zeigt sich, dass „Heideggers Sprache des Wesens" und die „*Wasen*-Sprache von Celans Gedicht" keineswegs zur Nicht-Kommunikation verdammt sind, sondern beide nur dem Anschein nach gar nicht zusammengehen.

175 Hamacher, „WASEN. Um Celans Todtnauberg", 119f.
176 Ebd., 135.

Wäre das von Tod und Verwesung geprägte Verhältnis von Natur und Philosophie, von Natur und Dichtung, Natur und Geschichte, Natur und Politik das letzte Wort in dieser Sache, dann bliebe nichts anderes übrig, als sich vom Hölderlin-Modell endgültig zu verabschieden und in Hyperion nicht mehr zu sehen als einen lächerlichen Träumer, der kitschig-sentimental in der „heiligen Natur“ Heilung sucht nach enttäuschenden Erfahrungen mit den Deutschen, die für ihn „allberechnende Barbaren“ sind, auf denen der „Fluch der gottverlassenen Unnatur“ ruht:

> Ich wollte nun aus Deutschland wieder fort. Ich suchte unter diesem Volke nichts mehr, ich war genug gekränkt, von unerbittlichen Belaidigungen, wollte nicht, daß meine Seele vollends unter solchen Menschen sich verblute. Aber der himmlische Frühling hielt mich auf; er war die einzige Freude, die mir übrig war, er war ja meine lezte Liebe, wie konnt' ich noch an andre Dinge denken und das Land verlassen, wo auch er war? [...] Und wenn ich oft des Morgens, wie die Kranken zum Heilquell, auf den Gipfel des Gebirgs stieg, durch die schlafenden Blumen, aber vom süßen Schlummer gesättiget, neben mir die lieben Vögel aus dem Busche flogen [...] und jezt das hohe Licht, das göttlichheitre den gewohnten Pfad daherkam, die Erde bezaubernd mit unsterblichem Leben [...], so stand ich Einsamer dann auch über den Ebenen und weinte Liebesthränen zu den Ufern hinab und den glänzenden Gewässern und konnte lange das Auge nicht wenden. [...] O Sonne, o ihr Lüfte, rief ich dann, bei euch allein noch lebt mein Herz, wie unter Brüdern! (StA 3, 157f.)

Wenn solch naturästhetische Schwärmerei nur noch verrückt und lächerlich erschiene, nur noch „entheiligenden“ Hohn und Spott hervorriefe, dann wäre nicht nur der Weg zu Hölderlin und zum Gespräch zwischen Heidegger und ihm abgeschnitten, sondern auch die transkulturelle Korrespondenz zu einem chinesischen Naturverständnis, das sich im Gedritt von Himmel, Erde und Mensch zeigt, wie auch in einer Literatenästhetik, die im Buch *Zhuāngzǐ* eine ihrer maßgeblichen philosophischen Inspirationen gefunden hat. Es ist nötig, Natur vor ihrer rechten – positiven – wie vor ihrer linken – negativen – Politisierung zu retten.

Scharf und polemisch sind die Worte, die Adorno in seiner Vorlesung *Ontologie und Dialektik* für Heideggers Naturdichtung verwendet. Und er zitiert, wie auch im *Jargon der Eigentlichkeit*, eines von Heideggers Gedichten: „Wälder lagern / Bäche stürzen / Felsen dauern / Regen rinnt / Fluren warten / Brunnen quellen / Winde wohnen / Segen sinnt." (GA 13, 86) Danach sagt er:

> Meine Damen und Herren, Sie haben gelacht und ich nehme dieses Lachen außerordentlich ernst. [...] Und ich fühle den Einwand des gesunden Menschenverstandes, der immer auf dem Sprung steht, das schlechte zu verteidigen; der in einem solchen Fall sagen würde: er ist doch ein Philosoph, du darfst ihm doch nicht übelnehmen, wenn er schlechte Gedichte schreibt! [...] wenn es sich hier herausstellt, daß die sprachliche Formulierung und das Verhältnis der Sprache zu dem, was man sagen will, die des abgestandenen provinziellen Kitschs ist, dann besagt das allerdings, so würde ich denken, etwas Entscheidendes über den Wahrheitsgehalt dieser Philosophie selber. (OD, 228f.)

Die kämpferische Schärfe, mit der Adorno den Ausdruck von Naturverbundenheit bei Heidegger aufspießt und verhöhnt, zielt unverkennbar auf den Zusammenhang von Natur und Politik. „Abgestandener provinzieller Kitsch" bezeichnet zunächst die „Kleinbürgerlichkeit" (OD, 232) von Heideggers „schlechten Gedichten", die „kleinbürgerliche Ideologie", die aus ihnen spricht, wobei Adorno „nur aus Vorsicht sie hier nicht mit ihrem richtigen Wort bezeichnen möchte" (OD, 229).

Adorno spricht von einer „boshaften" Intention in der Erwähnung von Heideggers Naturlyrik: „insofern sie nämlich aufs Ganze geht und nicht nur auf die Frage nach dem literarischen Talent von Professor Heidegger." (OD, 233) Dessen Natur- und Heimatverbundenheit läuft für Adorno auf eine „Mythologisierung der Philosophie" hinaus, die Heidegger – und zwar auch schon in *Sein und Zeit* – in die Nähe nationalsozialistischer Ideologie rückt:

> Es ist also wirklich in Sein und Zeit auf einem unvergleichlich viel höheren Niveau und mit unvergleichlich viel mehr Raffinesse das [enthalten], was auf einem niedrigeren Niveau ein anderes Buch zu sein beansprucht, nämlich die Fiktion eines Mythos des 20. Jahrhunderts. (OD, 245)

Alfred Rosenberg war der Ideologe des Nationalsozialismus, Heidegger sein Philosoph:

> Ich halte es für unmöglich, von der Heideggerschen Philosophie [...] ihre sogenannten politischen Exzentrizitäten wie Aberrationen eines wild ge-

wordenen Denkens wegzustreichen und dann die pure Weisheit, die gereinigte Lehre sozusagen, in den Händen zurückzubehalten. Sondern genau diese Momente, die ihn haben sagen lassen, der Führer sei das Sein, liegen in dem Seinsbegriff selber, in der Konstitution dieses Denkens selber notwendig beschlossen. (OD, 253)

Adorno fordert damit die vollständige Zurückweisung der gesamten Philosophie Heideggers, *Sein und Zeit* eingeschlossen.[177] Wer kann, auf der anderen Seite, die „politische Exzentrizität" Heideggers noch als lästige Nebensächlichkeit abtun? Erst von diesem wunden Punkt aus lässt sich nämlich, über Adorno hinaus, die Frage stellen, inwiefern Heideggers Denken mit dem negativer Dialektik korrespondiert, weil die Idee einer „Gegenwendigkeit des Seins" (GA 53, 95) eine sehr verschiedene Deutung des Seinsbegriffs nahelegt, eine nämlich, der die Möglichkeit von Selbstverkehrung und Gegen-sich-selbst-Denken keineswegs fremd ist. Um diesem Punkt nachgehen zu können, darf allerdings Adornos Kritik auch nicht als bloß politisch motiviert kleingeredet und damit beiseitegeschoben werden.

Die Verstrickung von Naturerfahrung und Naturverbundenheit in die nationalsozialistische Ideologie erfolgt über „das Wort Heimat". Adorno bezeichnet das Problem präzise:

Wenn ich von Mythologie rede und von Mythologie als einem Rückschlag in Naturreligion, in Naturkultus, so gehört natürlich der Begriff Heimat [...] genau an dieselbe Stelle. Denn es gehört ja zu der Naturreligion wesentlich hinzu, daß die Naturgottheiten an bestimmte Orte gebunden sind und daß die Heiligkeit des Ortes, und zwar des je beschränkten Ortes, an den der Einzelne durch seine Geburt und seine Familie sich gebunden findet, zugleich als das zu Verehrende oder als das Numinose ihm dargestellt wird. (OD, 252)

177 Ähnlich urteilt Herbert Marcuse: „Heute scheint es mir schamlos, Heideggers Bekenntnis zum Hitlerregime als (kurzen) Fehltritt oder Irrtum abzutun: ich glaube, daß ein Philosoph sich solchen ‚Irrtum' nicht leisten kann, ohne seine eigene und eigentliche Philosophie zu desavouieren." Herbert Marcuse, „Enttäuschung", in: Neske (Hg.), *Erinnerung an Martin Heidegger*, 162f.

Naturverbundenheit ist für Adorno gekettet an einen verwerflichen Naturkultus, ist schlicht mythisch. Das Motiv des Eingedenkens der Natur bezieht sich nur auf die innere Natur – Natur im Subjekt, Triebregungen, Sinnlichkeit –, kaum auf die äußere. Die äußere, große Natur wird geradezu tabuisiert, allenfalls wird ihre Aura zuweilen so verschämt erwähnt wie Benjamin davon spricht, „die Aura dieses Berges, dieses Zweiges" zu atmen.[178] Hat die nationalsozialistische Ästhetisierung der Politik dazu beigetragen, die Aura der Natur zu zertrümmern, die „heilige" Natur endgültig zu entheiligen?

Aus dieser Perspektive fällt auf, dass das *Abendgespräch* mit seinem ersten und letzten Satz die beiden Momente miteinander verklammert. Im ersten ist die Rede vom Heilsamen, das aus „dem Rauschen des weiten Waldes" kommt (GA 77, 205), und im letzten vom „Segen der Bestimmung" für die Heimat (GA 77, 240). Wird hier nicht der von Adorno mit Recht zurückgewiesene Versuch gemacht, das Heilsame, Heilende der Natur auf die Heimat zu übertragen? Kann die verwüstete Heimat Heilendes aus der Besinnung auf Natur beziehen, aus einem Lassenkönnen, dessen Lernen und Lehren aus der Besinnung auf die Naturhaftigkeit des Menschen erwächst? Es reicht nicht, sich mit Adorno darauf zu besinnen, „daß wir ein Stück Natur sind" (PM, 154), um dadurch einer Naturhörigkeit zu entrinnen, die an das Prinzip der Naturbeherrschung gebunden ist (PM, 200). Adorno sieht klar, dass die Kritik des Prinzips der Naturbeherrschung auch eine Kritik am „Prinzip des Wollens", am „Begriff des Willens" (PM, 191) verlangt – dies korrespondiert mit Heideggers Kritik des Willens, die den philosophischen Hintergrund seines Begriffs der Gelassenheit bildet. Die Besinnung auf die eigene Naturhaftigkeit – ist das nicht ein anderes Wort für Naturverbundenheit? –, auf die Natur im Subjekt, auf die innere Natur hat bei Adorno durchaus etwas Heilsames oder zumindest etwas Befreiendes. Werden nicht auch zu Beginn des *Abendgesprächs* Heilendes und Befreiendes einander angenähert? Bei Adorno wird der Bezug auf die äußere Natur von solcher Befreiung

[178] Walter Benjamin, „Das Kunstwerk im Zeitalter seiner technischen Reproduzierbarkeit", in: ders., *Gesammelte Schriften*, Band I.2, Frankfurt am Main: Suhrkamp 1980, 479.

jedoch streng getrennt, denn die „außermenschliche Natur" untersteht dem „blind Zwanghaften der Gesetzmäßigkeit", das heißt Naturgesetzen, in denen es keine Freiheit gibt (PM, 200). Freiheit und außermenschliche Natur zu verknüpfen, ist für Adorno prinzipiell fragwürdig, weil damit die Gefahr verbunden ist, in barbarische Mythologie, Naturkult oder Naturreligion zurückzufallen. Diese Gefahr sieht er bei Heidegger und bekämpft sie mit allen Mitteln der Polemik und Rhetorik. Adornos Grenzziehung ist jedoch fragwürdig. Die Gefahr der konservativen Politisierung von Natur, die ihn zu polemischen Reaktionen gegen Heideggers Naturästhetik getrieben hat, besteht zweifellos. Aber es scheint unmöglich, bei der Spaltung von innerer und äußerer Natur stehen zu bleiben. An dieser Stelle erwächst deshalb die Frage, ob Heidegger mit dem Lernen der Notwendigkeit des Unnötigen, des Gebrauchs ohne zu gebrauchen, des Wartens ohne zu warten, einen überzeugenden Weg eingeschlagen hat, mit dieser Gefahr umzugehen.

3. Neue Bodenständigkeit

Noch kurz vor seinem Tod hat Heidegger dazu aufgefordert, der Frage nachzugehen, „ob und wie im Zeitalter der technisierten gleichförmigen Weltzivilisation noch Heimat sein kann" (GA 13, 243). Die Insistenz auf einer solchen Frage kennzeichnet ihn als Konservativen. Durch den „Verlust der Bodenständigkeit" sieht er den Menschen „im Innersten bedroht", um jedoch sogleich anzufügen, diese Bedrohung komme „aus dem Geist des Zeitalters, in das wir alle hineingeboren sind" (GA 16, 522). Für ihn geht der Verlust der Bodenständigkeit einher mit einer „völlig neuen Stellung des Menschen in der Welt und zur Welt", mit einem „grundsätzlich technischen Verhältnis des Menschen zum Weltganzen". Dieses ist, so Heidegger, erwachsen aus einer „radikale[n] Revolution der Weltansicht", die sich zuerst in der europäischen Philosophie des 17. Jahrhunderts vollzogen hat:

> Jetzt erscheint die Welt wie ein Gegenstand, auf den das rechnende Denken seine Angriffe ansetzt, denen nichts mehr soll widerstehen können. Die Natur wird zu einer einzigen riesenhaften Tankstelle, zur Energiequelle für die moderne Technik und Industrie. (GA 16, 523)

Kennzeichen des Zeitalters ist für Heidegger im Großen die Entwicklung der Atomenergie und die Möglichkeit eines vernichtenden Atomkriegs, im Kleinen die Tatsache, dass alle Bereiche menschlichen Daseins „immer enger“ umstellt werden „von den Kräften der technischen Apparaturen und der Automaten“ (GA 16, 524). In Anbetracht dieses technischen Fortschritts wird jedoch gemeinhin nicht bedacht,

daß sich hier mit den Mitteln der Technik ein Angriff auf das Leben und das Wesen des Menschen vorbereitet, mit dem verglichen die Explosion der Wasserstoffbombe wenig bedeutet. Denn gerade wenn die Wasserstoffbomben *nicht* explodieren und das Leben des Menschen auf der Erde erhalten bleibt, zieht mit dem Atomzeitalter eine unheimliche Veränderung der Welt herauf.

Dabei ist, so Heidegger weiter, „das eigentlich Unheimliche nicht dies, daß die Welt zu einer durch und durch technischen wird. Weit unheimlicher bleibt, daß wir es noch nicht vermögen, besinnlich denkend in eine sachgemäße Auseinandersetzung mit dem zu gelangen, was in diesem Zeitalter eigentlich heraufkommt.“ Er ist davon überzeugt, dass der „Mensch des Atomzeitalters“ der Übermacht der Technik wehrlos und ratlos ausgeliefert wäre, wenn er „darauf verzichtete, gegenüber dem bloß rechnenden Denken das besinnliche Denken in das maßgebende Spiel zu bringen“ (GA 16, 525).

Mit den Gefahren der Atomenergie und dem Eindringen von technischen Apparaten in das alltägliche Denken und Tun benennt Heidegger allgemeine Probleme, die auch zu Beginn des 21. Jahrhunderts das Leben und Überleben *aller* Menschen betreffen. Um die Bedeutung seines Begriffs der Gelassenheit verstehen zu können, ist es wichtig, die Unterscheidung von rechnendem und besinnlichem Denken nicht als grundsätzlich technikfeindlich und antimodern misszuverstehen – ähnlich wie instrumentelle Vernunft und Mimesis bei Adorno sind beide aufeinander verwiesen. Heidegger sagt, das rechnende Denken bleibe „unentbehrlich“ (GA 16, 519), und betont, „die zwei Arten von Denken“ seien „beide jeweils auf ihre Weise berechtigt und nötig“ (GA 16, 520). Und:

Für uns alle sind die Einrichtungen, Apparate und Maschinen der technischen Welt heute unentbehrlich, für die einen in größerem, für die anderen in kleinerem Umfang. Es wäre töricht, blindlings gegen die technische Welt anzurennen. Es wäre kurzsichtig, die technische Welt als Teufelswerk verdammen zu wollen. (GA 16, 526)

Heideggers Kritik am rechnenden Denken – die in den *Schwarzen Heften* Verbindungen zu antisemitischen Ressentiments eingeht – nimmt teilweise einen alarmistisch schrillen Ton an, weil Heidegger befürchtet, die „Revolution der Technik" könnte „den Menschen auf eine Weise fesseln, behexen, blenden und verblenden [...], daß eines Tages das rechnende Denken *als das einzige* in Geltung und Übung bliebe". Er wendet sich gegen die Einseitigkeit und Eingleisigkeit solchen Denkens, mit dem er die Gefahr heraufziehen sieht, dass dann „mit dem höchsten und erfolgreichsten Scharfsinn des rechnenden Planens und Erfindens" etwas zusammengehen würde, was er „Gleichgültigkeit gegen das Nachdenken" und „totale Gedankenlosigkeit" nennt. Mit dem vollständigen Sieg des rechnenden über das besinnliche Denken „hätte der Mensch sein Eigenstes, daß er nämlich ein nachdenkendes Wesen ist, verleugnet und weggeworfen. Darum gilt es, dieses Wesen des Menschen zu retten." (GA 16, 528f.)

Solche Rettung scheint aussichtslos, weil die Weichheit und Schwäche der Besinnung gegen die Härte und Stärke des Rechnens ohnmächtig aussieht – ihre Hoffnung ruht auf Verheißungen wie „Du verstehst, das Harte unterliegt" und Belehrungen wie „Daß das weiche Wasser in Bewegung / Mit der Zeit den mächtigen Stein besiegt". Besinnung bedeutet bei Heidegger nun auch die Einsicht, dass der Mensch im Angesicht der Gefahr, sein „Eigenstes" zu verlieren, dieses nicht länger ergreifen und festhalten kann. Vielmehr wird deutlich, inwieweit es ratsam erscheint, „das Unstete und Wandelbare der Dinge nicht aus den Augen zu verlieren".[179] Deshalb spricht er von „Gelassenheit zu den Dingen". In den Dingen kommen Härte und Weichheit, Beständigkeit und Wandelbarkeit zusammen.

Und Heidegger stellt die Frage: „Könnte nicht, wenn schon die alte Bodenständigkeit verloren geht, ein neuer Grund und Boden dem Menschen zurückgeschenkt werden, ein Boden und Grund, aus dem das Menschenwesen und all sein Werk auf eine neue Weise und sogar innerhalb des Atomzeitalters zu gedeihen vermag?" Die

179 Benjamin, „Kommentare zu Gedichten von Brecht", 367.

Suche nach dem „Grund und Boden für eine künftige Bodenständigkeit" ist „ein Weg des Nachdenkens", ein Weg der Besinnung, auf dem das besinnliche Denken die Notwendigkeit des rechnenden Denkens anerkennt und somit zu einer zunächst einmal überraschenden Verkehrung genötigt wird:

> Das besinnliche Denken verlangt von uns, daß wir nicht einseitig an einer Vorstellung hängen bleiben, daß wir nicht eingleisig in einer Vorstellungsrichtung weiterrennen. Das besinnliche Denken verlangt von uns, daß wir uns auf solches einlassen, was in sich dem ersten Anschein nach gar nicht zusammengeht. (GA 16, 526)

Dem ersten Anschein nach gehen rechnendes und besinnliches Denken, technische Welt und Bodenständigkeit „gar nicht zusammen". Aber wie sollte es möglich sein, Vereinseitigung zu vermeiden und sich weder blindlings auf die Seite des rechnenden noch ebenso kritiklos auf die Seite des besinnlichen Denkens zu schlagen?

Heideggers Antwort ist ein Gebrauch, der die gebrauchten technischen Gegenstände zugleich „jederzeit loslassen" kann. Jener „Weg zum Nahen", der „für uns Menschen jederzeit der weiteste und schwerste" ist, erweist sich als eine paradoxe Übung im Gebrauch des Ungebrauchs. Das Ethos des tuenden Lassens, das Heidegger im Vortrag von 1955 skizziert, verweist auf Überlegungen zur „Notwendigkeit des Unnötigen", die im *Abendgespräch* von 1945 bereits aufgetaucht sind. Nun allerdings löst er sich stärker von den völkischen Tönen, die in der Rede vom „unbrauchbaren Volk" noch anklingen, und weitet das Verhältnis von Gebrauch und Lassen auf den Umgang mit der modernen Technik aus:

> Wir können zwar die technischen Gegenstände benutzen und doch zugleich bei aller sachgerechten Benützung uns von ihnen so freihalten, daß wir sie jederzeit loslassen. Wir können die technischen Gegenstände im Gebrauch so nehmen, wie sie genommen werden müssen. Aber wir können diese Gegenstände zugleich auf sich beruhen lassen als etwas, was uns nicht im Innersten und Eigentlichen angeht. Wir können „ja" sagen zur unumgänglichen Benützung der technischen Gegenstände, und wir können zugleich „nein" sagen, insofern wir ihnen verwehren, daß sie uns ausschließlich beanspruchen und so unser Wesen verbiegen, verwirren und zuletzt veröden. (GA 16, 526f.)

Gelassenheit verweist auf einen besonnenen und gelingenden Gebrauch, auf einen Gebrauch, der zugleich Ungebrauch ist.

Adornos Polemik gegen Heideggers „heimeliges Geraune" (GS 6, 47) rückt dieses in die Nähe der „ausgelaugten Clichés von Schollenromanen" und der „muffigen Instinkte des deutschen Kleinbürgerkitsches" (GS 6, 49). Er scheint bei Heidegger die Möglichkeit nicht zu vermuten, ein derart engstirniges Verständnis von Heimat auch entschieden verlassen zu können, um vom Warten, vom Offenen und Fernen zu sprechen: vom Denken als „In-die-Nähe-kommen zum Fernen" (GA 13, 49). Gelassenheit wird so bezogen auf das Hin-und-Her zwischen Nähe und Ferne, Enge und Weite, Geschlossenheit und Offenheit, Ruhe und Bewegung, Warten und Kommen, Festhalten und Loslassen. Heidegger fragt, ob „gleichzeitig ‚ja' und ‚nein'" zu den technischen Gegenständen zu sagen „unser Verhältnis zur technischen Welt nicht zwiespältig und unsicher" macht und antwortet:

> Ganz im Gegenteil. Unser Verhältnis zur technischen Welt wird auf eine wundersame Weise einfach und ruhig. Wir lassen die technischen Gegenstände in unsere tägliche Welt herein und lassen sie zugleich draußen, d.h. auf sich beruhen als Dinge, die nichts Absolutes sind, sondern selbst auf Höheres angewiesen bleiben. Ich möchte diese Haltung des gleichzeitigen Ja und Nein zur technischen Welt mit einem alten Wort nennen: *die Gelassenheit zu den Dingen.* (GA 16, 527)

Wenn die technische Welt einen tiefgreifenden Wandel im menschlichen Verhältnis zur Natur und zur Welt bewirkt, dann wandelt sich, so scheint Heidegger im Zuge der Verbindung von Gelassenheit und neuer Bodenständigkeit sagen zu wollen, auch das Verhältnis zur Heimat. Wird Heimat nun nicht ebenfalls zu einem Ding, dem gegenüber „wir" eine gelassene Haltung einnehmen können, ja sollten, eine paradoxe „Haltung des gleichzeitigen Ja und Nein"? Und kann dadurch das Verhältnis zur Heimat – und auch zur „Sprache als Heimat" (GA 13, 180) – nicht ebenfalls „auf eine wundersame Weise einfach und ruhig" werden? Ruhig zumindest in dem Sinne, dass nun „die Bewegung aus der Ruhe kommt und in die Ruhe eingelassen bleibt" (GA 13, 51)? Lässt sich die „neue Bodenständigkeit" so verstehen, dass Heimatverbundenheit nicht länger engstirnig und alternativlos an Boden und Scholle heftet und klebt, sondern in bestimmte Orte und Sprachen so eingelassen bleibt, dass die lebendige Erfahrung sich auf unersetzliche Weise von ihnen zu nähren vermag, ohne jene Orte und Sprachen jedoch verabsolutieren zu müssen, sie vielmehr „jederzeit" auch loslassen zu können? Ohne Nähe keine Ferne, ohne Engung keine Weitung, ohne Schließen kein Öffnen? Ohne Heimat(en) keine Fähigkeit zum Warten auf das Unerwartete? Ohne das Sich-einlassen auf die eigene Eingelassenheit in bestimmte Orte und Sprachen kein Mut von ihnen zu lassen, um sich dem Unvorhersehbaren und Unvorstellbaren zu überlassen?

> Die Gelassenheit zu den Dingen und die Offenheit für das Geheimnis geben uns den Ausblick auf eine neue Bodenständigkeit. Diese könnte sogar eines Tages geeignet sein, die alte, jetzt rasch hinschwindende Bodenständigkeit in einer gewandelten Gestalt zurückzurufen. (GA 16, 528)

Wenn Heidegger so spricht, drängt sich immer wieder die vormoderne, ländlich-kleinbürgerliche Anhänglichkeit an die alte Bodenständigkeit hervor. Unverkennbar ist der Vortrag zum Thema Gelassenheit gespickt mit konservativen Stichworten wie Heimatstadt, Heimat, Landmann, Ackerfeld, Heimaterde, heimatlicher Boden, Bodenständigkeit, Heimatvertriebene, Dorf, Brauch und Sitte, Überlieferung der heimatlichen Welt, Verwurzelung, Wurzelkräfte der Heimat.

Adorno hingegen sträuben sich bei solchen Worten die Haare; er denkt dabei nur an das „Böse von Gebräuchen" und die Gewalttätigkeit „bodenständiger Sitten" (GS 10.2, 682). Die „immer noch fortdauernde Differenz von Stadt und Land" gilt ihm als eine der „Bedingungen des Grauens". Und er verweist darauf – unter Berufung auf Eugen Kogons Studie *Der SS-Staat* –, dass die „Quälgeister des Konzentrationslagers" zum größten Teil „jüngere Bauernsöhne" waren und hält nicht zuletzt deswegen „die Entbarbarisierung des Landes für eines der wichtigsten Erziehungsziele". Adorno sieht auf dem Land den Zustand des „mit der Kultur nicht ganz Mitgekommenseins", einen „Bewußtseinsstand", „der den des bürgerlichen Kulturliberalismus des neunzehnten Jahrhunderts längst noch nicht erreicht hat". Ihm erscheint es deshalb „richtiger, das auszusprechen und dem entgegenzuwirken, als sentimental irgendwelche besonderen Qualitäten des Landlebens, die verlorenzugehen drohen, anzupreisen". (GS 10.2, 680) Während Adorno vorschlägt, die „Entbarbarisierung des Landes" mit Hilfe „moderner Massenmedien" voranzutreiben, beklagt Heidegger die durch „Hör- und Fernsehfunk" sowie den „Film" bewirkte Heimatlosigkeit und Entfremdung vom Landleben:

All das, womit die modernen technischen Nachrichteninstrumente den Menschen stündlich reizen, überfallen, umtreiben – all dies ist dem Menschen heute bereits viel näher als das eigene Ackerfeld rings um den Hof, näher als der Himmel überm Land, näher als der Stundengang von Tag und Nacht, näher als Brauch und Sitte im Dorf, näher als die Überlieferung der heimatlichen Welt. (GA 16, 521f.)

Zu Adornos politisch-traumatischer Idiosynkrasie steht der Sprachgestus von Heideggers Vortrag *Gelassenheit* unverkennbar in schroffem und unversöhnlichem Gegensatz. Falsche Versöhnung ist zu vermeiden. Aber kann Adornos Hinweis auf die moralische Überlegenheit des bürgerlichen Kulturliberalismus das letzte Wort in dieser Konfrontation sein? Sicherlich nicht. Indes zeigt sich an Heideggers Vortrag, dass seine Position ebenso wenig als Alternative gelten kann. „Gehört nicht zu jedem Gedeihen eines gediegenen Werkes die Verwurzelung im Boden einer Heimat?" Dass Heidegger diese Frage so stellt, stimmt in der Tat nachdenklich. Dass solche Formulierungen bei Adorno polemische Reflexe ausgelöst haben, kann nicht verwundern. Aber Heidegger zielt mit seiner Frage selbstverständlich nicht nur auf eine sentimentale Verteidigung des Landlebens, denn im Anschluss daran zitiert er Johann Peter Hebel: „Wir sind Pflanzen, die – wir mögen's uns gerne gestehen oder nicht – mit den Wurzeln aus der Erde steigen müssen, um im Äther blühen und Früchte tragen zu können." (GA 16, 521) Dieses Zitat wird schließlich am Ende des Vortrags wiederholt mit dem Hinweis, sein Gehalt müsste, im Zuge einer „neuen Bodenständigkeit", „auf eine gewandelte Weise und in einem veränderten Zeitalter erneut wahr werden". (GA 16, 529) Zunächst jedoch beschwört Heidegger in seiner Deutung des Satzes von Hebel die „alte Bodenständigkeit":

Wo ein wahrhaft freudiges und heilsames Menschenwerk gedeihen soll, muß der Mensch aus der Tiefe des heimatlichen Bodens in den Äther hinaufsteigen können. Äther bedeutet hier: die freie Luft des hohen Himmels, den offenen Bereich des Geistes.

Wieder klingt normativ der Zusammenhang zwischen dem Heimischsein an einem bestimmten Ort und der heilsamen Wirkung der Natur an, wobei hier mit *Natur* das poetische Kommunizieren zwischen Himmel, Erde und Mensch gemeint zu sein scheint. In diesem Sinne jedenfalls fragt Heidegger weiter:

> Wie steht es heute mit dem, was Johann Peter Hebel sagt? Gibt es noch jenes ruhige Wohnen des Menschen zwischen Erde und Himmel? Waltet noch der sinnende Geist über dem Land? Gibt es noch wurzelkräftige Heimat, in deren Boden der Mensch ständig steht, d.h. boden-ständig ist? (GA 16, 521)

Ruhiges Wohnen des Menschen zwischen Himmel und Erde? Klingt hier nicht auch eine Verheißung an, die „keiner messianischen etwas nachgibt"?[180] Heidegger bringt sie zumeist mit Hölderlin zur Sprache. Ich bin bereit, für einen Moment den Verdacht des Naturkitsches beiseitezuschieben, weil diese Sprache mit jenem Gedritt von Himmel, Erde und Mensch korrespondiert, das in der chinesischen Philosophie der Transformation entfaltet worden ist und im *Buch der Wandlungen* klassischen Ausdruck gefunden hat. Aber: Zeigt sich hiermit nicht bloß einmal mehr, dass chinesische Philosophie, sobald der Versuch unternommen wird, sie in deutsche Sprache zu übersetzen, sich unvermeidlich und nahezu unauflöslich in die „Sprache des Dritten Reiches" verstrickt? Und warum sollte diese Verstrickung bloß ein Vorurteil sein, zu dem die traumatischen Nachwirkungen des Nationalsozialismus auf die deutsche Sprache verleiten? Könnte es nicht sein, dass die „Hölderlinsche Korrespondenz" zwischen Heideggers Denken und chinesischer Philosophie auch einen Zugang zu deren beunruhigendem Wesen ermöglicht, das ansonsten verstellt und verborgen bleiben würde?

Oder ist es vielmehr gerade umgekehrt: Ist diese Korrespondenz geeignet, die kritische Selbstbesinnung deutschsprachiger Gegenwartsphilosophie so anzuregen und zu befördern, dass die Reaktualisierung ausgewählter Quellen chinesischer Philosophie den Weg einer paradoxen Kommunikation zwischen Adorno und Heidegger eröffnet? Schon in Hölderlins *Hyperion* steht gegen Ende der Satz: „Ich kann kein Volk mir denken, das zerrissener wäre, wie die Deut-

180 Benjamin, „Kommentare zu den Gedichten von Brecht", 367.

schen." Der Streit zwischen Adorno und Heidegger zeigt eine Gestalt dieser Zerrissenheit, die ins 21. Jahrhundert hineinreicht. Beide stehen einander unversöhnlich gegenüber. Ihr Denken ist jedoch zugleich miteinander verknotet. Kein Schwerthieb kann diesen Knoten mit einem Schlag lösen. Das Leiden an diesem Knoten nötigt zu einem paradoxen Denken, das der Versuchung zu falscher Versöhnung widersteht. Lässt sich der Knoten durch Nicht-Lösung lösen?[181] Wenn jedoch mit Natur auch das Gedritt von Himmel, Erde und Mensch unmöglich geworden ist, wird dann nicht auch ein paradoxes Denken hinfällig, das sich zwischen Natur und Geschichte bewegt?

4. Ist Natur tot?

Kann es noch ein ruhiges *und* bewegtes, zu Stille *und* zu Wandlung gleichermaßen fähiges Leben von Menschen zwischen Himmel und Erde geben? Ist ein Leben zwischen Himmel und Erde noch möglich? Ein Leben, für das Himmel und Erde dichterische und philosophische Bedeutung haben und nicht nur „meteorologische"? Wenn Gott gestorben und das Göttliche aus dem „Geviert" von Himmlischem, Irdischem, Göttlichem und Menschlichem herausgefallen ist, ergibt sich die Frage, ob nicht auch Natur tot ist, nämlich *Natur* als Bedingung der Möglichkeit gelingender Kommunikation zwischen Himmel, Erde und Mensch. Ist die poetische Metaphorik vom Menschen als Pflanze, die mit den Wurzeln aus der Erde steigen muss, um in der „hohen Luft des Himmels", im „offenen Bereich des Geistes" zu blühen und zu fruchten, nicht unmöglich geworden, schlicht lächerlich? Heidegger scheint davon auszugehen, dass mit dem Absterben eines dichterischen Verhältnisses des Menschen zu Himmel und Erde auch die Möglichkeit besinnlichen Denkens und damit das „Eigenste" des Menschen verleugnet und weggeworfen wird: das rechnende Denken bliebe dann „*als das einzige* in Geltung und Übung". Er scheint darüber hinaus zu behaupten, die Unmöglichkeit poetischen Kommunizierens zwischen Himmel, Erde und Mensch sei „eine weit größere

181 Siehe dazu Heubel, *Chinesische Gegenwartsphilosophie zur Einführung*, 201–211.

Gefahr" als „die völlige Vernichtung der Menschheit und die Zerstörung der Erde", die im Atomzeitalter drohen (GA 16, 528). Das Verschwinden des Dichtens und Denkens sollte eine größere Gefahr sein als die Vernichtung der Menschheit? Ein seltsamer, in seiner Kälte und Gleichgültigkeit gegenüber dem Überleben der Menschheit geradezu zynisch wirkender Gedanke. Ist er bloß Ausdruck von Selbstüberschätzung und Selbstgefälligkeit eines dichtenden Philosophen, der die Bedeutung seines eigenen Berufszweigs schwinden sieht? Oder erscheint dieser Gedanke nur für diejenigen seltsam, für die das rechnende Denken bereits ganz selbstverständlich „*als das einzige* in Geltung und Übung" ist und die zum dichterischen Denken schon gar nicht mehr fähig sind, weil sie von der Revolution der Technik gefesselt und geblendet werden?

Das Gedicht *Todtnauberg* lässt sich als Abgesang auf die heilsame Natur lesen, die Heidegger dem mit einer psychischen Krise ringenden Celan anempfiehlt: „Es wäre heilsam, Paul Celan auch den Schwarzwald zu zeigen."[182] Diesem blieben die Heilkräfte der Natur jedoch verschlossen. In dem Gedicht geht es

> gleichzeitig um das Verhältnis des poetischen Werks Celans zum philosophischen Werk Heideggers, um die Nähe und den Abgrund zwischen ihnen. Das Gedicht thematisiert aber nicht die Geschichte, sondern die Landschaft. […] Das vermeintliche Landschaftsgedicht ist von Geschichtlichem […] gesättigt. Dieser Doppelcharakter wird schon vom Titel bestätigt: Todtnauberg ist der geographische Ort der Begegnung, wort-wörtlich aber der Berg der Toten, ein gewaltiger friedloser Friedhof. Dorthin führt das Gedicht.[183]

Die früheste Niederschrift des Gedichts enthält ein Zitat aus Hölderlins Hymne „Die Friedensfeier": „seit ein Gespräch wir sind". Aber was für ein Gespräch war das? In einer zweiten Notiz Celans heißt es: „<u>Seit ein Gespräch wir sind,</u> / an dem / wir würgen,

182 Siehe Axel Gellhaus, „Seit ein Gespräch wir sind. Interpretation des Gedichts *Todtnauberg*", in: Hans-Michael Speier (Hg.), *Gedichte von Paul Celan*, Stuttgart: Reclam 2017, 168.
183 Ebd., 162.

/ an dem ich würge, / das mich / aus mir hinausstieß, dreimal, viermal."[184] Celans Haltung zu Heidegger ist auch nach dem Besuch in Todtnauberg zwiegespalten. Obwohl sich Celans drängende Hoffnung „auf eines Denkenden / kommendes Wort" nicht erfüllt, bleiben beide im Gespräch. Und Heidegger hält in einem Brief an Celan, in dem er auf das Gedicht antwortet, die Hoffnung wach: „Ich denke, dass einiges noch eines Tages im Gespräch aus dem Ungesprochenen gelöst wird."[185]

Welches „Wort" hätte Celans Hoffnung erfüllen können? Kann sie überhaupt erfüllt werden? Ist ein solches Wort überhaupt möglich? Offenbar ist nur, dass im Gedicht das Ausbleiben des Wortes, das den Block zwischen Natur und Geschichte zu lösen vermöchte, die heilsame Natur in die heillose umschlagen lässt, die heilige Natur, an die Heidegger mit Hölderlin noch glaubt, in die unheilige, unheilvolle. Celans *Todtnauberg* läuft auf den Zusammenhang von einem Gespräch über Bäume mit dem „Schweigen über so viele Untaten" zu. Das klingt nach einem hohen moralischen Anspruch an sich selbst. Welchen Sinn aber sollte es haben, die Natur zu kriminalisieren und sich für das Wandern und Rasten unter Bäumen zu beschuldigen, nur weil es nicht direkt dem Kampf gegen geschichtliche Untaten von Nutzen ist? Die Natur zu töten mag den asketischen Idealen eines alten Moralismus entsprechen. Ist solche Härte gegen sich selbst indes als Antwort auf geschichtliche Untaten angemessen und überzeugend? Und führt eine solche Antwort nicht dazu, sich zwanghaft in der Enge des Bestehenden einer geschichtlichen und politischen Situation einzusperren? Kann nicht das Befreiende im Naturverhältnis, in einem durch Dichten und Denken kultivierten Kommunizieren von Himmel, Erde und Mensch darin bestehen, sich aus den Zwängen des geschlossenen Immanenzzusammenhangs intersubjektiver Beziehungen zumindest zeitweilig herauszulösen – Hölderlins Beschreibung einer solchen Befreiung gegen Ende des *Hyperion* ist ja nur *eine* Form, die eine solche Kultivierung annehmen kann? Kann nicht auch das – zeitweilige – Wandern und Wandeln in der Natur die Kräfte zur Distanzierung von und zum Widerstand gegen unrichtige und un-

[184] Paul Celan, *Werke. Historisch-kritische Ausgabe*, Band 9.1, Frankfurt am Main: Suhrkamp 1997, 33; Band 9.2, 104–110.

[185] Gellhaus, „Seit ein Gespräch wir sind. Interpretation des Gedichts *Todtnauberg*", 173.

wegige oder weglose politische Verhältnisse stärken und ermutigen? In Zhuāngzǐs Verständnis von Machtkritik scheint das Kommunizieren von Himmel, Erde und Mensch durchaus eine solche Bedeutung zu haben.

Aber gegenüber dem, was aus einer solchen Perspektive selbstverständlich ist, verschließt sich eine vermeintlich radikale Kritik am Nationalsozialismus, welche die Ästhetisierung der Politik und die Politisierung der Natur, die jener betrieben hat, auf letztlich selbstmörderische Weise gegen sich selbst kehrt. Tut nicht Lebens- und Naturfeindlichkeit als Konsequenz des Ausgreifens der nationalsozialistischen Ideologie in alle Bereiche des Alltags diesem zu viel Ehre an? Wird dadurch der nationalsozialistische Knoten im Leben der Deutschen nicht nur nicht gelöst, sondern noch weiter verfestigt? Wird an dieser Stelle nicht „der Gedanke, der die Schmerzen heilen sollte, selber krank" (Hölderlin)?

Es scheint mir nötig, Adornos Polemik gegen Heideggers Naturverbundenheit zurückzuweisen, insofern sie maßlos und zwanghaft ist, nämlich Teil eines neurotisch verhärteten Verhältnisses zur Natur, das er im Hinblick auf die Selbstbeherrschung der eigenen Triebnatur mit guten Gründen ablehnt. Adorno versucht eine Möglichkeit von Subjektivität zu skizzieren, die im Verhältnis des Selbst zur eigenen Natur die „Zwangszüge, die Kant der Freiheit eingräbt" (GS 6, 267), überwindet. Im Verhältnis zur äußeren Natur, zur Natur von Himmel und Erde, bleibt Adorno jedoch in den Zwangszügen seiner Konzeption von Natur und Geschichte gefangen. Wie lässt sich nun aber das Verhältnis von Natur und Geschichte aus den Zwängen einer Geschichtsphilosophie befreien, in deren Zentrum der Name Auschwitz steht?

Dieser Name bedeutet auch die Verabsolutierung einer bestimmten menschlichen Geschichte, in der für das Verhältnis von Mensch und Natur kein Platz mehr ist. Aus der Perspektive einer Geschichtsphilosophie, die vom Namen Auschwitz ausgeht, erscheint es geradezu als Fortsetzung verbrecherischen Handelns, diesen Namen in Naturgeschichte einzuschreiben. Die baulichen Überreste des Konzentrations- und Vernichtungslagers sind für Adorno keine „Ruine", die Menschen an die Vergänglichkeit und Vergeblichkeit ihrer endlichen Bemühungen mahnt, die in einem großen Naturzusammenhang stehen. Zu Beginn von Adornos

„Meditationen zur Metaphysik“ steht der schroffe Bruch zwischen natürlicher und menschlicher Katastrophe:

Das Erdbeben von Lissabon reichte hin, Voltaire von der Leibniz’schen Theodizee zu kurieren, und die überschaubare Katastrophe der ersten Natur war unbeträchtlich, verglichen mit der zweiten, gesellschaftlichen, die der menschlichen Imagination sich entzieht, indem sie die reale Hölle aus dem menschlich Bösen bereitete (GS 6, 354)

Die historische Katastrophe der zweiten Natur hat nicht nur die „Fähigkeit zur Metaphysik“ gelähmt und mit ihr die Kommunikation zwischen Erfahrung und Denken, sondern auch die dichterische Erfahrung der ersten Natur. Natur verweist bei Adorno auf einen gegängelten Gegenstand menschlicher Herrschaft, aber auch auf die Barbarei „verwilderter Selbsterhaltung“. Im Gegensatz von Kultur und Barbarei wird die Unterscheidung von Geschichte und Natur nun so interpretiert, dass außerhalb einer ins Barbarische umschlagenden „Naturwüchsigkeit der Geschichte“ (GS 6, 351) kaum mehr von einem „ästhetischen“ Zusammenhang zwischen Natur und Befreiung gesprochen werden kann, wie es etwa Herbert Marcuse emphatisch getan hat.[186] Natur wird zum „Gleichnis der Gefangenschaft“, zum Gleichnis für eine blinde Geschichte von Gewalt und Herrschaft, in der „nichts mehr draußen, nichts unbetroffen von der totalen Vermittlung“ ist (GS 6, 351).

Die Neigung, Kultur und Barbarei, Geschichte und Natur auf diese Weise miteinander kurzzuschließen, führt Adorno zu radikalen Behauptungen, wie derjenigen, „nach Auschwitz ein Gedicht zu schreiben“ sei barbarisch, an die er allerdings selbstkritisch den gegen das Denken gerichteten Nachsatz anfügt: „[…] und das frißt auch die Erkenntnis an, die ausspricht, warum es unmöglich ward, heute Gedichte zu schreiben“ (GS 10.1, 30). Das kann wohl auch so gelesen werden: Nach Auschwitz ist das dichterische Verhältnis zur Natur selber barbarisch geworden, und Natur hat in Dichtung

186 Siehe dazu etwa Herbert Marcuses Überlegungen zum Verhältnis von Natur und Revolution im zweiten Teil von *Konterrevolution und Revolte* (in: ders., *Schriften*, Band 9, Suhrkamp: Frankfurt am Main: Suhrkamp 1987, 3–8).

nur noch „soviel Recht auf Ausdruck wie der Gemarterte zu brüllen" (GS 6, 355). Celans Zurückweisung von Adornos Behauptung zum Dichten nach Auschwitz kommt der korrigierten Version aus der *Negativen Dialektik* durchaus nahe, denn was dieser für barbarisch erklärt, sind doch wohl Versuche, nach Auschwitz weiterhin unbeschwert „aus der Nachtigallen- oder Singdrossel-Perspektive" zu dichten.[187] Und in diesem Sinne polemisiert Adorno auch gegen Heideggers Dichtungsversuche und die von ihm beschriebene Verbindung von Naturerfahrung und Denken als kleinbürgerlichem Naturkitsch – er hatte wohl sogar den Verdacht, die bei Heidegger zumindest unterschwellig vorhandene Nähe zwischen ontologischem und naturalistischem Denken könnte darauf hinauslaufen, in einer Art „Naturreligion" (GS 6, 352) nach einem Ausweg zu suchen.

Nun ist in der Dichtung die „Nachtigallen- oder Singdrossel-Perspektive" schon lange vor Auschwitz fragwürdig geworden. Die Natur- und Jahreszeitengedichte etwa, die Hölderlin im Tübinger Turm geschrieben hat, konnten im frühen 20. Jahrhundert in ihrer Bedeutung wahrgenommen werden, weil darin die schwärmerische Naturnähe des *Hyperion,* des *Empedokles* und vieler vor 1806 entstandener Gedichte auf verwandelte Weise zum Ausdruck kommt, nämlich unheimlich gebrochen:

Das Feld ist kahl, auf ferner Höhe glänzet
Der blaue Himmel nur, und wie die Pfade gehen,
Erscheinet die Natur, als Einerlei, das Wehen
Ist frisch, und die Natur von Helle nur umkränzet.
(StA 2.1, 296)

[187] Paul Celan: „Kein Gedicht nach Auschwitz (Adorno): was wird hier als Vorstellung von ,Gedicht' unterstellt? Der Dünkel dessen, der sich untersteht, hypothetisch-spekulativerweise Auschwitz aus der Nachtigallen- oder Singdrossel-Perspektive zu betrachten oder zu berichten." (Axel Gellhaus, „Die Polarisierung von Poesie und Kunst bei Paul Celan", in: *Celan-Jahrbuch 6* (1995), hrsg. von Hans-Michael Speier, Heidelberg 1995, 55; siehe auch Joachim Seng, „,Die wahre Flaschenpost'. Zur Beziehung zwischen Theodor W. Adorno und Paul Celan", in: *Frankfurter Adorno-Blätter VIII*, München 2003, 163).

In solcher Naturdichtung kommt jene parataktische Zerrüttung zum Ausdruck, die Adorno schon in Hölderlins später Lyrik herausgestellt hat (GS 11, 475). Das ist ein Aspekt des Hölderlin-Modells, dem Heidegger zu wenig Beachtung geschenkt hat.

In Celans Radikalisierung dieser poetischen Tendenz entsteht eine „Sprache ohne Sprache und aus dem Ohne der Sprache"[188]. Adorno versteht dies nun aber als weitere Verwandlung der Natur: sie versteinert und erstarrt. Seine Gedichte ahmen, so Adornos *Ästhetische Theorie*, eine Sprache „unterhalb der hilflosen der Menschen, ja aller organischen nach, die des Toten von Stein und Stern" (GS 7, 477). In ihrer atemlosen Totenstarre wird Natur zum Gleichnis der Geschichte, für das Adorno in seinem frühen Text „Die Idee der Naturgeschichte" passende Worte gefunden hat: „die erstarrte Geschichte ist Natur, oder das erstarrte Lebendige der Natur ist bloße geschichtliche Gewordenheit". (GS 1, 357) Natur ist nun nicht mehr als erstarrte Geschichte. Das Unheil geschichtlicher Gewordenheit überlagert das Heilsame lebendiger Wandelbarkeit. Dichten und Denken nach Auschwitz versucht durch Mimesis an jene Erstarrung und totenhafte Verdinglichung, die Menschen in und durch Geschichte erfahren haben, deren Bann zu brechen. Adorno hat die Aporie, die im Widerstand gegen die tödliche Verwandlung in Dinge (GS 6, 363) durch gesteigerte, ja übersteigerte Selbstverdinglichung lauert, deutlich wahrgenommen: Das Unmenschliche in der Härte und Kälte bürgerlicher Subjektivität, ohne die „Auschwitz nicht möglich gewesen wäre" (GS 6, 356), ist nicht klar und deutlich zu trennen vom Unmenschlichen, das in der Fähigkeit liegt, „im Zuschauen sich zu distanzieren und zu erheben", ohne das es wiederum „das Humane" gar nicht geben kann. Menschliches und Un-menschliches sind ineinander verstrickt: „Unterm Bann haben die Lebendigen die Alternative zwischen unfreiwilliger Ataraxie – einem Ästhetischen aus Schwäche – und der Vertiertheit des Involvierten. Beides ist falsches Leben. Etwas von beidem aber gehörte auch zu einer richtigen désinvolture und Sympathie." (GS 6, 357) Berührt sich das, was Adorno hier „richtige désinvolture und Sympathie" nennt, als Haltung engagierter Lässigkeit, nicht zumindest gewunden und indirekt mit der paradoxen

[188] Werner Hamacher, „Versäumnisse. Zwischen Theodor W. Adorno und Paul Celan", in: *Keinmaleins. Texte zu Celan*, 85.

Gelassenheit, auf die Heideggers Heimischwerden im Unheimischen verweist?

Kälte ist „Bedingung des Unheils" (GS 10.2, 688), aber ohne eine „zuschauerhafte Haltung", ohne „ein Gefühl des nicht ganz Dabeiseins, nicht Mitspielens", das, so Adorno, „reflektierte Menschen und Künstler" nicht selten haben, ist es nicht nur unmöglich, kritische Distanz zum Bestehenden zu gewinnen, sondern auch „ohne Angst der Nichtigkeit der Existenz" innezuwerden (GS 6, 356). Adorno wendet sich entschieden gegen die überkommene Erziehung zur Härte, hält jedoch andererseits eine Erziehung, in der Kinder „gar nichts von der Grausamkeit und Härte des Lebens ahnen", für illusionär, weil mit ihr die Gefahr verbunden ist, Kinder „erst recht der Barbarei" auszusetzen (GS 10.2, 688). Er beschwört Wärme und Liebesfähigkeit, merkt jedoch zugleich an: „die Aufforderung, den Kindern mehr Wärme zu geben, dreht die Wärme künstlich an und negiert sie dadurch", denn der „Zuspruch zur Liebe […] ist selber Bestandstück der Ideologie, welche die Kälte verewigt". (GS 10.2, 688f.) Einfach auf Wärme statt auf Kälte, auf Weichheit statt auf Härte zu setzen, würde keinen Ausweg aus jenem „Grundprinzip der bürgerlichen Subjektivität" eröffnen, „ohne das Auschwitz nicht möglich gewesen wäre".

Damit wird angedeutet, dass Erziehung nach Auschwitz nicht einfach Wärme und Weichheit gegen Kälte und Härte ausspielen kann; dass es vielmehr nötig ist, zu beiden gleichzeitig Ja und Nein zu sagen, beide Momente paradox miteinander kommunizieren zu lassen – wobei solche paradoxe Kommunikation selbstverständlich nicht so gedacht werden kann, als handle es sich dabei um einen Modus, der ein für alle Mal festlegbar ist, sondern um eine atmende Struktur, der eine gewisse Festigkeit zukommt, die sich jedoch zugleich immer in Bewegung und Wandlung befindet. Auf eine so verstandene paradoxe Kommunikation scheint Adornos Begriff der negativen Dialektik hinauszulaufen, wenn er durch die Düsterkeit der „Meditationen zur Metaphysik" hindurch auf seinen universalistischen Gehalt hin befragt wird. Zumindest scheint der Gehalt negativer Dialektik für die Bestimmung und Entwicklung einer solchen Idee paradoxer Kommunikation förderlich, vielleicht gar unverzichtbar zu sein. Mit dieser Idee von Kommunikation wird jene „bürgerliche Subjektivität", ohne die Auschwitz nicht möglich gewesen wäre, durch ein Paradigma transformativer Subjektivität ersetzt, das allerdings zugleich kritisch auf eine historische Bedingung der Möglichkeit von Auschwitz zurückbezogen bleibt. Um eine solche Subjektivität zu denken, gewähren nun Heideggers Überlegungen zur Gelassenheit eine nicht zu verachtende Hilfe. Um von dieser Hilfe jedoch Gebrauch machen zu können, scheint es mir nötig, jenen gewundenen Weg nach China zu gehen, den Heidegger in seiner Aneignung des philosophischen Daoismus erkundet hat.

5. Lassenkönnen und Freiheit

Das *Abendgespräch* beginnt mit dem Gegensatz von der „heilenden Weite" des Waldes und der „heillosen Enge des Lagers" (GA 77, 206). Von der heilenden Weite des Waldes führt ein Weg zur „Notwendigkeit des Unnötigen" und zur Gelassenheit, während sich die heillose Enge des Lagers mit der „Verwüstung der Erde" und der „Vernichtung des Menschenwesens" (GA 77, 207) verbindet. Die diffuse Erfahrung von „etwas Heilsame[m]", das „aus dem Rauschen des weiten Waldes" kommt (GA 77, 205), lässt sich nur verstehen, wenn die Aufmerksamkeit auf die Wunden gewendet wird, die der Heilung bedürfen. Entsprechend lässt Heidegger den Älteren sagen:

> Und was ist nicht alles wund und zerrissen in uns, denen eine verblendete Irreführung des eigenen Volkes zu kläglich ist, als daß wir daran eine Klage verschwenden dürften trotz der Verwüstung, die über der Heimaterde und ihren ratlosen Menschen lagert. (GA 77, 206)

Damit wird ein Weg der Aufarbeitung der nationalsozialistischen Vergangenheit eingeschlagen, der sich nicht bei Klagen über die eigene Verwundung aufhalten möchte, weil der Grund in einer „Irreführung" gesehen wird, die zu „kläglich" ist, um beklagt zu werden. Die Verwüstung des eigenen Volkes, die eigene Verwundung soll stattdessen im eigenen Schweigen versenkt werden, in der Entscheidung, „über diese Verwüstung lange Zeit nicht mehr zu reden" und wenn, dann nur „nach den höchsten Maßstäben und ohne falsche Leidenschaft" (GA 77, 207). Es gilt, sich individuell motivierten Klagen über die Verwüstung der Erde zu enthalten, um sich einer Verwüstung zuwenden zu können, die „tieferen und weither kommenden Wesens“ ist (GA 77, 207). Denn sie ist „keineswegs erst die Folge der Weltkriege“, diese werden vielmehr als eine Folge der Verwüstung verstanden, „die seit Jahrhunderten die Erde anzehrt“ (GA 77, 211). Deshalb kann die Verwüstung „auch nie durch eine Aufzählung der Zerstörung und der Auslöschung von Menschenleben verrechnet werden, gleich als sei sie nur deren Ergebnis“ (GA 77, 207). Die Wahrnehmung des tieferen und weither kommenden Wesens der Verwüstung bedarf einer kritischen und durchaus auch mitleidlosen Distanzierung, einer Haltung der Kälte und Härte – gegenüber den eigenen Wunden und denjenigen der Anderen –, um sich der naheliegenden Unterscheidung zwischen Gutem und Bösem enthalten zu können, die sich bei der „moralischen Schlechtigkeit“ der „vermeintlichen Urheber“ der Verwüstung aufhält (GA 77, 209): „moralische Entrüstung“, so Heidegger, vermag „nichts gegen die Verwüstung“ (GA 77, 209). Und er geht so weit, den Jüngeren behaupten zu lassen, „sogar die Moral“ sei „auch nur eine Ausgeburt des Bösen“ und die „vielberufene Weltöffentlichkeit“ ein Erzeugnis der Verwüstung (GA 77, 209). Denn, so scheint Heidegger nahezulegen, der gute Wille und der böse Wille sind beide gleichermaßen befangen in der Bejahung des Willens selbst, in das „Willenswesen“ der Verwüstung. Deshalb vermögen der Wille zum Guten, „moralische Entrüstung und moralisches Besserwissen“ nichts gegen das Wesen der Verwüstung. Sie sind selbst in dieses verstrickt.

Die Verwüstung der Erde verwandelt diese gleichsam in ein Gefangenenlager, aus dessen erstickender Enge es keinen Ausweg, keine Flucht geben kann, denn die nicht länger zu transzendierende, geschlossene Immanenz der zum *Lager* gewordenen Erde umfasst auch die „Moral“ der Kriegssieger und ihre „angeblich höchsten Menschheitsideale“: Fortschritt, ungehemmte Leistungssteigerung auf allen Gebieten des Schaffens, gleichmäßige Arbeitsgelegenheit für jedermann und gleichförmige Wohlfahrt aller Arbeitenden (GA 77, 211). „Das eigentlich Verwüstende und d.h. Bösartige“, so heißt es weiter, „besteht hier darin, dass diese Menschheitsziele die verschiedenen Menschentümer davon besessen machen, alles an die Verwirklichung dieser Ziele zu wenden und so die Verwüstung unbedingt zu betreiben und sie zunehmend in ihren eigenen Folgen zu verfestigen“ (GA 77, 211). Heideggers Zugang zur Thematik des

Lassenkönnens, der Notwendigkeit des Unnötigen und des Wartenlernens ist die Unterscheidung zwischen dem Bösen – geprägt vom moralischen Gegensatz zwischen dem Guten und dem Bösen – und dem Bösartigen – verbunden mit dem Willen selbst, unabhängig davon, ob es sich um einen guten oder bösen Willen handelt, die ja beide Ergebnis eines Werturteils sind, in dem das Gute als richtig und das Böse als falsch gilt.

„[…] was ist nicht alles wund und zerrissen in uns." (GA 77, 206) Heideggers Text legt nahe, darüber nicht zu klagen, „trotz der Verwüstung, die über der Heimaterde und ihren ratlosen Menschen lagert". Über die *Verwüstung der Erde* nicht klagen, sondern schweigen, oder wenn, dann nur „gesammelt" und „ohne falsche Leidenschaft" über sie reden. Die Gegenüberstellung von bodenständiger Verwurzelung in der Heimaterde und Verlust der Bodenständigkeit durch moderne Technik korrespondiert der Gegenüberstellung von heilender Weite des Waldes und allumfassender „Verwüstung der Erde" im *Abendgespräch*. In Heideggers Übergang von der Verwüstung der Heimaterde zur allgemeiner verstandenen Verwüstung der Menschen spielen die nicht-deutschen und jüdischen Opfer der „verblendeten Irreführung" des deutschen Volkes offenbar keine Rolle. Über ihnen scheint ein Schweigegebot – Klageverbot – zu liegen, das noch strenger ist als das die eigenen Wunden betreffende.

Heideggers Kälte lässt an jene Kälte denken, die Adorno als „Grundprinzip der bürgerlichen Subjektivität" bezeichnet, „ohne das Auschwitz nicht möglich gewesen wäre" (GS 6, 356). Aber auch Adorno umkreist in den „Meditationen zur Metaphysik" die Ambivalenz solcher Kälte in selbstquälerischer Weise. Auch wenn der Gedanke zunächst schmerzen mag: Könnte es nicht sein, dass Heideggers Schweigen, die explizit unmoralische Distanzierung, die er vollzieht, um das tiefer und weither kommende Wesen der Verwüstung wahrnehmen zu können, Berechtigung gewinnt, sobald deutlicher wird, dass dadurch das Nachdenken und Sprechen über längst global gewordene Probleme der Zerstörung der Bedingungen menschlichen Lebens auf der Erde ermöglicht wird, deren Dringlichkeit kaum zu leugnen ist. Adornos Fixierung auf Auschwitz, so verständlich und berechtigt sie sein mag, hat diese allgemeinen, das Leben und Überleben der Menschheit als ganzer unmittelbar betreffenden Probleme in den Hintergrund treten lassen. Der zu Auschwitz und zur Vernichtung der europäischen Juden schweigende Heidegger hat diese Probleme dagegen auf eine Weise wahrgenommen, die weltweite Beachtung finden konnte, weil das Problem der „Verwüstung der Erde" durch Atomwaffen im Besonderen und durch moderne Technik und Industrie im Allgemeinen allgegenwärtig ist. Es ist ein Problem, das auch jene in den Sog der Modernisierung gezogenen Menschen in allen Erdteilen betrifft, die vielleicht von Auschwitz wenig oder nichts wissen oder es für ein Problem halten, das vor allem das Verhältnis von Deutschen und Juden betrifft.

Für jemanden, der die „Meditationen zur Metaphysik" als maßgeblichen philosophischen Text betrachtet, sind diese Überlegungen ein Schock. Heideggers Fähigkeit, sein Denken – mit Hilfe von vorsokratischer und daoistischer Philosophie – in Richtung Asien zu öffnen, sein Versuch einer immanenten Kritik der nationalsozialistischen Bewegung, sein Versuch also, aus deren Innerem heraus *gegen* sie zu denken, hat – zumindest teilweise und in Ansätzen – zu einer Selbstbesinnung geführt, die bedenkenswert und berechtigt ist. Ist es geschmacklos oder vielleicht gar obszön, dem Gedanken nachzugehen, ob diese Selbstbesinnung – zumindest teilweise – weiter reicht als diejenige Adornos, dessen radikale Fixierung auf Auschwitz dazu geführt hat, sein eigenes Denken nicht minder radikal zu verengen und damit für andere Möglichkeiten zu blockieren? Könnte es sein, dass Heideggers transkulturelle Kehre gegen den Nationalsozialismus einen Ausweg aus jenem *Adornoschen Block* denkbar werden lässt? Könnte es sein, dass Adornos moralische Antwort auf Auschwitz nötig war, aber Heideggers un-moralische Aufmerksamkeit für die tieferen und weiteren (Ab-)Gründe der modernen Verwüstung ebenfalls? Ist das der Punkt, an dem es notwendig wird, zu Adornos und Heideggers Denken gleichzeitig Ja und Nein zu sagen: Ja zu sagen zur moralischen Sensibilität und Radikalität von Adornos negativ-dialektischen Meditationen über die Möglichkeit von Kultur und Erziehung nach Auschwitz; aber Nein zu sagen zur geistigen Enge, in die seine idiosynkratische Fixierung auf Auschwitz und Hitlers Person geführt hat; Nein zu sagen zu Heideggers moralischer Kälte und seinem eisigen Schweigen zur Judenvernichtung, aber Ja zu sagen zur weltphilosophischen Weite einer kritischen Besinnung, die den Weg zum Lernen und

Lehren der „Notwendigkeit des Unnötigen", zum gelassenen Gebrauch des Ungebrauchs zu gehen versucht hat? Ist es nicht eine bittere Ironie der Geschichte, dass Heideggers Denken in der Bewegung zwischen „Verwurzelung im Boden einer Heimat" (GA 16, 521) und „Gelassenheit zu den Dingen" (GA 16, 527) ein Problem angesprochen hat, das weit über Europa und den Westen hinaus in seinem universalistischen Gehalt wahrgenommen wird, während Adornos Bewegung zwischen der avantgardistisch-urbanen Umarmung moderner Bodenlosigkeit und der messianischen Solidarität mit Metaphysik nach Auschwitz ihn zu einem Philosophen gemacht hat, dessen Schriften fast ausschließlich an das Erbe deutschsprachiger Philosophie und Literatur „geheftet" sind?

Heideggers Verständnis von Gelassenheit als Lernen des Lassen- und Wartenkönnens, als Lernen der „Notwendigkeit des Unnötigen", findet an einigen Stellen in Adornos Werk bemerkenswerte Entsprechungen. Dieser vermutet etwa, dass „die wahre Gesellschaft der Entfaltung überdrüssig" wird und „aus Freiheit Möglichkeiten ungenützt" lässt. Was die Menschheit zu fürchten hat, ist „die wüste Erweiterung des in Allnatur vermummten Gesellschaftlichen, Kollektivität als blinde Wut des Machens". Eine Menschheit, die die „Not" zu überwinden vermöchte, würde sich vom Schema „der Betriebsamkeit, dem Planen, seinen Willen Haben, Unterjochen" zu lösen haben. Adorno beeilt sich jedoch hinzuzufügen, dass dies nicht mehr ist als die zerbrechliche Utopie von „Zaungästen des Fortschritts". Auffällig ist immerhin, dass dem „auf dem Wasser liegen und friedlich in den Himmel schauen" (GS 4, 178f.) eine scharfe Polemik gegen den „bürgerlichen Naturbegriff" gegenübersteht, mit dem seiner Auffassung nach die „Vorstellung vom fessellosen Tun, dem ununterbrochenen Zeugen, der pausbäckigen Unersättlichkeit, der Freiheit als Hochbetrieb" verbunden ist.

Aus der Perspektive von Adornos Polemik gegen Heideggers Naturverbundenheit fällt es schwer, sich auch nur vorzustellen, dass Heideggers Naturbegriff eine Seite hat, die Adornos „auf dem Wasser liegen und friedlich in den Himmel schauen" korrespondiert. Aber verweist nicht das Heilsame, das „aus dem Rauschen des weiten Waldes" kommt (GA 77, 205), ebenfalls auf jene zerbrechliche Utopie, welche die „blinde Wut des Machens" in ihren historischen, kulturellen und geistigen Bedingungen zu durchschauen vermag, um zu lernen, „aus Freiheit Möglichkeiten ungenützt“ zu *lassen*? Der neue kategorische Imperativ, „daß Auschwitz nicht sich wiederhole, nichts Ähnliches geschehe“ (GS 6, 358), kann nicht verwirklicht werden, ohne dass Menschen lernen, aus Freiheit Möglichkeiten ungenützt zu lassen, ohne dass sie, in Zhuāngzǐs, Heideggers und Wilhelms Worten, die „Notwendigkeit des Unnötigen“ wissen lernen (GA 77, 237): „Im Lassenkönnen, nicht im Anordnen und Beherrschen beruht die Freiheit.“ (GA 77, 237) Die Möglichkeit, auf die Frage „Nach Auschwitz: Gelassenheit?“ eine bejahende Antwort zu geben, scheint an diesem Punkt zumindest nicht mehr völlig abwegig zu sein.

Diese Möglichkeit hat dieses Buch vorausgesetzt, voraussetzen müssen. Denn erst von diesem Punkt aus wird die Konstellation von Heidegger, Daoismus und Adorno zu einem nicht nur ästhetisch, sondern auch normativ gehaltvollen Weg paradoxer Kommunikation. Erst an diesem heiklen, schmerzlichen, veränderlichen Ort der Kommunikation *und* der Nicht-Kommunikation tut sich der gewundene Weg nach China auf, der in diesem Buch gegangen worden ist. Er musste durch den alten, fast schon uralt wirkenden Streit hindurchführen, der Heidegger und Adorno verbindet.

Ausgangspunkt war Heideggers herausragende Bedeutung für die chinesische Gegenwartsphilosophie, vor allem die viel diskutierten Korrespondenzen seines Denkens zum Daoismus. In ihnen öffnet sich chinesische Philosophie von innen her. Um dieser Möglichkeit nachzugehen, habe ich einen gewundenen, in sich gegenwendigen Denkweg beschritten: einen Weg der Übung in paradoxer Kommunikation. Unterwegs wurde es dann not-wendig, auf ungeahnte Weise Chinese zu werden – aber auch Grieche – und wieder Deutscher – und … Denn ist das nicht *das Selbe* – wenn *das Selbe* gerade *nicht* bedeutet, identisch zu sein oder zu werden, sondern im „Gegenwendigen zu verbleiben“: paradox zu leben?

Siglen-Verzeichnis

Martin Heidegger *Gesamtausgabe* (GA):

GA 4 *Erläuterungen zu Hölderlins Dichtung*, herausgegeben von Friedrich-Wilhelm von Herrmann, Frankfurt am Main: Klostermann 1981.

GA 5 *Holzwege*, herausgegeben von Friedrich-Wilhelm von Herrmann, Frankfurt am Main: Klostermann 1977.

GA 7 *Vorträge und Aufsätze*, herausgegeben von Friedrich-Wilhelm von Herrmann, Frankfurt am Main: Klostermann 2000.

GA 8 *Was heißt Denken?*, herausgegeben von Paola-Ludovika Coriando, Frankfurt am Main: Klostermann 2002.

GA 12 *Unterwegs zur Sprache*, herausgegeben von Friedrich-Wilhelm von Hermann, Frankfurt am Main: Klostermann 1985.

GA 13 *Aus der Erfahrung des Denkens* (1910-1976), herausgegeben von Hermann Heidegger, Frankfurt am Main: Klostermann 2010.

GA 16 *Reden und andere Zeugnisse eines Lebensweges*, herausgegeben von Hermann Heidegger, Frankfurt am Main: Klostermann 2000.

GA 34 *Vom Wesen der Wahrheit. Zu Platons Höhlengleichnis und Theätet* (Freiburger Vorlesung, Wintersemester 1931/32), herausgegeben von Hermann Mörchen, Frankfurt am Main: Klostermann 1988.

GA 40 *Einführung in die Metaphysik*, Frankfurt am Main: Klostermann 1983.

GA 53 *Hölderlins Hymne „Der Ister"* (Freiburger Vorlesung Wintersemester 1942) herausgegeben von Walter Biemel, Frankfurt am Main: Klostermann 1984.

GA 54 *Parmenides* (Freiburger Vorlesung Wintersemester 1942/43), herausgegeben von Manfred S. Frings, Frankfurt am Main: Klostermann 2018 (3. Auflage).

GA 55 *Heraklit. 1. Der Anfang des abendländischen Denkens* (Freiburger Vorlesung Sommersemester 1943), 2. *Logik. Heraklits Lehre vom Logos* (Freiburger Vorlesung Sommersemester

1944), herausgegeben von Manfred S. Frings, Frankfurt am Main: Klostermann 1979.

GA 75 *Zu Hölderlin – Griechenlandreisen*, herausgegeben von Curd Ochwadt, Frankfurt am Main: Klostermann 2000.

GA 77 *Feldweg-Gespräche (1944/45)*, herausgegeben von Ingrid Schüßler, Frankfurt am Main: Klostermann 2007 (zweite Auflage).

GA 78 *Der Spruch des Anaximander*, herausgegeben von Ingeborg Schüßler, Frankfurt am Main: Klostermann 2010.

GA 79 *Bremer und Freiburger Vorträge*, herausgegeben von Petra Jäger, Frankfurt am Main: Klostermann 2005 (zweite Auflage).

GA 97 *Anmerkungen I-V* (Schwarze Hefte 1942–1948), herausgegeben von Peter Trawny, Frankfurt am Main: Klostermann 2015.

GA 100 *Vigiliae und Notturno* (Schwarze Hefte 1952/53 und 1957), herausgegeben von Peter Trawny, Frankfurt am Main: Klostermann 2020.

Theodor W. Adorno, *Gesammelte Schriften in zwanzig Bänden* (GS), herausgegeben von Rolf Tiedemann, Frankfurt am Main: Suhrkamp 1997:

GS 1 *Gesammelte Schriften* Band 1: *Philosophische Frühschriften*.

GS 3 *Gesammelte Schriften* Band 3: Max Horkheimer und Theodor W. Adorno, *Dialektik der Aufklärung*.

GS 4 *Gesammelte Schriften* Band 4: *Minima Moralia. Reflexionen aus dem beschädigten Leben*.

GS 6 *Gesammelte Schriften* Band 6: *Negative Dialektik*, *Jargon der Eigentlichkeit*.

GS 10.1 *Gesammelte Schriften* Band 10.1: *Kulturkritik und Gesellschaft I (Prismen, Ohne Leitbild)*.

GS 10.2 *Gesammelte Schriften* Band 10.2: *Kulturkritik und Gesellschaft II (Eingriffe, Stichworte)*.

GS 11 *Gesammelte Schriften* Band 11: *Noten zur Literatur*.

OD Theodor W. Adorno, *Ontologie und Dialektik* (1960/61), herausgegeben von Rolf Tiedemann, Frankfurt am Main: Suhrkamp 2002.

PM Theodor W. Adorno, *Probleme der Moralphilosophie* (1963), herausgegeben von Thomas Schröder, Frankfurt am Main: Suhrkamp 1996.

Friedrich Hölderlin, *Sämtliche Werke* (Grosse Stuttgarter Ausgabe), herausgegeben von Friedrich Beissner:

StA 2.1 *Sämtliche Werke* Band 2.1: *Gedichte nach 1800*, Stuttgart: Kohlhammer 1951.

StA 3 *Sämtliche Werke* Band 3: *Hyperion oder der Eremit in Griechenland.* Stuttgart: Kohlhammer 1957.

StA 5 *Sämtliche Werke* Band 5: *Übersetzungen*, Stuttgart: Kohlhammer 1952.

StA 6.1 *Sämtliche Werke* Band 6.1: *Briefe*, Stuttgart: Kohlhammer 1954.

Literatur

Albrecht, Clemens et al. (Hg.), *Die intellektuelle Gründung der Bundesrepublik. Eine Wirkungsgeschichte der Frankfurter Schule*, Frankfurt am Main/New York: Campus 1999.

Baumgarten, Alexander Gottlieb: *Ästhetik*, übersetzt, mit einer Einführung, Anmerkungen und Registern herausgegeben von Dagmar Mirbach, Hamburg: Meiner 2009.

Benjamin, Walter: „Aufzeichnungen 1933–1939", Aufzeichnung vom 5. August 1934; Benjamin über Kafka. Texte, Briefzeugnisse, Aufzeichnungen, herausgegeben von Hermann Schweppenhäuser, Frankfurt am Main: Suhrkamp 1981.

Benjamin, Walter: „Das Kunstwerk im Zeitalter seiner technischen Reproduzierbarkeit", in: ders., *Gesammelte Schriften*, Band I.2, Frankfurt am Main: Suhrkamp 1980, 471–508.

Benjamin, Walter: „Über den Begriff der Geschichte", in: ders., *Gesammelte Schriften*, Band I.2, Frankfurt am Main: Suhrkamp 1980, 693–703.

Benjamin, Walter: „Zentralpark", in: ders., *Gesammelte Schriften*, Band I.2, Frankfurt am Main: Suhrkamp 1980, 657–690.

Benjamin, Walter: *Briefe 2*, herausgegeben und mit Anmerkungen versehen von Gershom Scholem und Theodor W. Adorno, Frankfurt am Main: Suhrkamp 1978.

Benjamin, Walter: „Kommentare zu den Gedichten von Brecht", in: ders., *Schriften II*, herausgegeben von Th. W. Adorno und Gretel Adorno, Frankfurt am Main: Suhrkamp 1955.

Bollack, Jean: „Todtnauberg. Vor dem Gericht der Toten", in: ders., *Dichtung wider Dichtung. Paul Celan und die Literatur*, herausgegeben von Werner Wögerbauer, Göttingen: Wallstein 2006, 377–411.

Brecht, Bertold: „Gegenlied zu ‚Von der Freundlichkeit der Welt'", in: ders., Gesammelte Werke 10, Frankfurt am Main: Suhrkamp 1967.

Brecht, Bertold: Die Antigone des Sophokles, in: ders., *Gesammelte Werke* 6, Frankfurt am Main: Suhrkamp 1967.

Brecht, Bertolt: „Legende von der Entstehung des Buches Taoteking auf dem Weg des Laotse in die Emigration“, in: ders., *Gesammelte Werke* 9, Frankfurt am Main: Suhrkamp 1967, 660–663.

Breuer, Stefan: *Ästhetischer Fundamentalismus. Stefan George und der deutschen Antimodernismus*, Darmstadt: Wissenschaftliche Buchgesellschaft 1995.

Buber, Martin (Hg.): *Die Geschichten des Rabbi Nachman, ihm nacherzählt von Martin Buber*, Frankfurt am Main: Rütten & Loening, ohne Jahr.

Buber, Martin (Übers.): *Reden und Gleichnisse des Tschuang-tse*, deutsche Auswahl von Martin Buber, Leipzig: Insel 1918 (neubearbeitete Ausgabe).

Buber, Martin: *Martin Buber Werkausgabe*, Band 2.3, *Schriften zur chinesischen Philosophie und Literatur*, herausgegeben, eingeleitet und kommentiert von Irene Eber, Gütersloh: Gütersloher Verlagshaus 2013.

Buber, Martin: „China und Wir“, in: *Martin Buber Werkausgabe*, Band 2.3, *Schriften zur chinesischen Philosophie und Literatur*, herausgegeben, eingeleitet und kommentiert von Irene Eber, Gütersloh: Gütersloher Verlagshaus 2013, 285–289.

Buber, Martin: „Der Geist des Orients und das Judentum“, in: ders., *Vom Geist des Judentums*, Leipzig: Wolff 1916.

Buber, Martin: *Die Legende des Baalschem*, Frankfurt am Main: Rütten & Loening 1908.

Buber, Martin: Kommentar zu „Richard Wilhelm, ‚Bildung und Sitte in China‘“, in: *Chinesisch-Deutscher Almanach* (1929/30), Frankfurt am Main: China-Institut, 40–43

Canetti, Elias: *Der andere Prozeß. Kafkas Briefe an Felice*, München: Hanser 1984.

Celan, Paul: *Gesammelte Werke in fünf Bänden*, Frankfurt am Main: Suhrkamp 1986.

Celan, Paul, *Werke. Historisch-kritische Ausgabe*, Band 9, Frankfurt am Main: Suhrkamp 1997.

Davis, Bret: „Heidegger and Daoism: A Dialogue on the Useless Way of Unnecessary Being”, in: David Chai (Hg.), *Daoist Encounters with Phenomenology. Thinking Interculturally about Human Existence*, London: Bloomsbury 2020, 161–195.

Denker, Alfred et al. (Hg.), *Heidegger und das ostasiatische Denken*, Freiburg/München: Alber 2013.

Derrida, Jacques: *De l'esprit: Heidegger et la question*, Paris: Éditions Galilée 1987.

Detering, Heinrich: *Bertolt Brecht und Laotse*, Göttingen: Wallstein 2008.

Elberfeld, Rolf: „Heidegger und das ostasiatische Denken. Annäherung zwischen fremden Welten", in: Dieter Thomä (Hg.), *Heidegger-Handbuch*, Stuttgart: Metzler 2003.

Farías, Victor: *Heidegger und der Nationalsozialismus*, Frankfurt am Main: S. Fischer 1989.

Figal, Günther: *Zu Heidegger. Antworten und Fragen*, Frankfurt am Main: Klostermann 2009.

Fromm, Erich: *The Art of Loving*, New York: Harper & Row 1956.

Gadamer, Hans-Georg: „Die Griechen", in: ders., *Heideggers Wege*, Tübingen: Mohr 1983.

Gellhaus, Axel: „Die Polarisierung von Poesie und Kunst bei Paul Celan", in: *Celan-Jahrbuch* 6 (1995), hrsg. von Hans-Michael Speier, Heidelberg 1995, 51–91.

Gellhaus, Axel: „Seit ein Gespräch wir sind. Interpretation des Gedichts *Todtnauberg*", in: Hans-Michael Speier (Hg.), *Gedichte von Paul Celan*, Stuttgart: Reclam, 2017, 161–173.

Habermas, Jürgen: „Vorwort", in: Victor Farías, *Heidegger und der Nationalsozialismus*, Frankfurt am Main: S. Fischer 1989.

Hamacher, Werner: „Tò autó, das Selbe, – –", in: ders., *Keinmaleins. Texte zu Celan*, Frankfurt am Main: Klostermann 2019, 181–208.

Hamacher, Werner: „Versäumnisse. Zwischen Theodor W. Adorno und Paul Celan", in: ders., *Keinmaleins. Texte zu Celan*, Frankfurt am Main: Klostermann 2019, 57–91.

Hamacher, Werner: „WASEN. Um Celans Todtnauberg", in: ders., *Keinmaleins. Texte zu Celan*, Frankfurt am Main: Klostermann 2019, 93–141.

Heidegger, Martin und Karl Jaspers: *Briefwechsel 1920–1963*, herausgegeben von Walter Biemel und Hans Saner, Frankfurt am Main: Klostermann; München/Zürich: Piper 1990.

Heidegger, Martin: „Europa und die deutsche Philosophie" (1936), in: Hans-Helmuth Gander (Hg.), *Europa und die Philosophie*, Frankfurt am Main: Klostermann 1993.

Heidegger, Martin: *Überlieferte und technische Sprache*, herausgegeben von Hermann Heidegger, St. Gallen: Erker 1989.

Helting, Holger: „Ἀλήθεια“, in: Hans-Christian Günther und Antonios Rengakos, *Heidegger und die Antike*, Beck: München 2006.

Heubel, Fabian: „Aistethik oder Transformative Philosophie und Kultur der Fadheit“, in: *Polylog, Zeitschrift für interkulturelles Philosophieren*, Nr. 22 (2009), 35–53.

Heubel, Fabian: „Blockierte und paradoxe Kommunikation. Über Axel Honneths *Die Idee des Sozialismus*“, in: *Allgemeine Zeitschrift für Philosophie*, 43.1 (2018), 65–86.

Heubel, Fabian: „Hybride Modernisierung in der chinesischen Philosophie“, in: *Acta Historica Leopoldina*, Nr. 69 (Wissensaustausch und Modernisierungsprozesse zwischen Europa, Japan und China), 85–109.

Heubel, Fabian: „Kritik als Übung. Über negative Dialektik als Weg ästhetischer Kultivierung“, in: *Allgemeine Zeitschrift für Philosophie*, 40.1 (2015), 63–82.

Heubel, Fabian: *Chinesische Gegenwartsphilosophie zur Einführung*, Hamburg: Junius 2016.

Homolka, Walter und Arnulf Heidegger (Hg.), *Heidegger und der Antisemitismus. Positionen im Widerstreit*, Freiburg: Herder 2016.

Hsiao, Paul Shih-Yi Hsiao (Xiāo Shīyì 蕭師毅: „Wir trafen uns am Holzmarktplatz“, in: Günther Neske (Hg.), *Erinnerung an Martin Heidegger*, Pfullingen: Neske 1977.

Janouch, Gustav: *Gespräche mit Kafka. Aufzeichnungen und Erinnerungen*, Frankfurt am Main: S. Fischer 1961.

Kafka, Franz: „Aphorismen“, in: ders., *Gesammelte Werke in zwölf Bänden*, nach der Kritischen Ausgabe herausgegeben von Hans-Gerd Koch, Band 6 (Beim Bau der chinesischen Mauer und andere Schriften aus dem Nachlaß), Frankfurt am Main: S. Fischer 2006.

Kafka, Franz: *Die Erzählungen*, Frankfurt am Main: S. Fischer 1996.

Kafka, Franz: *Briefe an Milena*, erweiterte und neu geordnete Ausgabe, herausgegeben von Jürgen Born und Michael Müller, Frankfurt am Main: S. Fischer 1986.

Kalinke, Viktor (Hg.): *Zhuangzi*. Der Gesamttext und Materialien, aus dem Chinesischen übertragen und kommentiert von Viktor Kalinke, Leipzig: Leipziger Literaturverlag 2019 (2., verbesserte Auflage).

Kiedaisch, Petra (Hg.): *Lyrik nach Auschwitz. Adorno und die Dichter*, Stuttgart: Reclam 2012.

Ma, Lin: *Heidegger on East-West Dialogue: Anticipating the Event*, New York: Routledge 2008.

Mahbubani, Kishore: *The New Asian Hemisphere: The Irresistible Shift of Global Power to the East*, New York: Public Affairs 2008.

Mair, Victor (Hg.)/Schuhmacher, Stephan (Übers.): *Zhuangzi. Das Buch der Spontaneität. Über den Nutzen der Nutzlosigkeit und die Kultur der Langsamkeit*, herausgegeben und aus dem Chinesischen ins Englische übersetzt von Victor Mair, aus dem Englischen übersetzt von Stephan Schuhmacher, Oberstdorf: Windpferd 2013.

Marcuse, Herbert: „Enttäuschung", in: Günther Neske (Hg.), *Erinnerung an Martin Heidegger*, Pfullingen: Neske 1977.

Marcuse, Herbert: *Konterrevolution und Revolte*, in: ders., *Schriften*, Band 9, Frankfurt am Main: Suhrkamp 1987.

May, Reinhard: *Heideggers verborgene Quellen. Sein Werk unter chinesischem und japanischem Einfluss*, Wiesbaden: Harrassowitz 2014.

Menke, Christoph: *Kraft. Ein Grundbegriff ästhetischer Anthropologie*, Frankfurt am Main: Suhrkamp 2008.

Mishima, Kenishi: „Über eine vermeintliche Affinität zwischen Heidegger und dem ostasiatischen Denken. Gesehen im Kontext der faschistischen und nachfaschistischen Zeit", in: Dietrich Papenfuss und Otto Pöggeler (Hg.), *Zur philosopischen Aktualität Heideggers*, Band 3, Klostermann: Frankfurt am Main 1992.

Mörchen, Hermann: *Adorno und Heidegger, Untersuchung einer philosophischen Kommunikationsverweigerung*, Stuttgart: Klett-Cotta 1981.

Nelson, Eric S.: *Chinese and Buddhist Philosophy in Early Twentieth-Century German Thought*, New York: Bloomsbury Academic 2017.

Nelson, Eric S.: „Heidegger's Daoist Turn", in: *Research in Phenomenology* 49 (2019), 362–384.

Nietzsche, Friedrich: *Die fröhliche Wissenschaft*, in: ders., *Kritische Studienausgabe*, Band 3, München und Berlin/New York: dtv/de Gruyter 1988.

Nietzsche, Friedrich: *Also sprach Zarathustra*, in: ders., *Kritische Studienausgabe*, Band 4, München und Berlin/New York: dtv/de Gruyter 1988.

Parkes, Graham (Hg.): *Heidegger and Asian Thought*, Honolulu: University of Hawaii Press 1987.

Pöggeler, Otto: *Spur des Worts. Zur Lyrik Paul Celans*, Freiburg/München: Alber 1986.

Pöggeler, Otto: „West-östliches Gespräch: Heidegger und Lao Tse“, in: ders., *Neue Wege mit Heidegger*, Freiburg/München: Alber 1992, 387–425.

Roetz, Heiner: *Mensch und Natur im alten China, Zum Subjekt-Objekt-Gegensatz in der klassischen chinesischen Philosophie,* Frankfurt am Main/Bern/New York: Lang 1984.

Rosenberg, Alfred: *Der Mythus des 20. Jahrhunderts. Eine Wertung der seelisch-geistigen Gestaltenkämpfe unserer Zeit*, München: Hoheneichen-Verlag 1934.

Schleichert, Hubert und Heiner Roetz: *Klassische chinesische Philosophie. Eine Einführung*, Frankfurt am Main: Klostermann 2009 (dritte, neu bearbeitete Auflage).

Scholem, Gershom: „An einem denkwürdigen Tage“ (Rede bei der Feier zum Abschluss der Buberschen Bibelübersetzung in Jerusalem im Februar 1961), in: ders., *Judaica*, Frankfurt am Main: Suhrkamp 1963

Seng, Joachim: „‚Die wahre Flaschenpost‘. Zur Beziehung zwischen Theodor W. Adorno und Paul Celan“, in: Frankfurter Adorno-Blätter VIII, München 2003, 151–176.

Tonn, W. Y. (Hg.): Lao-Tse, *Tao Tê King*, Übertragung und Kommentar von Victor von Strauß, herausgegeben von W. Y. Tonn, Zürich: Manesse 1959.

Trawny, Peter: „Celan und Heidegger. Noch einmal“, in: *Heidegger, die Juden, noch einmal*, herausgegeben von Peter Trawny und Andrew J. Mitchell, Frankfurt am Main: Klostermann 2015.

Trawny, Peter: *Heidegger und Hölderlin oder Der europäische Morgen*, Würzburg: Königshausen & Neumann 2010.

Trawny, Peter: *Martin Heidegger. Eine kritische Einführung*, Frankfurt am Main: Klostermann 2016.

Trawny, Peter: *Was ist deutsch? Adornos verratenes Vermächtnis*, Berlin: Matthes & Seitz 2016.

Trawny, Peter: *Heidegger und der Mythos der jüdischen Weltverschwörung*, Frankfurt am Main: Klostermann 2015.

Van Brakel, Jaap: „Heidegger on Zhuangzi and Uselessness: Illustrating Preconditions of Comparative Philosophy“, in: *Journal of Chinese Philosophy*, Volume 41, Issue 3–4 (2014), 387–406.

von Hofmannsthal, Hugo: „Das Schrifttum als geistiger Raum der Nation“, in: ders., *Reden und Aufsätze III (1925–1929)*, Frankfurt am Main: S. Fischer 1980.

von Strauss, Victor (Übers.): *Lao-Tse's Tao Te King*, aus dem Chinesischen ins Deutsche übersetzt, eingeleitet und commentirt von Victor von Strauss, Leipzig: Friedrich Fleischer 1870.

Wáng Fūzhī 王夫之 (alias Wáng Chuánshān 王船山): *Chuánshān quánshū* 船山全書 (Gesammelte Schriften von Chuánshān), Bd. 13, Chángshā: Yuèlù shūshè 1993.

Wilhelm, Richard (Übers.): *Dschuang Dsi. Das wahre Buch vom südlichen Blütenland*, aus dem Chinesischen verdeutscht und erläutert von Richard Wilhelm, Jena: Eugen Diederichs 1912.

Wilhelm, Richard (Übers.): *I Ging. Das Buch der Wandlungen*, erstes und zweites Buch, aus dem Chinesischen verdeutscht und erläutert von Richard Wilhelm, Jena: Eugen Diederichs 1924.

Wilhelm, Richard (Übers.): *Laotse, Tao Te King, Das Buch des Alten vom Sinn und Leben*, aus dem Chinesischen verdeutscht und erläutert von Richard Wilhelm, Jena: Eugen Diederichs 1911.

Wilhelm, Richard (Übers.): *Li Gi. Das Buch der Sitte des älteren und jüngeren Dai: Aufzeichnungen über Kultur und Religion des Alten China*, aus dem Chinesischen verdeutscht und erläutert von Richard Wilhelm, Jena: Eugen Diederichs 1930.

Wilhelm, Richard (Übers.): Mong Dsï [Mèngzǐ] (Meng K'o), *Die Lehrgespräche des Meisters Meng K'o*, aus dem Chinesischen verdeutscht und erläutert von Richard Wilhelm, Jena: Eugen Diederichs 1916.

Wilhelm, Richard: „Bildung und Sitte in China", in: *Chinesisch-Deutscher Almanach* (1929/30), Frankfurt am Main: China-Institut, 27–35.

Wilhelm, Richard: „Licht aus Osten", in: ders., *Der Mensch und das Sein*, Jena: Eugen Diederichs 1931.

Wilhelm, Richard: *Lao-tse und der Taoismus*, Stuttgart: Frommann 1948.

Wilhelm, Salome (Hg.): *Richard Wilhelm. Der geistige Mittler zwischen China und Europa*, Düsseldorf/Köln: Eugen Diederichs 1956.

Xià Kějūn 夏可君, *Yīgè děngdài yǔ wúyòng de mínzú – Zhuāngzǐ yǔ Hǎidégéěr de dì èr cì zhuǎnxiàng* 一個等待與無用的民族——莊子與海德格爾的第二次轉向 (*Ein wartendes und unbrauchbares Volk. Zhuāngzǐ und Heideggers zweite Kehre*), Peking [Běijīng]: Peking University Press 2017.

Zaborowski, Holger: *„Eine Frage von Irre und Schuld?" Martin Heidegger und der Nationalsozialismus*, Frankfurt am Main: S. Fischer 2010, 708.

Ziporyn, Brook (Übers.): *Zhuangzi: The Essential Writings* with selections from traditional commentaries, translated, with introduction and notes, by Brook Ziporyn, Indianapolis: Hackett 2009.

Ziporyn, Brook A.: *Emptiness and Omnipresence: An Essential Introduction to Tiantai Buddhism*, Bloomington: Indiana University Press 2016.